应用型电子商务"十二五"系列规划教材

编审委员会

应用型电子商务"十二五"系列规划教材

电子商务网站建设与完整实例

第二版

李怀恩　　主　编

徐捷　袁燕　副主编

化学工业出版社

·北京·

本书系统地讲述创建电子商务网站的基础理论、基础技术和应用技巧。以一个完整的网站创建示例贯穿全书，学生在掌握每章的基本知识点后，可以结合"实战案例"中的内容进行操作，进一步了解网站构建的每一个环节要用到的知识点，做到理论联系实际。全书由基本理论入手，按照电子商务网站创建的全过程，顺序展开介绍，由浅入深地学习。

本书强调应用实操，可作为应用型本科、高职高专电子商务等专业的教材，也可作为中职（中技）学校相关专业的教学用书或培训教材。

图书在版编目（CIP）数据

电子商务网站建设与完整实例 / 李怀恩主编. —2 版.
北京：化学工业出版社，2014.8（2022.7 重印）
应用型电子商务"十二五"系列规划教材
ISBN 978-7-122-20941-2

Ⅰ. ①电…　Ⅱ. ①李…　Ⅲ. ①电子商务-网站-高等
学校-教材　Ⅳ. ①F713.36②TP393.409.2

中国版本图书馆 CIP 数据核字（2014）第 127811 号

责任编辑：宋湘玲　　　　　　　　　文字编辑：王新辉
责任校对：王素芹　　　　　　　　　装帧设计：王晓宇

出版发行：化学工业出版社（北京市东城区青年湖南街 13 号　邮政编码 100011）
印　　装：北京虎彩文化传播有限公司
787mm×1092mm　1/16　印张 14¾　字数 353 千字　2022 年 7 月北京第 2 版第 6 次印刷

购书咨询：010-64518888　　　　　　售后服务：010-64518899
网　址：http: // www.cip.com.cn
凡购买本书，如有缺损质量问题，本社销售中心负责调换。

定　价：49.80 元

编写说明

根据中国互联网络信息中心（CNNIC）发布的《第 32 次中国互联网络发展状况统计报告》显示，截至 2013 年 6 月底，我国网络购物网民规模达到 2.71 亿人，团购网民数为 1.01 亿；使用网上支付的网民规模达到 2.44 亿，在网上预订过机票、酒店、火车票和旅行行程的网民规模达到 1.33 亿。另一数据更让我们震撼，仅 2013 年 11 月 11 日"双十一"当天，天猫的网购成交额达到 350.19 亿元；京东商城当天零时到中午 12 时，订单量已达到平日全天的三倍；苏宁易购、当当网等也都创下了新的纪录。数据雄辩地说明我国电子商务发展的强劲势头，也预示着电子商务人才的急需。然而目前的状况却是：一方面电子商务的高速发展、人才奇缺；另一方面是由于专业知识结构不合理、电子商务专业毕业生难在社会上找到工作。

通过分析不难发现，解决上述矛盾的关键在于认清电子商务市场需要的人才类型，学校培养电子商务专业人才要与市场接轨。显然电子商务专业的应用型或者说实战型人才是市场需求量最大，但实际较为匮乏的。2009 年，化学工业出版社组织广东省多所在电子商务专业有所建树的应用型院校联合组织策划，并邀请企业专家指导、参与编写，共同完成了"应用型电子商务'十一五'系列规划教材"，弥补了当时人才培养教材短缺的局面。该系列教材共计 10 本，分别是《电子商务基础与实训》、《计算机实用技术》、《实用联网技术》、《网络营销与实训》、《电子商务网站建设与完整实例》、《电子商务案例分析》、《电子客户关系管理与实训》、《电子商务物流与实务》、《电子商务项目策划与设计》、《国际商务》。该系列教材出版后获得了全国应用型院校的广泛认可和选用，同时化学工业出版社也收到了全国各地众多读者的邮件和电话。通过市场的检验，系列书中《电子商务案例分析》荣获了中国石油和化学工业优秀出版物奖（教材奖）一等奖，《电子商务网站建设与完整实例》和《电子商务项目策划与设计》荣获了中国石油和化学工业优秀出版物奖（教材奖）二等奖。鉴于电子商务发展的日新月异及广大读者对该系列教材更新的期望，我们在第一版的基础上结合电子商务新近发展、教师授课经验、学生意见反馈等进行了修订。推出"应用型电子商务'十二五'系列规划教材"，包括：《电子商务基础与实训》、《网络营销与实训》、《电子商务网站建设与完整实例》、《电子商务案例分析》、《电子客户关系管理与实训》、《电子商务物流与实务》、《电子商务项目策划与设计》等。

"应用型电子商务'十二五'系列规划教材"的主要特点如下。

（1）电子商务专业涵盖的知识非常广泛，并且其更新速度也很快，在编写本套教材的过程中，注重理论分析的准确、清晰、简明、新颖，做到够用就行。立足于应用型，本套教材重点突出专业技能的训练；根据各门课程的讲授特点，每本教材的编写思路和体例也各具特色。

（2）该套教材把电子商务应用所需要的专业技能进行了分解，每本教材强调不同的专业模块。《电子商务基础与实训》是围绕电子商务开展的几种模式，告诉学生如何进行 B2B、B2C、C2C、EG，把涉及的业务知识和技能串起来。《网络营销与实训》介绍各种网络营销手段的应用，特别是近期经过市场检验的新网络营销手段，以大量的互联网实践来掌握网络营销技能。《电子商务网站建设与完整实例》是以一个完整的网站建设为例，训练网站设计及制作、后台数据处理。《电子商务案例分析》通过大量成功案例的分享，旨在激活同学们的思路，从中获取开展电子商务应用的创新灵感。《电子客户关系管理与实训》分行业给学生提供角色演练的模拟实训，让学生掌握客户服务的技巧。《电子商务物流与实务》引用国内外先进理论与应用实例，注重电子商务与物流的结合，让学生知晓一些实务型的物流操作。《电子商务项目策划与设计》从项目管理角度介绍电子商务项目分析方法，有效解决了电子商务师资格鉴定第二阶段内容，让读者学会电子商务项目设计，了解答辩技巧。

（3）教材以电子商务应用层面的理论知识够用为度，同时引入比较新颖的专业内容、发展动态、创新模式，以满足实际需求。

（4）本系列教材附有大量的案例、思考、练习、演练、实训、拓展等，还考虑到教学层次的差异，给出了大量链接资源、阅读资料，便于深化学习。

（5）教材还考虑到学生参加专业资格鉴定的需要，很多具体的教学内容都与电子商务师的鉴定内容挂钩，便于读者自学和备考。

（6）本系列教材均配有立体化电子教案，以期有助于教师教学和学生学习，如有需要请联系 sxl_2004@126.com 或登录化学工业出版社教学资源网 www.cipedu.com.cn 下载。

总之，本系列教材着重强调电子商务应用的专业技能，有很多尝试电子商务应用的方法，也有很多实操性的训练，还有很多和社会接轨的实践机会。该套教材既可作为应用型本科、高职高专电子商务等专业的教材；也可作为中职（中技）学校相关专业的教学用书或培训教材。根据教学目标不同，书中"*"内容学校依据情况可选择性讲授。在当今的电子商务时代，该系列教材对现代企业的管理人员、市场营销人员、客户服务人员等有着现实的指导作用。

应用型电子商务"十二五"系列规划教材

编审委员会

2014 年 1 月

前　言

本书系统地讲述创建电子商务网站的基础理论、基本技术和应用技巧。以一个完整的网站创建实例贯穿全书，学生在掌握每章的基本知识点后，可以结合"实战案例"中的内容进行操作，进一步了解网站构建的每一个环节要用到的知识点，做到理论联系实际。

为了说明网站建设的过程，本书多数章节都是先介绍基本理论、技术与该领域的发展情况，然后在"实战案例"中结合自建的网站进行具体的操作指导，使得学生既掌握了新技术，又具备了实际开发的能力。

全书由基本理论入手，按照电子商务网站创建的全过程，顺序展开介绍，特别适合初学者由浅入深地学习。在内容上避免与电子商务专业的其他相关课程（网页制作、程序开发等）重复，同时又起到了很好的补充作用。本书具有如下特点。

第一，内容充实，结构合理。本书不仅介绍了电子商务网站的建设流程，而且还介绍了电子商务网站建设的相关设计方法及网站维护的方法。

第二，注重动手能力的培养。本书大部分的章节都配有实例，图文并茂，还配有大量的实训题，读者可以依照实例练习，以加深印象、强化实操技能。

第三，语言简练、通俗易懂。本书不仅可以作为教材使用，同时也可以作为该学科爱好者的参考读物。

此次修订版主要有以下几个方面的改动。

① 教材中所使用的案例、数据都力求更新到最新。

② 对部分章节做出调整，精简部分理论内容，做到够用、适度。增加实操内容，增加实训题，突出"完整实例"的可操作性和实用性。

③ 提供丰富的教材配套资料，减轻教师在备课过程中大量搜集整理资料的工作量，同时让教师可以根据教学需要灵活调整授课内容。

本书第1、第8章由李怀恩编写，第2、第3、第7章由袁燕编写，第4～第6章由徐捷编写。

由于时间仓促，编者水平有限，书中难免存在疏漏之处，恳请广大读者批评指正。教材配套电子教案、扩展资料可联系 sxl_2004@126.com，或者登录化学工业出版社官方网站www.cipedu.com.cn 下载。

编　者
2014 年 7 月

目　　录

第 1 章　电子商务网站概述

【学习目标】
- 掌握电子商务的概念
- 了解电子商务网站主要内容、功能和特点
- 掌握电子商务网站的类型
- 了解电子商务网站设计与管理的总体思路

【引入】电子商务的出现打破了传统的商务交易方式，改变了人类相互交往的习惯，并影响着各行各业的组织结构与业务流程。电子商务是未来的发展趋势，建立电子商务网站是走向电子商务的第一步。

1.1　电子商务概述

电子商务是社会信息化发展到一定程度的必然产物，是传统商务活动的一种变革。电子商务实际上就是一种买卖活动，但它不同于我们已经沿袭了数千年的那种"一手交钱，一手交货"的买卖方式。电子商务是指通过 Internet 和其他通信网络进行的商务活动，包括上网购物、网上炒股、电子贸易、电子银行等，也包括政府职能部门在网上提供的电子化服务，如网上纳税、网上报关等。简而言之，电子商务就是利用电子化的技术实现商品和服务的交换。

从宏观上讲，电子商务是计算机网络的又一次革命，旨在通过电子手段建立一种新的经济秩序，它不仅涉及电子技术和商业贸易本身，而且涉及诸如金融、税务、教育等社会其他层面；从微观上讲，电子商务是指各种具有商业活动能力的实体利用网络和先进的数字化媒体技术进行的各项商业贸易活动。但至今人们对电子商务还没有做出一个公认的规范的定义。

1.2　电子商务网站概述

1.2.1　网站在电子商务中的作用

电子商务离不开 Internet，因此在电子商务系统中，商务网站就是最基础的建设，在 Internet 上建立商务网站是目前电子商务最主要的实现形式。商务网站在 Internet 上存放了大量的信息并提供了相应的服务，人们通过浏览器在 Internet 上访问不同的商务网站，进行一定的信息交互，如查询产品信息、下订单、资金确认、物流运输等，进而完成一次商务活动的全过程。

电子商务实施与运作有赖于电子商务系统，电子商务网站则是电子商务系统工作与运作

的承担者与表现者。一般来说，电子商务网站由一系列网页、后台服务器、网络设备和数据库等软件和硬件组成。电子商务网站是企业开展电子商务活动的基本手段，是企业树立企业形象、与用户交流和沟通的窗口，也是买卖双方信息交流的渠道，是企业展示其产品与服务的平台。利用商务网站开展业务是电子商务企业的基本特征。

电子商务网站的构成要素依据网站类型的不同和规模的不同而各有差异。一般情况下，企业特别是中小企业在建立电子商务网站时，并不一定要构建网络基础设施，可以借用公众的网络多媒体平台搭建自己的网站运行平台，因此，构建电子商务网站时，只要重点考虑网站的软件结构与网页的结构设计，以及数据库系统的选择与开发。

电子商务网站软件系统的功能应该包括商品目录显示、购物车功能、交易处理、支持商品陈列与店铺展示工具、支持在线支付等。由于电子商务网站对系统安全、运行速度、运行效率等方面有较高的要求，因此，无论是在选择网络接入方式还是在选择数据库时，都必须考虑满足多方面的要求，以保证为企业提供强大的前台与后台管理功能，使用户安全、快捷地实现电子商务。

电子商务网站在软、硬件基础设施的支持下，由一系列网页、制作工具、编程技术、后台数据库等构成，具有实现不同电子商务应用的各种功能，可以发挥广告宣传、经销代理、银行与运输公司中介、信息流运动平台等方面的作用。

对于企业来讲，它好像是"工厂""公司""经销商"；对于商家来讲，它好像是"商店""商场""门市部"；对于政府机构来讲，它好像是"宣传栏""接待处""办公室"等。在电子商务中，网站是其拥有者与用户交流及沟通的窗口，是买卖双方信息交汇与传递的渠道，是企业等展示其产品与服务的舞台，是企业体现其形象和经营战略的载体等。企业及政府机构实施电子商务，必须要建立网站或借助其他商务网站，否则电子商务的交易是不可能实现的。因此，可以简单地讲，电子商务网站是企业开展电子商务的门户，是实施电子商务的公司或商家与服务对象之间的交互界面，是电子商务系统运转的承担者和表现者。

作为一个企业，建立了自己的电子商务网站，就好像对外设立了一个门户，不仅有利于企业树立自己的网上品牌，宣传企业形象，在 Internet 上开展电子商务业务，而且有助于企业从长远发展和竞争战略高度来思考与制定未来的发展目标和经营策略。通过门户，企业可以为合作伙伴、客户等提供访问企业内部各种资源的渠道，并作为企业向外发布各种信息的窗口；能增加与客户的接触点，有助于企业提供更高水平的客户服务和提高用户忠诚度的个性化服务；可以使客户更方便、更快捷地购物、付款和交付，减少流通环节开支，增加企业效益；有利于企业发展"供应链网络"，以实现"零库存"，并且可以提高企业工作人员的工作效率、减少管理费用。

1.2.2 电子商务网站主要内容及功能

电子商务网站的功能关系到电子商务业务能否具体实现，关系着企业对用户提供的产品和服务项目能否正常开展，关系到用户能否按照企业的承诺快速地完成贸易操作。因此，电子商务网站功能的设计是电子商务实施与运作的关键环节，是电子商务应用系统构建的前提。由于企业生产与经营目的的差异，在网上开展电子商务的业务也是不尽相同的，所以，每一个电子商务网站在具体实现功能上是有所区别的。

① 企业形象宣传　这是一个非常重要的功能。对于目前大多数企业来说，电子商务业务的开展还处于初始阶段。因此，抢占未来商业竞争的制高点，建立自己的商务网站并率先

打造与树立企业形象，是企业利用网络媒体开展业务最基本的出发点。此功能的实现是最容易做到的，但是却难以获得用户的普遍认可。

②　产品和服务项目展示　这是一个基本且十分重要的功能。利用网络媒体进行产品的推销，无疑使企业多了一条很有前途的营销渠道。

③　商品和服务访问　这是实现用户在线贸易磋商、在线预订商品、网上购物或获取网上业务的功能。该功能提供全天候 24h 的随时交易，不仅依赖于技术的设计与实现，更依赖于网站主体在设计时简化贸易流程且便于用户运用的构思。

④　转账与支付、运输　这是体现资金流、物流信息活动的功能。该功能的实现要依赖于多个相关网站的协作，并需要支付、安全与物流等技术及标准的支撑。

⑤　信息搜索与查询　这是体现网站信息组织能力和拓展信息交流与传递途径的功能。当网站可供客户选择的商品与服务和发布的信息越来越多时，逐页浏览式获取信息的途径，显然是无法满足客户快速获得信息的要求的。因此，电子商务网站提供信息搜索与查询功能，可以使客户在电子商务数据库中轻松而快捷地找到需要的信息，是电子商务网站能否使客户久留的重要因素。由于电子商务数据库比一般的数据库复杂，所以该功能的实现，除了运用比较先进的信息存储于检索技术外，还要充分考虑商务交易数据的复杂性。

⑥　客户信息管理　这是反映网站主体能否以客户为中心、能否充分地利用客户信息挖掘市场潜力的有重要利用价值的功能。随着市场竞争的加剧，利用网络媒体和电子商务手段及时地获取与处理客户信息已经越来越重要了，并逐步在企业中达成共识。

⑦　销售业务信息管理　完全的电子商务网站还要包括销售业务信息管理功能，从而使企业能够及时地接收、处理、传递与利用相关的数据资料，并使这些信息有序而有效地流动起来，为组织内部的企业资源管理（ERP）、决策支持系统（DSS）或信息管理系统（MIS）等管理系统提供信息支持。该功能依据商务模式的不同，包括的内容也是有区别的，如分公司销售业务管理功能应包括订单处理、销售额统计、价格管理、货单管理、库存管理、商品维护管理、客户需求反馈等；经销商销售业务管理功能应包括订单查询与处理、进货统计、应付款查询等；配送商销售业务管理功能应包括库存查询、需求处理、收货处理、出货统计等。

⑧　新闻发布、供求信息发布　包括新闻的动态更新、新闻的检索，热点问题追踪，行业信息、供应信息、需求信息的发布等。

1.2.3　电子商务网站的特点

（1）商务性

商务性是商务网站最基本的特性。商务网站的主要目的就是提供买卖交易的服务、手段和机会。就商务性而言，电子商务可以扩展市场，增加客户数量。通过将网上交易信息存入数据库，企业或商家能记录每次交易的商品名称、品种、数量、金额、购买时间和购买形式等数据，通过统计和分析这些数据就能随时获知其各种商品的销售情况以及顾客的消费倾向。

（2）服务性

在电子商务环境中，服务质量的好坏在很大程度上已成为商务活动成败的关键。因此，企业的商务网站为客户提供了极为方便的服务，这不仅使客户受益，同时也使企业获得了更大的效益。

企业或商家通过其网站可向世界范围内的客户提供全天候的服务，使得客户能够方便、快捷地得到过去较为费事才能得到的服务。例如，现在有了电子银行，存取资金账户，查看一张信用卡的收支情况，或查看贷款过程、押金利率等信息，都可以随时在网上完成，大大地提高了服务效率和服务质量。

（3）集成性

商务网站的集成性首先表现在将许多新技术和新概念集于一体，同时保留了传统商务活动的一些过程、方法和手段。电子商务与传统商务不是对立的，电子商务可以说是传统商务的扩展和延伸。

电子商务网站的集成性还体现在处理商务活动时的整体性和统一性。它能很好地规范商务活动的工作流程，将人工操作和电子信息处理集成为一个不可分割的整体，不仅提高了人力和物力的利用，同时也提高了系统运行的严密性。

（4）可扩展性

要保证企业商务活动的正常开展，商务网站就必须具有可扩展性。Internet 上有数以百万计的客户，如果网站在客户访问的高峰期不能迅速地予以响应和处理，将会造成系统拥塞，客户的访问速度就会急剧下降，从而失去大批当前的和潜在的客户，并使网站和企业的声誉受损。

对一个商务网站来说，可扩展的系统才是稳定的系统。若网站的功能和服务范围能根据业务发展和技术更新方便灵活地扩展，就可进一步地提升网站和企业的形象与效益。

（5）安全性

商务网站的安全性是商务活动的核心问题。商务网站面临着社会层面和技术层面上的众多安全隐患。就技术层面而言，国际上多家企业联合开展了安全电子交易的技术标准与解决方案的研究，并发表了 SET（安全电子交易）和 SSL（安全套接层）等协议标准，使企业能够建立一种安全的电子商务环境。就社会层面而言，要求政府部门高度重视电子商务的安全，增加社会的诚信程度，建立第三方的认证机构，并制定相对完善的电子商务法律等。

（6）协调性

商务活动需要买方与卖方、供货方与销售方，以及商务伙伴之间的多方协调，同时涉及与银行、保险、物流等诸多行业的协调。因此，企业的商务网站必须能够很好地与客户及合作伙伴交互，能够为客户提供方便友好的交易界面及信息反馈渠道，能够与有关金融机构协调解决好数字认证和电子支付问题，并能够与物流部门协调好商品的配送和及时为客户送货的问题。为了提高效率，许多组织都提供了交互式的协议，电子商务活动可以在这些协议的基础上进行。

对于传统企业来说，尽管电子商务系统大多以网站作为服务客户的窗口，但是电子商务系统与网站两者是不可等同的。电子商务系统是基于 Internet 并支持企业价值链增值的信息系统，而网站仅仅是这一系统的一个部分或者是技术手段之一。

电子商务系统作为一个整体，不仅包括企业开展商务活动的外部电子化环境，而且包括企业内部商务活动的电子化环境，这两部分必须结合起来才能满足企业在 Internet 上开展商务活动的需要。因此，可以将网站视为企业电子商务系统的一个重要组成部分。

需要说明的是，企业的电子商务系统因企业的规模、服务方式不同而使其功能差异很大，但绝大多数的电子商务系统都是利用网站与客户进行交互的。另外，一些企业电子商务系统的规模较小且商务处理功能很弱，例如仅仅实现企业形象宣传功能，因此，这时的电子商务系统从外部表现为网站的形式。

商务网站不仅是企业在网上的窗口，而且是企业永不休息的"营销人员"。网站设计时，不仅要有吸引顾客的形象，更要有能提供服务和留住顾客的内容。商务网站所面临的是残酷、激烈的竞争环境，所以在设计商务网站时除了要考虑一般网站的设计问题，还要注意以下特点。

① 企业网站的主要目的，如服务于宣传还是营销。

② 不同类型的企业网站的形式及内容都有不同类型，例如传统生产企业或商业企业的网站、纯粹的网上企业的网站等。

③ 交易型企业网站要完成营销功能，包括注册、订单、支付等商务功能。

④ 商务网站是企业营销策略的体现，例如广告的设计及各种营销创意的策划和实现。

⑤ 企业营销渠道的管理与控制。

⑥ 企业网站对安全性有更高的要求，如支付安全的认证和数据加密。

⑦ 对客户信息的搜集和处理，如客户注册、客户购物信息的保存和处理等。

显然，在建立商务网站时，除了要应用一般网站的技术和原理外，还应注入更多的商业、管理和营销的理念和具体技术的实现。服务于企业的经营、为企业创造效益，这是商务网站基本和始终不变的目的，也是商务网站和其他类型网站的根本区别。

1.2.4 电子商务网站的各种形式

按照不同的分类方法，可以将电子商务网站分为不同的类型。

（1）按照构建网站的主体分类

按照构建网站的主体分类，可以将电子商务网站划分为行业电子商务网站、企业电子商务网站、政府电子商务网站、服务机构电子商务网站等。

① 行业电子商务网站　行业电子商务网站是指以行业机构为主体构建一个大型的电子商务网站，以便为本行业内的企业和部门进行电子化贸易提供信息发布、商品订购、客户交流等活动的平台。

② 企业电子商务网站　企业电子商务网站是指以企业为主体构建网站来实施电子商务活动，根据企业生产的主导产品和提供的主要服务的不同可进一步分为各种不同类型的网站。

③ 政府电子商务网站　政府电子商务网站是指以政府机构为主体构建网站来实施电子商务活动，该类型网站也可以被称为电子政务网站，在国际化商务交流中发挥着重要的作用，为政府税收和政府公共服务提供网络化交流的平台。

④ 服务机构电子商务网站　服务机构电子商务网站是指以服务机构为主体构建网站来实施电子商务活动，包括商业服务机构的电子商务网站、金融服务机构的电子商务网站、邮政通信服务机构的电子商务网站、家政服务机构的电子商务网站、休闲娱乐服务机构的电子商务网站等。

（2）按照商务目的和业务功能分类

按照商务目的和业务功能分类，可以将电子商务网站分为基本型商务网站、宣传型商务网站、客户服务型商务网站和完全电子商务运作型网站。

① 基本型商务网站　建立基本型商务网站的目的是通过网络媒体和电子商务的基本手段进行公司宣传和客户服务。此种网站适用于小型企业，以及想尝试网站效果的大、中型企业。其特点是：网站构建的价格低廉，性能价格比高，具备基本的商务网站功能。该类型商务网站可以搭建在公众的多媒体网络基础平台上，而且外包给专门公司来构建比自己建设还

要便宜。

② 宣传型商务网站　建立宣传型商务网站的目的是通过网站宣传产品或服务项目，提升公司形象，扩大品牌影响，拓展海内外潜在市场。此种网站适用于各类企业，特别是已有外贸业务或是想进一步拓展外贸业务的企业。其特点是：具备基本的网站功能，突出企业宣传效果。一般是将网站构建在具有很高知名度和很强伸展性的网络基础平台上，以便在未来的商务运作中借助先进的开发工具和增加应用系统模块，升级为客户服务型或完全电子商务运作型网站。

③ 客户服务型商务网站　建立客户服务型商务网站的目的是通过网站宣传公司形象与产品，并达到与客户实时沟通及为产品或服务提供技术支持的效果，从而降低成本、提高工作效率。此种网站适用于各类企业。其特点是：以企业宣传和客户服务为主要功能。可以将网站构建在具有很高知名度和很强伸展性的网络基础平台上，如果有条件，也可以自己构建网络平台和电子商务基础平台。该类网站通过简单的改造即可以升级为完全电子商务运作型网站。

④ 完全电子商务运作型网站　建立完全电子商务运作型网站的目的是通过网站宣传公司整体形象与推广产品及服务，实现网上客户服务和产品在线销售，为公司直接创造利润、提高竞争力。此种网站适用于各类有条件的企业。其特点是：具备完全的电子商务功能，并突出公司形象宣传、客户服务和电子商务功能。

（3）按照网站拥有者的职能分类

按照网站拥有者的职能分类，可以将电子商务网站分为生产型商务网站和流通型商务网站两类。

① 生产型商务网站　生产型商务网站是由生产产品或提供服务的企业来建立的，其主要目的是用于推广、宣传其产品和服务，以便生产企业直接在自己的网站上开展在线产品销售和在线技术服务。

作为最简单的商务网站形式，企业可以在自己网站的产品页面上附上订单，浏览者如果对产品比较满意，可直接在页面上下订单，然后付款，企业付货，完成整个销售过程。这种商务网站页面较实用，主要特点是信息量大，并提供大额订单。

生产型企业在网络上要实现在线销售，必须与传统的经营模式紧密结合，分析市场定位，调查用户需求，制定合适的电子商务发展策略，设计相应的电子商务系统架构，在此基础上设计好企业商务网站页面，并使用户界面友好、操作简便。

② 流通型商务网站　流通型商务网站是由流通企业来建立的，其主要目的是通过网站宣传与推广所售产品与服务，以便顾客在网上也能更好地了解产品的性能与用途，从而促使顾客在线购买。这种商务网站着重于对产品和服务的全面介绍，较好地展示产品的外观和功能，商务网站的页面都制作精美，动感十足，很容易吸引浏览者，起到较好的广告效果和为产品及服务促销的效果。

流通企业要在网络上实现在线销售，也必须与传统的商业模式紧密结合。在做好充分的研究、分析与电子商务构架设计的基础上，设计与构建商务网站的页面，并充分利用网络的优越性，为客户提供丰富的商品、便利的操作流程和友好的交流平台。

（4）按照产品线的宽度和深度进行分类

按照产品线的宽度和深度进行分类的划分方法主要是针对 B2B 电子商务模式的，依据产品线的宽度和深度的不同，可以将 B2B 商业模式的网站划分为水平型网站、垂直型网站、专门网站和公司网站四种类型。

① 水平型网站 水平型网站是指致力于某一类产品网上经营的网站。该类网站类似于网上购物中心或网上超市，其优势在于其产品线的宽度，顾客在这类网站上不仅可以买到自己所能接受的价格水平的商品，而且可以很容易实现"货比三家"。其不足在于深度和产品配套性的欠缺。由于该类网站充当的是中间商的角色，在产品价格方面处于不利地位。

② 垂直型网站 垂直型电子商务是指在某一个行业或细分市场深化运营的电子商务模式。垂直型电子商务网站旗下商品都是同一类型的产品，这类网站多为从事同种产品的 B2C 或者 B2B 业务。

垂直型网站是指提供某一类产品及其相关产品（互补产品）的一系列服务（从网上交流到广告、网上拍卖、网上交易等）的网站。该类网站的优势在于产品的互补性（在一个汽车网站不仅可以买到汽车，还可以买到汽车零件，甚至汽车保险）和购物的便捷性。顾客在这一类网站中可以实现一步到位的采购，因而顾客的平均滞留时间较长。

③ 专门网站 专门网站是指能提供某一类产品的最优产品的网站。该类网站类似于专卖店，其优势在于提供高档优质价廉的产品。除直接面对消费者外，该类网站也面对很多垂直型和水平型网站的供应商。对于这一类网站而言，提供品质优良、价格合理、品牌知名度高的产品比网站本身的维护更重要。

④ 公司网站 公司网站是指以销售本公司产品或服务为主的网站，相当于公司的"网上店面"。其缺点在于可扩展性不足。除少数品牌知名度极高、市场份额较大的公司外，该类站点的发展空间将非常有限。公司网站的一个出路在于朝其他类型网站的方向发展，从产品的形态看，金融服务、电子产品、旅游、传媒等行业在开展电子商务方面拥有较明显的优势。由于这些行业的一个共同特点是产品的无形化，不存在实物的流动，不需要相应的配送体系，因而特别适合于在网上开展业务。

此外，按照电子商务模式划分可以将电子商务网站分为 B2B 商务网站、B2C 商务网站、C2C 商务网站、C2G 商务网站等。

1.3 电子商务网站设计与管理的总体思路

1.3.1 电子商务网站设计与管理的基本流程

电子商务网站设计与管理的基本流程主要包括：网站的规划与分析、网站的设计与开发、网站管理系统的设计、网站的评估与测试等环节，如图 1-1 所示。

1.3.2 电子商务网站设计与管理的主要内容

（1）电子商务网站的规划与分析

电子商务网站的设计与管理直接关系到电子商务交易过程及交易效果，盲目而不考虑结果就将一个网站搬到网上不但会造成资金、人员和时间的大量浪费，而且会因不好的印象而影响到客户对产品或服务的选择。因此，对网站进行详细的规划和设计是相当关键的环节，其中包括的主要内容有：网站构建的作用与目标分析、用户类型与需求分析、竞争性市场定位及可行性分析、技术及工具的选择、域名注册与 ISP 的选择等。

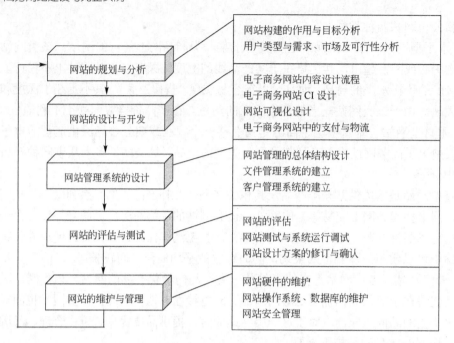

图 1-1 电子商务网站设计与管理的基本流程

（2）电子商务网站的设计与开发

网站的设计与开发是电子商务网站建立的主体内容，关系到网站的使用效率和效果，是网站规划的执行层。首先要根据网站整体的结构思想，以用户为中心设计网站信息内容组织与开发的流程；其次，采用自上向下或自下向上的方法进行信息结构设计；最后，在前面规划与设计的基础上，具体完成网站主页面设计、网站的可视化设计和网页的创建等。此外，与电子商务网站运行有关的支付与物流方面的问题，也是进行设计与开发时要考虑的。

（3）电子商务网站管理系统的设计

由于庞大而结构复杂的商务数据在处理时间与传递安全、速度等方面对网站动态管理与维护提出了更高的要求，而电子商务经营形态与经营环境的不断变化，使网站也要及时地调整其发展方向及设置的内容。因此，及时地收集外部的信息和接受客户的反馈，全面分析电子商务网站管理与维护的内容与功能，有针对性地开发电子商务管理系统是保障电子商务网站有效运行的不可缺少的重要环节。其中包括的内容有：网站管理的总体结构分析、文件管理、内容管理、安全管理、综合管理、国内外电子商务站点管理软件、文件管理系统的建立、客户管理系统的建立和在线管理系统的建立等。

（4）电子商务网站的评估与测试

建立的网站是否达到了网站设计的规划、是否满足了业务流程和用户的要求、浏览与检索界面是否友好、操作是否简单、输入与输出的数据信息是否准确流畅、网站是否便于维护与管理等问题，必须经过一定的评估与测试来解决。所以，正式推出电子商务网站前的评估与测试是十分必要的。当然，在创建网站内容与开发管理系统的过程中会有大量的调试，但是这些无论如何都不能替代总体的评估与测试。评估与测试的内容包括速度、兼容性、交互性、链接正确性、程序健壮性等，如果发现问题及时解决并记录下来。评估与测试的方式和途径有多种，如果是自己做的网站，可以请内部员工或合作伙伴（如经销商、供应商、运输商、中介机构等）按照网站设计目标进行评估与模拟测试，或请目标客户进行评估与测试等。

如果是外包给开发商做的网站，除了上述途径外，还可以与开发商共同评估与测试。

（5）电子商务网站的维护与管理

网站维护也称后期维护，是指在不改动网站功能、页面结构的前提下进行的文字更换、图片修改等。为了保持网站的时效性，一个网站不可能在建成之后就永远不再有任何变化。网站相当于企业的出版物，其后期维护是一种日常性事务，但由于不同企业经营性质等因素上的差异，其在一定时间内更新的次数也有多有少。网站维护主要有系统维护、数据维护、网页维护以及安全维护和管理。

【实战案例】

通过前面的学习初步了解了电子商务网站的作用和分类，不同类型的商务网站在功能、面对的客户群方面都有所不同，所以在设计一个电子商务网站之前首先要想好，这个网站是属于哪种类型的商务网站，这将影响到后面的设计和规划。在本书的实战案例中，将要设计的是一个 B2C 模式的完全电子商务运作型网站，它可以为在校生提供一个创业实践的平台。

本章小结

本章主要介绍了电子商务的基本概念、优势；商务网站主要内容及功能；商务网站的特点；电子商务网站的类型以及电子商务网站设计与管理的总体思路。通过本章的学习，可以对电子商务网站的地位、作用、类型有一个基本的认识，为后面进一步做好网站策划打下基础。

习题

一、思考题

1. 怎样理解电子商务网站与一般网站的异同？

2. 电子商务网站一般应具备哪些功能？请举例说明。

二、实训题

1. 电子商务网站可以分为哪些类型？请上网搜索举出一些相应的网站实例。

2. 你觉得电子商务网站应该具有哪些基本功能？请你结合一个具体的网站来说明。

3. 请你打开 CNNIC 的网页（http://www.cnnic.net.cn/hlwfzyj/hlwfzzx/qwfb/），下载并查看近期国内互联网应用及发展状况的相关报告。

4. 请你查看 http://start.iresearch.cn/ 的信息，了解电子商务发展的新动向。根据这些报告，说说你认为哪些行业、哪种类型的电子商务网站比较有发展前景？并说明理由。

5. 请你浏览下述网站后对它们进行分类：

www.ebay.com.cn

www.dangdang.com

www.nanhai.gov.cn

www.haier.com

www.taobao.com

www.net800.com.cn

www.ibid.com.cn

网站分类	网站网址
企业对消费者的电子商务（B2C）	
企业对企业的电子商务（B2B）	
企业对政府的电子商务（B2G）	
消费者对消费者的电子商务（C2C）	

第2章　电子商务网站系统分析与总体规划

【学习目标】
- 了解电子商务网站技术的有关基础知识
- 掌握电子商务网站的构成要素与总体规划
- 通过对某企业电子商务网站建设项目规划书的分析，学习编写项目规划书

【引入】企业电子商务系统的建设是一项复杂的系统工程，电子商务系统网络基础设施建成以后的主要任务是开发以其为平台的电子商务应用系统，该项工作主要是以网站建设为中心而展开的。电子商务网站是企业开展电子商务的基础设施和信息平台，开展电子商务活动必须从网站建设抓起，把企业的商务需求、营销方法和网络技术很好地集成在一起。在开发之前，就需要对电子商务网站系统进行规划和分析。

2.1　网站系统分析

2.1.1　建站目的与目标

在电子商务系统建设中，最基础的工作就是电子商务网站建设，而且是一个随企业发展而发展的持续不断的过程。

建设电子商务网站，必须首先确定网站建设的目的，网站是从事电子商务活动的，即为什么要建立电子商务网站。电子商务网站建设的目的一般可以分为开展 B2B、B2C 交易，开展网上购物业务，用于企业形象建设，拓展企业联系渠道，接收用户反馈信息，作为服务性网站以及其他应用目的等。

由于不同的应用目的有不同的设计思路，因此对于网站设计人员来说，通过与企业业务人员沟通，确定网站建设目的，是一项非常重要的工作。但是这项工作又易于被忽略或轻视，尤其是当专业的网站设计人员帮助企业建立网站而又没有该企业的行业经验时，与企业的业务人员沟通就更加重要。建站目的明确是很重要的，它关系着整个站点建设的主导思想和页面设计时所突出的内容及版面风格。

建站的基本目标是：网站建成后，人们能够通过 Internet 浏览器访问该网站或通过该网站访问其他不同的网站，进行一定的信息交互，查询产品信息、下订单、资金确认、物流运输等，进而完成一次商务活动的全过程。

此外，一般企业建站还有其他目标，如发布企业产品、服务信息，介绍企业历史、辉煌成就，收集客户反馈意见，网上市场调查，开展网络营销，网上客户服务，实施电子商务等。

电子商务网站系统的开发设计过程大致可分为计划阶段、设计阶段和测试与完善阶段。其中，在计划阶段，由领导小组和专家小组完成可行性研究报告、需求规格说明书、总体设计说明书和详细设计说明书等；而技术开发小组则完成设计阶段的网页制作文档、程序设计

报告以及程序修改文档等；在测试与完善阶段完成测试计划、分析报告和系统维护手册等。各阶段所产生的软件工程规范文档是进行电子商务网站系统设计与实现的基本依据。

2.1.2 需求分析

在明确建站目的和目标后，接下来就要进行需求分析。需求分析（requirement analysis）又称为要求分析，在企业电子商务网站建设过程中，需求分析作为建站的第一阶段，它的总任务是回答"企业电子商务网站必须做什么"，并不需要回答"企业电子商务网站将如何工作"。需求分析的任务是确定企业电子商务网站系统的综合要求。

在规划与设计一个电子商务网站时，首先遇到的问题是网站主题定位，即将要建设的网站是什么类型或题材的网站，企业电子商务网站必须提供什么功能才能满足企业需求。

如何才能保证企业网站的内容符合客户的需求呢？在进行电子商务网站建设之前，就应当进行企业网站的客户需求分析，即在充分了解本企业客户的业务流程、所处环境、企业规模、行业状况的基础上，分析客户表面的、内在的各种需求。

有了客户的需求分析，企业就可以了解客户及潜在客户在需求信息量、信息源、信息内容、信息表示方式、信息反馈方式等方面的要求，就可以据此为客户提供最新、最有价值的信息。全面的客户需求分析的目的是使企业网站不仅只停留在浅层的信息浏览上，而是成为真正的应用型电子商务网站。

（1）项目立项　开发方与用户成立一个专门的项目小组，小组成员包括：项目经理、网页设计人员、程序员、测试员、文档编辑等必需人员。项目实行项目经理制。双方进行业务咨询，经过双方不断的接洽和了解，通过基本的可行性讨论，初步达成制作协议，并立项。

（2）形成需求说明书

① 要求　编写需求说明书的基本要求如下。

a. 正确性（每个功能必须清楚描写交付的功能）；

b. 可行性（确保在当前的开发能力和系统环境下可以实现每个需求）；

c. 必要性（功能是否必须交付，是否可推迟实现，是否可在削减开支时"砍"掉）；

d. 简明性（不要使用专业的网络术语）；

e. 检测性（如果开发完毕，客户可以根据需求检测）等。

② 需求说明书的主要内容

a. 市场分析。如相关行业的市场情况、市场特点及本行业网上业务情况等；市场主要竞争者分析，竞争对手上网情况及其网站规划、功能作用，公司自身条件分析、公司概况、市场优势，可以利用网站提升哪些竞争力，建设网站的能力（费用、技术、人力、时间表等）。

b. 建设网站目的及功能定位。建立网站的目的：宣传产品、进行电子商务、建立行业性网站、企业的需要或市场开拓、整合公司资源、确定网站功能。根据公司的需要和计划，确定网站的功能，如产品宣传型、网上营销型、客户服务型、电子商务型等；根据网站功能，确定网站应达到的目的、作用；企业内部网建设情况和网站的可扩展性。

2.1.3 可行性分析

可行性是指在当前所处的内外条件下，系统的研制工作是否已经具备必要的资源及其他必要条件。如果说需求分析是要决定"做什么，不做什么"，那么可行性分析就是要决定"能不能做"。进行可行性分析不能以偏概全，也不宜对任何鸡毛蒜皮的细节问题加以权衡。可行性分析必须为决策提供有价值的证据。联想集团领导人柳传志曾说："没钱赚的事我们不干，有钱赚但投不起钱的事不干；有钱赚也投得起钱但没有可靠的人选，这样的事也不干。"柳传志也为可行性分析指明了重点。一般的，软件领域的可行性分析主要考虑四个要素：经济、技术、社会环境和人。在进行可行性分析时，不仅要考虑到市场和行业背景，还需要分析自身的优势与竞争对手的优劣。

（1）经济可行性分析

主要是对开发项目的成本与效益做出评估，即分析新系统所带来的经济效益是否超过开发和维护网站所需要的费用，从经济角度判断系统开发是否合算。

经济可行性分析的对象主要包括网站费用和网站收益，即网站带来的现实和潜在的益处、投入的费用、网站收益。

① 网站带来的现实和潜在的益处　网站带来的现实和潜在的益处体现在成本-收益分析上，它最容易理解，如果成本高于收益则表明亏损，商家不会做亏本的生意。如果是为客户做软件项目，那么收益就写在合同中；如果是开发自己的软件产品，那么收益就是销售额。

② 投入的费用　包括以下几项内容。

a. 设备费用。包括计算机、打印机、网络等硬件设备费用，电话、传真等通信设备费用。此外，还有一些机房设施、设备的安装及调试费用，购买系统软件的费用，如买操作系统、数据库、软件开发工具等的费用。

b. 开发费用。系统开发所需要的劳务费及其他有关开支。例如做市场调查、可行性分析、需求分析的交际费用，软件开发人员与行政人员的工资、办公消耗，如水电费、打印复印费等。

c. 运行及维护费用。它包括运行所需要的各种材料费用，如电、纸张等费用，其他与运行有关的费用也包括在其中。设备的维护费用经常被忽略。设备难免出现一些故障，在故障期间，需要有一个备份系统代替，或请专业人士排除故障等。设备的维护费用常常是很大的，以致有些企业出现"买得起，用不起"的局面。

d. 培训费用。包括管理人员、操作人员及维护人员培训等费用。

③ 网站收益　网站收益的估计不像网站费用估计那样具体，因为网站收益可以从直接效益和间接效益、短期效益和长远效益两种不同的计算方法进行考虑。

a. 直接效益和间接效益。直接效益是指网站交付使用后，在某一时期能产生的比较明显的看得见的经济效益。一般来说，网站系统投入使用后，只有通过一定时间的运行和宣传后，才可能逐步产生效益。间接效益主要包括：工作效率提高，从而提高了企业管理水平，节省人力，减轻了企业人员工作负担；及时给企业决策层提供决策信息等。

b. 短期效益和长远效益。短期效益和长远效益兼得是人们梦寐以求的事。短期效益容易把握，风险较低。长远效益难以把握，风险较大，有时可能为了长远效益而不得不短期亏损。国内目前就有不少电子商务企业，为了成就将来、做大做强，甘愿现在拼财力、比耐性，只投入不产出。

（2）技术可行性分析

技术可行性分析就是进行技术风险评价。从开发者的技术实力、以往工作基础、问题的复杂性等出发，判断在时间、费用等限制条件下系统开发成功的可能性，分析前面所提出需求分析的任务能否实现。信息系统技术可行性分析应该是在普遍使用的成熟技术基础之上，不能以刚刚出现的甚至是正在研究中的技术为依据。技术可行性分析包括从硬件、软件、管理等几个方面去考虑，至少要考虑以下几方面的因素。

① 在给定的时间内能否实现需求说明中的功能　如果在项目开发过程中遇到难以克服的技术问题，就会对项目产生影响：轻则拖延进度，重则使项目搁浅。

② 软件的质量　有些应用对实时性要求很高，如果软件运行慢如蜗牛，即便功能齐全也毫无实用价值。有些高风险的应用对软件的正确性与精确性要求极高，如果软件出了差错而造成客户利益损失，那么软件开发方必须赔偿。

③ 软件的生产率　如果生产率低下，能赚到的钱就少，并且会逐渐丧失竞争力。在统计软件总的开发时间时，不能漏掉用于维护的时间。软件维护是一件非常拖后腿的事，它能把前期拿到的利润慢慢地消耗光。如果软件的质量不好，将会导致维护代价很高。企图通过偷工减料而提高生产率，结果得不偿失。

（3）社会环境的可行性分析　社会环境因素一般涉及科学技术、经济体制、法律法规、市场竞争、现代管理体制等。目前社会环境的可行性分析对象主要包括两种因素：市场与政策。

市场又分为未成熟的市场、成熟的市场和将要消亡的市场。涉足未成熟的市场要冒很大的风险，要尽可能准确地估计潜在的市场有多大，能占多少份额，多长时间能实现。

政策对软件公司的生存与发展影响非常大。如整个 20 世纪 90 年代，中国电信的收费相当高，成为造成当时国内互联网企业运营十分艰难的重要原因之一。某些软件行业的利润很高，但可能存在地方保护政策，使竞争不公平。中国加入 WTO 后，社会环境不仅需要考虑国内，而且还要考虑整个国际，例如美国经常提起的知识产权问题，就是国内任何企业都需要经常考虑和应对的因素。

（4）人

企业开展电子商务业务的成功与否，人才是一个很关键的因素，企业要想在电子商务的大潮中获得收益，就必须培养一大批相关人才。

电子商务人才的素质主要体现在以下三方面。

① 具有技术和商务两方面的知识　无论侧重哪一方面，都应该拥有足够的技术和商务两方面的知识，懂得电子商务技术手段，能将商务需求转化为电子商务应用。

② 熟知电子商务环境下商务运作方式和模式　如供应链管理、虚拟企业、客户关系管理方式，以及网上商店、网上采购、网上银行、网上交易市场等电子商务模式。供应链是指产品在生产和流通中涉及的原材料供应商、生产商、批发商、零售商以及最终消费者组成的供需网络。虚拟企业是指功能特点专长化、存在形式离散化、运作方式合作化的企业。客户关系管理是指综合利用软硬件和互联网技术，帮助企业以更好的方式管理客户关系的一种方法（通过网络实现不同地点的优势资源组合，由此形成的超越空间、形式灵活的具有竞争优势的合作经营体）。

③ 具有完整的电子商务观　理解电子商务环境下的商务组织管理和业务方式及其特点，理解电子商务绝不仅是商务手段和方式的更替，而是整个商务运作体系的变革，应该具有完整的电子商务观。

电子商务人才大致可以归为三种类型，分别是技术型、商务型、战略型。

a. 技术型是基础性人才，其特点是精通电子商务技术，掌握电子商务技术的最新进展，具备足够的现代商务知识，善于理解商务需求，懂得“如何做”电子商务，能以最有效的技术手段予以实施和满足。

b. 商务型是电子商务人才的主体，其特点是精通现代商务活动，充分了解和理解商务需求，具备足够的电子商务技术知识，懂得电子商务"能做什么"，善于提出满足商务需求的电子商务应用方式。

c. 战略型是高层次电子商务人才，其特点是通晓电子商务全局，具有前瞻性思维，懂得"为什么要做电子商务"。熟知至少一个行业或一种模式的电子商务理论和应用，能够从战略上分析和把握其特点和趋势。

在上述可行性分析的基础上，由专家小组形成可行性研究报告，主要内容包括以下几方面。

a. 引言：说明编写本文档的目的；项目名称、背景；本文档用到的专门术语和参考资料。

b. 可行性研究的前提：说明待开发项目的功能、性能和基本要求；要达到的目标；各种限制条件；可行性研究的方法和决定可行性的主要因素。

c. 对当前系统的分析：说明当前系统的处理流程和数据流程；工作负荷；各项费用的支出；所需各类专业技术人员的类型和数量；所需各种设备；当前系统存在什么问题。

d. 所建议系统的技术可行性分析：所建议系统的简要说明；处理流程和数据流程；与当前系统比较的优越性；采用所建议系统对用户的影响；对各种设备、现有软件、开发环境、运行环境的影响；对经费支出的影响；对技术可行性的最终评价。

e. 所建议系统的经济可行性分析：说明所建议系统开发的各种可能支出，各种可能的效益；计算收益投资比和投资回收周期。

f. 社会因素可行性分析：说明法律因素；对合同责任、侵犯专利权、侵犯版权等问题的分析；说明用户使用可行性，是否满足用户行政管理、工作制度、人员素质的要求。

g. 其他可供选择的方案：逐一说明其他可供选择的方案，并说明不予推荐的理由。

h. 结论意见：说明项目是否可以开发；还需要什么条件才能开发；对项目目标有何变动等。然后将可行性研究报告提交给领导小组审查，确定报告内容是否可靠，最后上报给企业决策层审阅，决定项目是否能够立项。

2.2　网站总体规划

2.2.1　网站总体规划的目的

网站总体规划是指根据企业经营业务及建立网站的目的、用途，进行分析、策划，对网站的形象、功能、目标客户予以定位，对网站的信息结构、导航体系进行设计，进行栏目设置、页面总量统计等，制订出一套能充分体现出企业形象和网站风格的网站建设策划方案；是在网站建设初期进行的宏观性工作。当企业欲建立本企业站点时，网站策划将贯穿于网站建设的全过程。网站总体规划是网站建设最重要的环节，但同时也是最容易被企业忽视的环节。

2.2.2　网站总体规划的依据

规划电子商务网站的主要依据包括以下几方面。

① 策略性　策略性是指网站定位策略，例如，是要做全球市场，还是要做地区市场；

客户群是锁定在企业级客户，还是一般用户等。由于产业与商品特性不同，采用的交易形式及面对的客户群就有所不同，在策略规划上就应该有不同的思考。

② 容错性　网站的规划应容许错误发生，并要将网站设计成即使有错用户也可以包容这个错误。例如一个 B2C 交易网站可以进行小量试卖，视反应再决定是否大量促销。网站一开通，用户的所有情况立即会通过网络反应回馈。要通过仔细地规划网站的功能区分，充分利用容错性这种特性对网站功能做修正，而不是让这种特性阻碍网站经营。

③ 阶段性　网站的建设有其自身规律，即发展过程的阶段性。网站的规划不可能一次就规划出最终的样子，网站也不可能是始终维持一个状态一直经营下去。网站规划需要以阶段的方式去思考。

④ 技术性　即规划网站时需考虑的软硬件技术，如网络结构、主要软硬件设备、数据库系统以及开发工具等选项。

⑤ 兼容性　即要求先前开发的系统仍然可以在其后先进的平台上继续运行。Internet 技术总是在不断变化的，虽然各种新的网络软件和旧软件补丁层出不穷，但并不是每个上网者都随时跟着技术进步的步伐升级自己的电脑。怎么让这些上网者也能清晰完整地浏览网站？出于稳定性和统计学的考虑，可以有意无意地放弃某些很好的 Internet 技术而选择继续停留在某种稍微陈旧的技术上。例如在制作页面里的 Flash 动画时，将制作的动画的发布版本适当减低，让那些浏览器 Flash 插件不是最新版本的用户不需要更新插件也能看动画，以便使用户能流畅地浏览网站。

⑥ 扩展性　使用稍微陈旧一点的技术也是出于扩展性的考虑。技术总是在竞争中不断完善的，没有人能保证哪种竞争技术最终能成为标准。经常有某些技术，看似是实现某件事情的最佳途径，可却最终被驱逐到不受欢迎的一列。已经有很多人和很多公司为了试图和最新技术并驾齐驱而饱受痛苦。从另一个方面来说，稍微陈旧也是成熟，其技术支持和扩展性都有比较全面的保证。此外，陈旧技术与前沿技术相比，其花费一般也便宜得多。

⑦ 安全性　安全性包括技术和信任两个方面。安全性的解决不只在技术方面，更重要的是信任，换句话说：安全=信任，即如何以客户的角度去思考，提供值得信任的交易方式，才是解决安全性的最佳方法。

2.2.3　网站总体规划的主要内容

（1）网站客户的定位

首先要确定网站的服务对象即客户是谁，才能有的放矢、投其所好，在内容选取、美工设计、划分栏目各方面尽力做到合理，吸引住更多的眼球。如何针对客户进行定位？可考虑以下几个方面。

① 客户的"商人"特点　商务网站的访问者主要是商人和公司潜在的客户。如果是制作个人网站或艺术网站，设计上标新立异、特立独行自然是很有个性，但是商务网站太有个性却未必是好事。一方面，大多数上网者没有太多高深的艺术鉴赏能力，另一方面，如今时间就是金钱，一般商业客户主要关心网站是否安全、简单、实用、高效等。商务网站就是要迎合大多数的普通上网者。

② 客户的地域特征　确定网站的服务对象还要考虑客户的地域特征。所谓地域特征，主要是指客户的国家、种族、信仰、文化差异、语种等属性。明确区域性上网人群的习惯特征很有必要，这里习惯主要是指生活习惯和消费习惯。针对不同的生活和消费习惯，确定有

针对性的营销策略，设计适应这些策略的网页，才能最大限度地吸引访客的眼球。关于语种，就是要针对不同语种设计不同语言的页面。充分理解地域特征，就可以利用网络的全球化优势进行广泛的电子商务活动。

那么，如何了解上网人群的特征呢？除了对区域文化有所了解之外，还有一个重要方法就是直接进行询问调查。但调查在绝大多数时候是有一定困难的。最大的问题就是出于各种各样的原因，人们并不总是会做出真实的响应。当进行问题调查时，任何时候请求人们承认某些事物，而承认这样的事物会减少人们对自我形象的满意程度，就等于是在请求人们做出与真相不符的响应。

对客户进行问询调查的方法有两个：一是仍然采用询问调查，但是先绕过敏感的问题而询问其他问题逐步得到真实的响应；二是直接进行网上调查，由于问答双方非面对面往往可以得到真实的响应。因此，应该在网站上长期保留一些调查的页面，用于跟踪浏览者的喜好，以便调整网站的内容。在制作这样的调查页面时，切忌表单过长，人们可没有无限的耐心来回答大量的问题。

③ 其他　此外，还要考虑客户的年龄阶层、阅读习惯等因素。

（2）网站主题和名称的确定

① 网站主题　设计一个网站，首先遇到的问题就是网站主题。所谓主题也就是网站的题材，题材可以有成千上万个，主题应紧紧围绕中心内容来确定。电子商务网站要做到主题鲜明突出，要点明确。

网站主题的确定可从以下几个方面考虑：首先，要选择体现公司特色的、有发展情景的主业或产品为网站主题，突出主题，扬长避短；其次，要从客户的角度入手：是大客户、政府部门，还是一般顾客（广大普通民众），即必须根据主要服务对象客户群体的类型确定网站主题。

② 网站名称　网站名称是网站设计的一部分，而且是非常重要的一个要素，对网站的形象和宣传推广也有很大影响。

名称要符合以下两点：首先，网站名称要和所确定的主题一致；其次，网站名称要容易记忆，要有特色。

（3）网站整体风格的确定

知道了什么样的人会来以及要做什么样的内容，就可以确定需要什么样的风格了。如果有美工基础的话，只要再加上少许的创意，就可以做出非同一般的效果。让人看一眼就留下深刻印象的站点，无论对于吸引眼球还是增加回头率都是大有裨益的。

另外，风格是非常抽象的概念，往往要结合整个站点来看，而且不同的人其审美观也不同，对于风格的喜好也很不同。再者，如果站点内容范围不太广，属于相同的主题，可以考虑整个站点设计为同一种风格，但如果各栏目的差异很大，就要考虑不同的主题，比如站点里以比较枯燥的商务栏目为主，辅之以轻松活泼的动漫栏目，将这两者设计成各有特色的风格会更使人感觉舒适。无论如何，风格是为主题服务的，要让它做好衬托气氛的任务，而不是单纯地照搬照抄别人的特色。

（4）网站内容的设计

影响网站成功的因素主要有网站结构的合理性、直观性，多媒体信息的实效性和开销等。成功网站的最大秘诀在于让用户感到网站对其非常有用。因此，网站内容设计对于网站建设至关重要。进行网站内容设计包括以下几方面。

① HTML 文档的效果由其自身的质量和浏览器解释 HTML 的方法决定。由于不同浏览器的解释方法不尽相同，在网页设计时要充分考虑尽可能使主流的浏览器都能够正常浏览。

② 网站信息的组织结构要层次分明。应该尽量避免形成复杂的网状结构。网状结构不仅不利于用户查找感兴趣的内容，而且在信息不断增多后还会使维护工作非常困难。

③ 图像、声音和视频信息能够比普通文本提供更丰富和更直接的信息，产生更大的吸引力，但文本字符可提供较快的浏览速度。因此，图像和多媒体信息的使用要适中，减少文件数量和大小是必要的。

④ 对任何网站，每一个网页或主页都是非常重要的，因为它们能够给用户带去第一印象，好的第一印象能够吸引用户再次光临这个网站。

⑤ 网站内容应是动态的，随时进行修改和更新，紧跟市场潮流。在主页上注明更新日期及 URL 对于经常访问的用户非常有用。

⑥ 网页中应该提供一些联机帮助功能。比如输入查询关键字就可以提供一些简单的例子，甚至列出常用的关键字。千万不能让用户不知所措。

⑦ 网页的文本内容应简明、通俗易懂。所有内容都要针对设计目标而写，不要节外生枝。文字要正确，不能有语法错误和错别字。

（5）进度规划

① 网站建设流程设计　网站建设流程一般为：策划阶段→初步建设→链接阶段→交互阶段→数据库阶段→对外阶段→商业阶段→应用阶段→资本运营阶段→更新阶段。

② 制定时间表　制定时间表包括以下几个方面的内容：网站建设各项工作内容及时间安排，月度和年度工作安排时间规划，网站各工作人员工作内容及其时间安排，工作人员讨论交流会时间安排。

（6）其他

① 浏览器版本　不同的浏览器对网页会做出不同的显示，在 Internet Explorer 里非常漂亮的页面，用 Firefox 显示可能是一团糟。所以即使在现在这种 IE 浏览器一统天下的时候，也要考虑少数的其他用户，也许他们正是公司的潜在访客。

② 分辨率　1024×768、1366×768 是目前使用较多的两种分辨率，应该在这两种分辨率里都能达到最好的显示效果。

③ 使用模版　收集了大量的素材并完成了所有的构思以后，先要做一个模板网页，在这个网页里包括了所有网页的公共元素，如 Logo（标志、徽标）、导航栏、更新时间、推荐栏目、外接的 CSS 样式表的链接、更新时间、加入收藏夹、返回首页、站点地图、E-mail 地址、滚动的状态栏、广告条、版权信息等，之后只要复制多份填入不同的内容即可。这样可避免由于经验不足或其他原因而造成的大量修改网页的问题。

④ 色彩搭配　色彩搭配与美学有关。在整个站点的色彩选择上，应尽量使用同一色系的，色彩种类不超过 4 种。另外，适当的对比色可以增加文字的可阅读性，但如果对比太强的话，就不适于长文本的阅读，并会对浏览者的视力造成很大的伤害。

⑤ 风格统一　风格统一（corporate identity，CI）原是广告学里的一个专用名词，但用在网站设计上也很恰当，它的意思是通过视觉来统一整体的形象，包括 Logo、色彩、广告语等可以作为标志性的东西。风格统一要注意背景颜色、字体颜色大小、导航栏、版权信息、标题、注脚、版面布局，甚至文字说明使用的语气方面都要协调一致。

⑥ 尊重版权　互联网的精神是"共享"，但这并不意味着制作网页时可以随便抄袭别人

的作品，因为网上的作品也是某个人或某些人辛勤劳动的成果，不管在什么情况下剽窃都是不道德的行为，甚至会引起法律问题。所以在转载别人作品的时候要先征得对方同意。并在网站上注明作者和其他相关信息。

⑦　留下联系方法　留下 E-mail 或其他联系方法（比如电话号码、联系地址等），给访客一个发泄对站点不满的机会，同时也可以方便访客通过这些渠道反馈网站的 Bug，并能及时修改调整。

【实战案例】

如上所述，企业在进行电子商务系统或网站项目建设过程中，必须首先进行项目需求分析，并在此基础上形成项目总体规划方案。实际上，公司或企业往往也以"某项目规划书"或"某项目计划书"的形式完成上述工作。以下给出两案例供读者参考。案例中可能涉及的一些知识点、概念在前面的章节中还未介绍过，但会在以后的内容中加以讲解。

案例一　某房地产集团网站建设项目规划书

一、项目背景

进入 21 世纪，互联网正以迅雷不及掩耳之势进入各行各业。房地产业，这一关系到消费者切身问题——衣、食、住、行的行业，当然也不例外。小区智能化、小区局域网、项目网站、开发商网站等的纷纷出现，充分体现出房地产与互联网或者网络的有机结合已经是大势所趋。

如图 2-1 所示，传统房地产营销将楼盘信息通过报纸、电视、电台等传统媒体向消费者传播，是一种直线的单向传递。发展商发布信息，是主观的意愿。至于有多少人看到了和看到了又能从中领会到发展商想表达的内容，发展商一般很难预计，通常依靠所谓的经验来判断，具有很大的盲目性。而且每次的信息发布，发展商很难得到客户的及时反馈，并根据反馈的信息及时作出广告或者销售上的调整。

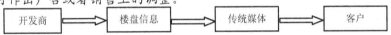

图 2-1　传统房地产营销模式

房地产项目上网，结合楼盘的特点，配合楼盘的销售策划工作，利用网络技术在网上进行互动式营销，突出设计楼盘的卖点，及时介绍工程进展情况，配合现场热卖进行网上动态销售情况介绍、预售情况介绍及按揭情况介绍并提供网上预售、网上咨询等服务（图 2-2）。

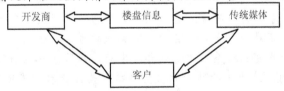

图 2-2　网络时代房地产营销模式

房地产企业上网，可充分发挥现代网络技术优势，突破地理空间和时间局限，及时发布企业信息（如楼盘、房产、建筑材料、施工机械、装饰装修材料等）、宣传企业形象并可在网上完成动态营销业务。

A集团作为国内知名的房地产大型企业，在互联网上建立其自身的网站，能迅速建立起其下项目在网上的知名度和美誉度，奠定A集团在房地产市场的"领头羊"地位。同时，该网站又可作为A集团对外宣传、建立公司品牌形象的基地，为公司后续开发项目的宣传推广奠定基础。

二、网站建设的目的

1. 树立全新企业形象

对于房产开发企业而言，企业的品牌形象至关重要。买房子是许多人一生中的头等大事，需要考虑的方面也较多。因发展商的形象而产生的信心问题，往往是消费者决定购买与否的主要考虑因素之一。以往，发展商开发项目，通过报纸、电视等媒介的宣传来建立自己的品牌形象。现在通过建立网站，企业形象的宣传不再局限在当地市场，而是全球范围的宣传。企业信息的实时传递，与公众相互沟通的即时性、互动性，弥补了传统手段的单一性和不可预见性。因此，建立网站是对企业形象的建立和维持的有效补充。

2. 优化企业内部管理

企业网站的建设将会为企业内部管理带来一种全新的模式。网站是实现这一模式的平台。单靠网站本身，对企业内部管理还不能很好实现。但如果结合企业内联网建设、智能化综合布线系统、电子商务解决方案的实施，将会发挥出互联网巨大的威力。在降低企业内部资源损耗、减低成本、加强企业员工与员工、企业与员工之间的联系和沟通等方面发挥巨大作用，最终使企业的运营和运作达到最优化。

3. 增强销售力

销售力指的是项目的综合素质优势在销售上的体现。现代营销理论认为，销售亦是传播。对房地产项目而言，销售的成功与否，除了决定于能否将项目的各项优势充分地传播出去之外，还要看目标对象从中得到的有效信息有多少。由于互联网所具有的"一对一"的特性，目标对象能自主地选择对自己有用的信息。这本身已经决定了消费者对信息已经有了一个感兴趣的前提。使信息的传播不再是主观加给消费者，而是由消费者有选择地主动吸收。同时，项目信息通过网站的先进设计，既有报纸信息量大的优点，又结合了电视声、光、电的综合刺激优势，可以牢牢地吸引住目标对象。因此，项目信息传播的有效性将大大提高，同时亦是提高了项目的销售力。

4. 提高附加值

许多人知道，买房子不仅是买钢筋和水泥，买的还有环境、物业管理、社区文化等。这一切也就是项目的附加值。项目的附加值越高，项目的保值、增值能力就越强，在市场上就越有竞争力，越受消费者欢迎。因此，发展商要赢得市场就要千方百计地提高项目的附加值，例如优美的小区环境、体贴的物业服务、和谐的社区文化等方式。但发展到现阶段，仅仅这些已不能满足市场的要求。为项目建立自己的网站，为消费者提供个性化、互动化、有针对性的24h网上服务，也正是一个全新体现项目附加值的方向。业主可以利用楼盘内部网连接网站，随时与外界保持紧密的联系，进行商务、生活、娱乐等各方面的活动。随着经济的发展和互联网的不断应用，房地产项目网站将会日益成为优秀房地产项目的必备硬件之一。

三、网站定位

做房地产开发要给项目一个定位，明确项目开发建设的方向。做网站建设同样需要给网站定位，网站的风格、结构、功能等均服从于这一定位。针对A集团的具体情况和要求，给将要建设的网站这样定位：展现企业实力，领导未来的人性化网站。

① 通过网站来达到全方位展现 A 集团综合实力的目的，充分树立 A 集团在广州房地产界的"领头羊"地位，让网站成为宣传企业形象的全新基地。

② 网站的建设具有超前意识，不仅在现阶段具有先进性，能适应目前的需要，而且为今后预留可持续发展的空间，能适应互联网的飞速发展，使其在未来仍处于领先地位，能够领导市场发展步伐。

③ 网站的风格、结构、功能等方面做到"以人为本"，亦即人性化；能从浏览者的习惯、消费者的需求进行建设、设置，使浏览者和消费者能够感受到网站是为其专门服务的，具有亲切感和亲和力。

四、网站结构

网站主体结构如表 2-1 所示。

表 2-1　网站主体结构

	第一层栏目	第二层栏目	第三层栏目	功 能 说 明
网站首页	1. 集团概貌	（1）辉煌历程		作为集团对内和对外的重要宣传窗口，可使浏览者快速、清楚地了解 A 集团整体的基本情况和超强实力
		（2）组织架构		
		（3）企业文化		
		（4）品牌诠释		
		（5）资本运营		
		（6）发展规划		
		（7）市区楼盘分布图		
		（8）集团风采（Video 下载）		
	2. 经典力作	（1）帝景苑	① 地理位置	提供了集团曾开发部分楼盘的独有优势，体现集团楼盘开发的匠心独具
		（2）骏景花园	② 生活配套	
		（3）愉景雅苑	③ 交通网络	
		（4）华景新城		
	3. 在线看楼	（1）热销楼盘	① 标准平面图	采用动态网页技术，连接楼盘信息数据库，保证任何楼盘信息的更新，都能即时反映在网页内容上。并且通过网站信息发布系统，自动进行楼盘信息的发布。 提供自动建立楼盘信息目录的功能。 提供楼盘信息和供应商信息的录入、编辑和存储功能。 采用最新技术建立 360°实景图给访问者以最直观的印象
			② 装修标准	
			③ 设施概览	
			④ 付款方式信息	
			⑤ 360°示范单位实景图	
			⑥ 材料供应商	
		（2）靓盘推介		
		（3）自动计价		
		（4）户型解析		
	4. 强力搜索	（1）户型搜索	① A 楼盘	访问者能根据表单所提供条件迅速找到满意楼盘，系统并能根据访问自动分析访问者的兴趣爱好、消费倾向，从而有利于集团实施更具针对性和高效的商业规则和计划
		（2）价目搜索	② B 楼盘	
			③ C 楼盘	
		（3）位置搜索	④ D 楼盘	
			⑤ 其他项目	
	5. 物业服务	（1）物业咨询	① 社区公告栏 ② 内部邮件系统	提供信息录入、编辑和存储的功能，同时有一套严格的流程管理和权限控制方法，方便用户定义自己的信息发布流程和权限控制。连接搜索引擎，提供查询功能。另外，提供了程序接口，方便用户扩展信息录入和反馈程序
		（2）物业维修		
		（3）收费管理		
		（4）会所设施管理（暂缓）		

续表

	第一层栏目	第二层栏目	第三层栏目	功能说明
网站首页	6. 地产行情	（1）最近市场分析		提供房地产行业最新信息，方便有意向购房的访问者作出选择
		（2）置业指南		
	7. 法律咨询	（1）相关法律问题		有助于浏览者对房地产相关法律作系统了解
		（2）案例分析		
	8. 综合信息	（1）招贤纳才		可有效降低企业人力资源成本和运营成本
		（2）网上招标		
	9. 网站导航			方便浏览者了解网站信息布局，快速找到所要信息
	10. 信息反馈	（1）网上调查		使企业能快速了解、预测和响应客户、市场的需求
		（2）留言板		
	11.B2B 平台拓展接口			提供电子数据交换（EDI）接口，为日后发展电子商务预留空间和可能

主要功能模块解释如下。

① 站内搜索系统提供了对 A 集团楼盘信息进行多种类型检索的支持，由于系统信息的储存方式有两种，即文件系统的静态 HTML 和装入数据库的信息，因此系统采用两种搜索引擎，一种是针对文件系统的信息检索功能，另一种是针对数据库系统的信息检索功能。返回的搜索结果可按用户要求的输出方式进行输出，同时可按照定制要求统一输出，因此系统的两种搜索方式对结果来说是透明的。通过对被调用数据的统计根据命令打印报表。

② 物业管理　包括物业咨询、物业维修、收费管理、会所设施管理等。

a. 物业咨询：就提供的物业服务提供咨询、指引及投诉管理等，设立一个公告栏以刊登管理处通告和发布社区消息；另设一个邮件系统以便于住户与管理处的沟通交流，住户可且只可查询自己发出或收到的信息（此系统只能用于内部，有别于一般的电子邮件）。

b. 物业维修：用于管理物业维修方面的信息，住户可查询管理处的回复及处理方法，管理处可利用此系统对维修流程进行跟踪监督。

c. 收费管理：用于录入、查询、统计分析各种费用，催缴欠款的信息可以邮件形式转发到住户邮箱，住户可查询各自的管理费用。

d. 会所设施管理：通过设施预订系统，住户可预订各种会所设施。选择了设施和日期后，屏幕会显示当前的预订情况及可选择的时间，预订后，系统提示申请获得确认，住户可随时查核已预订的项目。通过设施管理系统，管理处可增减可订用的设施，或因例行保养或其他原因而停止使用某些时间。

五、网站技术方案

1. 技术实施（表 2-2）

表 2-2　技术实施

序号	网站组成	使用技术名称	效果说明
1	（1）网站所有文字页面 （2）静态图片 （3）表格	HTML	① 出版在线的文档，其中包含了标题、文本、表格、列表以及照片等内容。 ② 通过超链接检索在线的信息。 ③ 为获取远程服务而设计表单，可用于检索信息、订购产品等。 ④ 在文档中直接包含电子表格、视频剪辑、声音剪辑以及其他的一些应用
2	（1）网站动态菜单 （2）动态图标	JavaScript	① 实现在一个 Web 页面中链接多个对象。 ② 与 Web 客户交互作用。 ③ 可以开发客户端的应用程序等

序号	网站组成	使用技术名称	效 果 说 明
3	(1)经常更新的网页 (2)动态数据（如新闻中心、楼盘展示）	ASP	① ASP 的运行速度快，而且它为使用 HTML、脚本和 ActiveX 服务器组件构建 Web 应用程序提供了一个框架，可以将脚本嵌入 HTML 页内来创建 ASP 文档。当用户请求得到一个 ASP 时，服务器便执行嵌在页内的脚本，而且将脚本的输出作为 HTML 的组成部分也包括在内，从而任何浏览器都可以浏览这个页。 ② 可以和 HTML 或其他脚本语言（VBScript，JavaScript）相互嵌套。 ③ 是一种在 Web 服务器端运行的脚本语言，程序代码安全保密。 ④ 可以使用 ActiveX 控件继续扩充其功能。 ⑤ 可以轻松地存取各种数据库。 ⑥ 适用于各种浏览器
4	网站	PHP	① 建立一个快速交互的 Web 站点。 ② 维护方便
5	网站内的动态按钮	CSS	① 使用 CSS 的技术，网页便会给人一种赏心悦目、工工整整的感觉，同时字体的色彩变化也使主页变得更加生动活泼。 ② 代码短，却得到不同凡响的效果
6	(1)产品资料 (2)新闻资料 (3)产品查询	数据库	① 完善的客户数据资料处理 ② 快速的资料查询能力 ③ 未来电子商务的基础
7	(1)主要动画 (2)动态图标	Flash	① 以极富吸引力的动画吸引浏览者停留 ② 增强网站感染力

2. 技术保证

① 首页内容严格控制在 40KB 以内，保证 4～5s 能完成下载，让浏览者能快速进入到主页；

② 网站所提供的资料准确，错字率在 0.15%以下；

③ 需建设数据库，保存的资料及时输入数据库，并保证数据能被正确调用；

④ 搜索引擎登录在网站建设竣工后两个星期内完成；

⑤ 利用网页检查工具，对网页浏览器的兼容性、网页中针对搜索引擎的准备情况、网页用时间、链接情况、拼写和 HTML 文件编写进行检测；

⑥ 网站的服务器安全稳定，非因不可抗力因素（如电信局停电、CHINANET 传输中断等）应保证网页能被正常浏览；

⑦ 企业级电子邮件系统能正常收发；

⑧ 页面更新准时上传。

六、网站推广

1. 中文网站推广

（1）将 A 集团中文网站信息联入最大的前几家中文信息检索器（表 2-3），方便国内分销商及消费者以 "A" "房地产" "商品房" "高级商品房" 等关键字查找 A 集团网站。

表 2-3　前几家中文信息检索器

序　号	名　　称	网　址
1	谷歌	http://www.google.com.hk
2	百度	http://baidu.com
3	简体中文雅虎	http://cn.yahoo.com
4	搜狐	http://www.sohu.com

序　号	名　　　称	网　　　址
5	简体中文新浪	http://www.sina.com.cn
6	FM365	http://search.fm365.com
7	常青藤	http://www.tonghua.com.cn/
8	中华网	http://searcher.china.com/
9	繁体中文雅虎	http://yahoo.com.tw
10	繁体哇塞	http://www.whatsite.com
11	番薯藤	http://www.yam.com.tw
12	中国视窗	http://www.windowchina.com
13	搜索客	http://www.cseek.com/

（2）在知名的房地产站点中发布 A 集团的网站信息：

【中房信网】http://www.homeprc.com

【搜房网】http://www.sofang.com.cn

【香港 GOHOME 网】http://www.gohome.com.hk

（3）在国内众多的电子公告栏 BBS 上发布 A 集团的最新楼盘信息。

（4）通过电子邮件，向潜在消费者和供应商宣传 A 集团的网站信息。

① 新楼盘信息传递；

② 楼盘促销信息传递；

③ 楼宇工程进度、材料供应等的信息传递。

（5）通过网络广告，宣传 A 集团的网站信息。

① 网站选择：sohu.com

② 广告形式选择

● 类目、关键字 BANNER 广告。

● 关键字：房地产、商品房、高级商品房。

● 类目：首页>国家与地区>广东>工商经济>公司企业>房地产。

　　　　首页>工商经济>公司企业>房地产。

2. 英文网站推广

将 A 集团英文网站信息联入全球最大的前 100 家英文信息检索器（以其中 10 家为例，见表 2-4），向外国客户宣传 A 集团的网站信息，方便外国客户以关键字查找 A 集团网站。

表 2-4　10 家英文信息检索器

序　号	名　　　称	网　　　址
1	Yahoo!	www.yahoo.com
2	Altavista	www.altavista.com
3	Excite	www.excite.com
4	Infoseek	www.infoseek.com
5	Hotbot	www.hotbot.com
6	Lycos	www.lycos.com
7	Webcrawler	www.webcrawler.com
8	infotiger	www.infotiger.com
9	American Online	www.aol.com
10	Looksmart	www.looksmart.com

3. 传统媒体推广

要将网站向全社会推广，传统媒体的作用不可忽视。若缺乏传统媒体的有效宣传，网站就不能被社会大众所知道，也就无从点击，更谈不上浏览，网站的信息就无法向大众传递。报纸、电视、杂志、户外广告等媒介都是可选择的。但考虑到报纸、电视的投入会相当大，若单单为宣传推广项目网站就显得有点浪费。因此，建议 A 集团在网站推广上尽量采用原有的宣传资料，如楼书、单张、展板等工具，结合 A 集团原有的视觉识别（VI）系统，将网站的信息内容融入其中。这样成本又低，又具针对性。

4. 社区文化活动推广

A 集团作为一个大型房地产开发企业，已开发了多个项目。各个楼盘的业主是十分宝贵的资源，是宣传推广中最有效的载体。根据广告学原理，一个人可以对周围的 25 个人产生影响。也就是说，一个业主可以影响周围的 25 个人，诸如亲戚、朋友等。在房地产销售上已经充分利用了业主这一有效途径，例如一些业主直销方案等。根据统计，大型小区的销售额大约有 30%左右是由业主直接或间接的宣传介绍而产生的。

所以在开展社区活动的同时，加强对业主宣传项目网站的信息。同时在网上也及时地报道小区各种活动的内容。例如进行网上直播、网上对话等加强与业主间的沟通，让业主成为网站的第一浏览者和忠实拥护者。这样对网站的推广将会起到事半功倍的效果。

5. 公关活动推广

公关活动是在短时间内产生较大影响力的有效手段，是针对大众的广泛传播手段。网站推广可以和楼盘的营销推广相结合，给消费者一些实质性的好处。很多时候，上网的人除了获取所需的信息外，还会想得到一些利益，如购物优惠、折扣等。所以，结合楼盘推广，可以进行一些如 A 集团楼盘购房网上寻折扣、网上集体砍价等活动，给予上网者实实在在的优惠。又或者结合楼盘的一些活动、现场表演等，在加强销售宣传的同时，又可以对网站进行有效的推广。

6. 有互联网特色的现场包装

现场包装是促进楼盘销售的重要手段之一。良好现场气氛的营造将直接刺激客户的购买欲望，在现场抓住那些已经有兴趣的参观者将会比漫无目的地去寻找客户的成功率要高得多。针对网站而言，就要将互联网的特色融入到现场包装之中，充分体现出互联网与房地产的相结合将会给客户一种怎么样的生活享受。例如在现场设置触摸显示屏，让来参观的客人见识 A 集团的网站，以及可以利用该网站达到什么目的、有什么方便的服务等。

七、网站开发流程和进度表

网站开发流程如图 2-3 所示。

网站开发进度表如表 2-5 所示。

表 2-5 网站开发进度表

进　　程	第一周	第二周	第三周	第四周	第五周	第六周	第七周	第八周	参　与　人
客户需求分析、调研	■	■							市场部、策划部、信息部
提交方案书交客户确认		■	■						市场部、策划部、技术部
项目开发					■	■			项目开发组
客户监控							■		项目开发组、A 集团
竣工验收								■	客户服务部、A 集团
售后服务，客户跟踪									客户服务部、A 集团

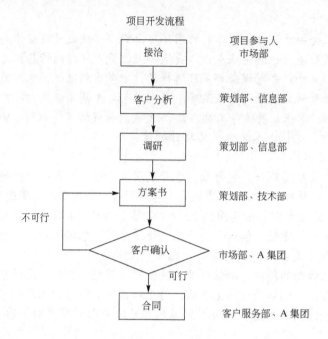

图 2-3　网站开发流程

八、网站建设投资预算

1. 系统开发、推广费用（总计 148400.00 元）

（1）空间租用（8000 元）　租用服务器空间 10GB 或以上，随网页内容的不断增加可升至 50GB。提供主要功能支持：FTP 数据传递、双机自动备份网站内容、无流量限制，以 100M 高速专线接入电信主干道，保证客户浏览速度。

（2）专业网页设计和制作（59000 元）　包括：提供中文繁体版、简体版，英文版，信息量为 100～150 页 A4 纸的精美网页，超过 150 页按 150～800 元/页计费（具体方案另议）。360°全景图片处理、制作和进入主页前 5～10s 的动感 Flash。留言板、计数器及各种图标的设计制作。

（3）建立电子邮件系统（3800 元）　建立电子邮件系统，可根据要求提供任意电子邮箱，自动回复系统设置。

（4）网站自动计价系统 ASP 程序设计（15000 元）。

（5）各种网关数据库接口的建立，各种反馈表格的底层程序，Java 及 JavaScript 程序的编写（51000 元）。

（6）网上推广（11600 元）　包括世界最大前 20 家中文搜索引擎登记和最大的前 100 家英文搜索引擎登记，部分搜索引擎的排名优化，协助制作宣传板和网站导航宣传单（制作成本需另计）。

2. 第二年维护费用（总计 33000.00 元）

第一年网站免费维护和网站交付使用后对 A 集团人员的免费培训。

第二年起每年的维护费：

① 服务器空间租用（8000 元）；

② 电子邮件系统维持费（2700 元）；

③ 自动计价系统、反馈表格的底层程序和 Java 及 JavaScript 程序的修改维护（12000 元）；

④ 主页每 2 个月更新一次（4800 元）;

⑤ 信息更新，按每月 10 页计（超出部分视制作的工作量大小按 150～800 元/页计费）（5500 元）。

案例二　某女性专卖店电子商务网站设计方案书

公司为地处长江沿岸省会城市，专营女性化妆品和适用于女性的手机的专卖店。

一、网站目标分析

针对女性而开创的女性网上专卖店，主营化妆品和适用于女性的手机。化妆品专卖店经销包括从基本化妆品到彩妆、保养品、香水及化妆工具等的专业直销店。女性手机专卖店经销市面上流行及热销的适用于女性的手机。

二、网站定位

首先，在网站上将传统的专业美容指导课程，作为一项在网上可以实现的功能，将皮肤测试、色彩指导、个人护肤配方等用先进的网络技术在网上实现，顾客可以在网上实现个性化咨询。其次，在网上进行彩妆模拟设计让顾客自己当一回美容师。

网站运营上实行电话预约、送货上门、货到付款，外地为款到发货。有完善的售后服务：若出现质量问题，化妆品一星期包退，1 个月包换；手机凭检测报告，一星期包退，15 天包换，1 年保修，终身维修。

三、竞争对手分析

搜索化妆品网站：共 547 个网站，女性网站共 434 个。其中主营化妆品网站共 18 个，涉及美容的共 59 个。

搜索手机网站：共 1017 个；其中主营女性手机网站共 2 个。

说明在女性网站中经营化妆品的并不多，专卖女士手机的更少。竞争对手大多不是公司所在城市的网站，多在外省或上海等地，因此，该公司产品在本省内有一定的市场。网上购物越来越成为时尚，是时代发展的趋势。专家预测，在未来 5～10 年内将有 50%的成交是在网上进行的。现在市场需要一种方便、快速、价格合理、安全的购物环境，而网上购物正解决了消费者的这种需求。网上购物的市场巨大，如广州、北京、上海、南京、西安、青岛、武汉等大城市，人口众多，素质相对较高，工薪阶层较多，加之这些城市的生活节奏较快，上网人数相对集中，这些人（上网的人）勇于接受新事物，市场容量大。但现在中国做电子商务的网站规模小、销售的商品少、服务相对滞后，而且都是单打独斗；再者，现在网上销售的商品没有统一的质量标准，价格跟市面的价格没有什么区别，反而要比市面的价格要高，这也是使网上购物发展缓慢的一个原因。消费者目前强烈需要的是一个规模大、信息量丰富、商品齐全、服务好的电子商务网站。据统计，我国从事消费类电子商务的网站多达 1100 多家，但现实的环境令许多从事电子商务的网站泄气，主要原因在：配送体系不完善导致配送困难，费用之高几乎让网站无利可图；网上商品匮乏，很难引起消费者的购物兴趣。因此，B2C 的市场还处于未完全开发完的成长阶段，有市场竞争，但不十分激烈。

四、机遇和威胁分析

1. 机遇

① 电子商务发展得很快，特别是随着中国加入世贸组织，外国的电子商务盯着中国这一大市场，如果中国现在还不加快发展电子商务的脚步，中国的电子商务将被外国所控制。为了避免这样的局面发生，中国政府正出台一系列的政策，以扶持中国的电子商务，为中国

的电子商务打开方便之门。加之现在银行网络化的加快，银行结算越来越方便。只要有了政府的支持，资金问题、与银行的结算、邮政等的关系就水到渠成了。

② 中国电子商务正处在发展阶段，许多从事电子商务的网站发展还不成熟，规模较小，服务跟不上，竞争力相对较小，加之几个相对较好的网站还未站稳脚跟，还是东打一枪，西打一枪，不能专心做好一个固定的市场，使消费者无所适从。这给我们带来了很大的机会，全力进攻 B2C 业务。

2. 优势

① 网站是一个连锁网站，其辐射面广、配送站完备、服务周全，开创了电子商务连锁经营的新天地。该网站的最大特点是连锁经营，各分网站管辖自己区域范围内的市场，建立自己客户的信息档案，更好地对顾客进行跟踪服务，第一时间掌握当地的信息反馈并做出反应，而各分网站的协调工作由总网站进行，全方位地对各市场进行服务。

② 网站已与当地的生产厂家有良好的关系，已达成"你提供产品，我提供市场，共同发展"的协议，保证了货源的供给和价格的绝对合理。

③ 网站有一批经验丰富、技术过硬的人才。

④ 网站销售的商品已取得了国家质量监督管理局的认证并出面担保，被誉为信得过企业，产品质量绝对可靠。

3. 主要的威胁

① 知名度不够，使我们的网站面对进入电子商务已有一段时间的众网站，显得有点脆弱。

② 电子商务发展很快，各电子商务网站各显神通，对我们威胁很大。

③ 虽上网人数众多，但大多数的网民喜欢到处闲逛，没有固定的落脚点，盲目性很大，容易受干扰，增加了我们网站的营销困难。

五、经济可行性分析

1. 域名注册

英文国际域名 100 元/（年·个）；中文通用域名 280 元/（年·个）；通用网址 500 元/（年·个）。

2. 虚拟主机

商务型，400M，1500 元/年；MS SQL，50M，1200 元/年；MY SQL，50M，300 元/年；WAP 支持，在原来虚拟主机价格基础上增加 30%；

转移服务器，Windows<——> Linux，200 元/次；

聊天室，100 人，800 元/年。

3. 邮箱选择

来科思"推广型"登录，1800 元/年；百度登录，100 元即可开户，一经注册，就可出现在三十多个著名搜索引擎（搜狐、网易、上海热线、来科思、TOM、21CN、263 等）中，点击付费，每次点击付费最低从 0.1 元起。

六、人员可行性分析（略）

七、技术可行性分析

1. 网站美术风格设计策划

模式一：进行网站整体美术风格设计、策划，量身定制网站首页和通用二级页面模板，制作网站动态旗帜广告一套，网页 JavaScript 程序效果 1 种。

模式二：进行网站整体美术风格设计、策划，量身定制网站导航页、首页及通用二级页面模板，制作专题动态图标和网站动态旗帜广告一套，网页 JavaScript 程序效果 1 种。

模式三：进行网站整体美术风格设计、策划，量身定制网站导航页、首页及三种风格的通用二级页面模板，制作专题动态图标和网站动态旗帜广告两套，网页 JavaScript 程序效果 2 种。

注：美术策划内容指的是网站美术设计倾向、页面结构、栏目设置的策划。

2. 单独项目

网站文案、结构创意策划；导航页、首页；二级页面模板；专业流程图；电子名片设计制作；多媒体光盘界面设计制作 GIF 动画效果；动态旗帜广告；网站标志；Java 或 JavaScript 程序效果；图片处理；CGI 程序；Flash 动画效果；网站文字翻译；客户意见反馈表；网页关键字模糊查询；

系统安装、调试：安装系统软件及相关应用软件、调试配置数据库管理系统、Windows 系统或 Linux 系统；网站后台 Web 编程：均在 Windows 系统上实现，集成化网站开发环境为微软的 ASP 构架完成，如选择 Linux 系统平台，在 PHP 方式下实现，则价格上浮 50%；Linux 系统下，推荐使用 MySQL 数据库管理系统。

3. 具体项目

① 在线会员注册管理系统。其中基本型的功能有：浏览者在线填写注册表，经系统审核后实时成为网站会员，页面添加登录验证功能，前台会员可自行维护个人注册信息，可对个人注册信息进行修改和删除，如遗忘密码可在线查询密码，后台设置会员管理界面，管理员可对会员信息进行分类查询（日期、姓名）、删除。增强型的功能有：网站内容针对会员进行个性化设置，可针对会员级别显示不同内容，会员可选定针对自己的个性化页面设计，后台管理界面可对会员依据一定规则（例如性别、年龄段、所在地区、购物累计等）进行分类统计，可设定会员级别，支持会员级别依据规则自动升级。

② 商务论坛、商务聊天室。标准论坛系统功能描述：论坛分类管理，注册会员可发表文章，浏览文章，文章粘贴，查询文章、热门话题、热门论坛，后台管理维护界面。邮件列表系统功能：浏览者可在网上实时登记索取由网站提供的各类邮件，登记注册者可随时关闭邮件的订阅，可随时更换订阅邮箱，可更改登记信息，后台管理员可分类查询邮件订阅者的信息，并可加以删除，可定义邮件发送时间，可动态增加邮件类目，动态观察邮件发送进程。

③ 新闻动态管理发布系统。基本功能有：新闻类别动态管理，后台添加新闻，前台实时显现，浏览者可按类别、日期、内容等关键字，对新闻进行查询，后台设置管理员维护界面，可对每条新闻进行编辑，设定图片位置，实现图文绕字，可设定热点新闻，优先显示，后台管理员维护界面可按类别、日期、内容等规则查询、修改、删除新闻。增强型的可依规则，罗列出每条新闻的相关新闻。

④ 产品发布及查询系统。功能描述：前台可将产品分为几大类别，浏览者可按类别、名称、价格等关键字对产品进行搜索查询，查询结果列表显示。后台设置管理员维护界面，可对每个产品信息进行编辑，设定产品图片，可按产品的类别、型号、内容等对产品进行查询、修改、增加、删除，产品类别动态管理，后台维护界面添加类别、添加产品种类，前台即可实时显现。增加型的功能包括前台增加针对每一种产品的评论功能，可参与评论，察看评论，可查看每种产品的访问数量，后台管理员维护界面可对评论进行维护（日期查询、删除），可依一定规则，罗列出每种产品的相关产品及其信息。

⑤ 客户反馈系统。功能描述：客户反馈意见存入数据库（分类别管理），客户可按预先

的密码反馈单号查询管理员的回复，后台管理员可查询新的反馈信息，并进行回复。

⑥ 网上购物系统。功能描述：可对会员及非会员同时进行购物管理，实现标准购物车功能（分为修改、继续购物、清空、结算四个状态），可对购物车在结算之前任意步骤进行查询和修改，购物过程支持网上结算，购买者可依据订单号查询订单状态（已收到订单、已收到货款、已发货、已送达收货人等状态），后台设置管理员维护界面，可在首页设定打折商品或推荐商品，可设定会员购买折扣，可对订单状态进行跟踪和管理（修改状态、删除订单），可查询当日新增加订单和所有订单。增强型一的功能：前台购物车页面可罗列出相关商品信息（例如：配件、维修工具等），首页按照订单数量实时排列热卖商品。增强型二的功能：管理员维护界面可统计一定时段的各种商品的销售数量、发货数量、成交金额，可支持办理退单或退货手续。增强型三的功能：支持数据加密（SSL），后台管理员维护界面支持分公司管理，一级管理员设定各分公司管理员的权限和密码，各地公司各自管理自己所属的订单和商品种类（此功能也可用于支持网上开店）。

⑦ 在线技术支持系统。功能描述：功能等同于客户反馈系统，增加常见问题智能查询功能，后台管理员可维护常见问题数据库，对数据进行查询、修改和删除。

⑧ 销售与库存实时监测系统。功能描述：总部与分公司、企业与分销商、企业与供应商之间可就营销数据进行检索和统计，对分销商（分公司、供应商）可提供一定的管理权限，进行相关数据的维护、更新。

⑨ 网上会客室。功能描述：在网站上用户可随时查询到在线的技术支持人员并与其进行交谈，可呼叫技术人员，可针对某位技术人员进行留言。

⑩ 网上调查系统。功能描述：可进行调查项目设置、调查结果自动生成、调查结果样式设置（饼图或条形图）。

⑪ 网上招聘系统。功能描述：网站动态提供企业招聘信息，管理员可进行更新维护，应聘者可将简历提交，提交的简历存入简历库，可依据职位、时间、学历等进行检索。

⑫ 大型行业站点动态管理系统。功能描述：综合型行业站点，内容涵盖新闻管理、会员管理、产品信息、购物、邮件列表等各个功能。

⑬ 菜单方案

a. 化妆品：产品管理（输入、修改、查询），搜索，购物车（购物），生成订单，结账，付款方式，订单（查询订单），库存情况。

b. 手机：产品管理（输入、修改、查询），搜索，购物车（购物），生成订单，结账，付款方式，订单（查询订单），库存情况。

c. 新闻：新闻管理（输入、修改、删除）。

d. 查询：实时显现；会员注册：注册（输入信息），审核，成功，登录（订单查询功能），留言板，购物车，搜索，修改（注册信息修改），修改密码，留言板（增添留言），存入数据库，反馈，友情链接。

⑭ 主页设计（略）。

思考：在策划项目规划书时，要考虑哪些因素？具体内容有哪些？

本章小结

本章首先概要介绍电子商务网站建设的一般过程，然后围绕电子商务网站系统开发这一主题，深入介绍电子商务网站系统的需求分析、可行性分析和总体规划。并提供了两个电子商务网站建设项目规划书案例以供参考学习。

习题

一、简答题

1. 电子商务网站系统规划应遵循的原则有哪些？

2. 电子商务网站系统需求分析的主要内容有哪些？

3. 电子商务网站系统可行性分析的主要内容有哪些？

二、实训题

1. 试对一个运动鞋专卖店的电子商务网站项目进行需求分析，并写出网站需求分析与总体规划报告。

2. 浏览以下网站，并选择其中一个网站作分析。

广州花店　　　　http://www.88flora.com/

胜佳网上超市　　http://www.sjw118.com/

分析内容：

① 网站构建的目标是什么？

② 网站开展的业务有哪些？

③ 网站的目标客户有哪些？

④ 网站的竞争优势有哪些？劣势有哪些？

⑤ 试找出几个网站的竞争对手，并做简单对比、点评。

3. 假设要开办一个校内的电子商务购物网站，请你为该网站写一份规划书，内容要求如下（以下5点为必须要有的内容，可根据情况自行增加其他内容，不少于2000字）。

① 背景介绍；

② 电子商务网站构建的目的分析；

③ 竞争对手和网站的市场定位分析；

④ 网站构建的（技术和经济）可行性分析；

⑤ 推广方法。

第3章　电子商务网站初步建设

【学习目标】

- 掌握域名的概念
- 掌握域名注册、解析域名的方法
- 掌握选择 ISP 的方法
- 了解常见 Internet 接入方式
- 掌握服务器设备的选择方法
- 掌握常见 Web 服务器软件的选择方法

【引入】 要构建一个电子商务网站，除了做好网站规划之外，还有很多准备工作要做。一个网站要能够在互联网上让用户浏览，需要注册一个域名，还要购买放置网页的主机或空间，并且配置好，这才能使网站的内容可以在互联网上供用户正常浏览。

3.1 域名注册

3.1.1 选择域名

（1）域名的概念

互联网上的每台主机都对应唯一的 IP 地址，由于数字形式的 IP 地址难以记忆，于是人们便使用文字形式来代替 IP 地址，这就是域名地址。域名地址由主机名和域名共同组成，如谷歌公司的域名地址为 www.google.com，而其中 google.com 为谷歌公司的域名，www 为其 3W 主机名。

域名是互联网中用于解决地址对应问题的一种方法，一个完整的域名由两个或两个以上部分组成，各部分之间用英文的句号"."隔开，从右往左依次称为一级域名（顶级域名）、二级域名、三级域名等。如域名 google.com 由两部分组成，其中 com 为一级域名，google 为二级域名。例如 sina.com.cn 由三部分组成。其中 cn 为一级域名，com 为二级域名，sina 为三级域名。

顶级域名由互联网名称与数字地址分配机构（ICANN）定义，分为通用顶级域名、国家/地区顶级域名和国际顶级域名三种。国际顶级域名适用于国际性组织，以 int 为其域名。国家/地区顶级域名根据网络所属国别划分，用国家/地区的两个字母缩写来表示，例如 cn 代表中国，uk 代表英国。目前有 240 多个国家/地区顶级域名，常见的国家/地区顶级域名如表 3-1 所示。通用顶级域名根据网络类别划分，常见的通用顶级域名如表 3-2 所示。

表 3-1　常见的国家/地区顶级域名

代码	国家/地区	代码	国家/地区	代码	国家/地区	代码	国家/地区
ar	阿根廷	cn	中国	lt	意大利	eg	埃及
au	澳大利亚	hk	中国香港	jp	日本	gr	希腊

代码	国家/地区	代码	国家/地区	代码	国家/地区	代码	国家/地区
at	奥地利	in	印度	fi	芬兰	nl	荷兰
br	巴西	le	爱尔兰	fr	法国	sg	新加坡
ca	加拿大	il	以色列	de	德国	us	美国

表 3-2　常见的通用顶级域名

域　名	意　义	域　名	意　义
com	商业组织	mil	军事部门
edu	教育机构	net	网络支持中心
gov	政府部门	org	非营利性组织

（2）域名最新发展情况介绍

由于传统的通用顶级域名如.com、.net、.org 等资源有限，出现了供不应求的情况，为此 ICANN 于 2000 年 11 月推出了新的顶级域名，其各自的用途见表 3-3。

表 3-3　2000 年新增顶级域名

域　名	意　义	注　释
biz	用来替代.com 的顶级域，适用于商业公司	biz 是 business 的缩写
info	用来替代.com 的顶级域，适用于提供信息服务的企业	
name	专用于个人的顶级域	
pro	专用于医生、律师、会计师等专业人员的顶级域	pro 是 professional 的缩写
coop	专用于商业合作社的顶级域	coop 是 cooperation 的缩写
aero	专用于航空运输业的顶级域名	
museum	专用于博物馆的顶级域	

新的顶级域名将为企业带来新的机会。

（3）中文域名系统

① 什么是中文域名　中文域名，顾名思义，就是以中文表现的域名。由于互联网起源于美国，使得英文成为互联网上资源的主要描述性文字。这一方面促使互联网技术和应用的国际化，另一方面，随着互联网的发展特别在非英文国家和地区的普及，又成为非英语文化地区人们融入互联网世界的障碍。

为使用中文的人可以在不改变自己的文字习惯的前提下，使用中文来访问互联网上的资源，包括中国互联网络信息中心（CNNIC）在内的一些研究和服务机构通过多年的不懈努力，终于使中文域名得以在互联网上使用，从而使国人用中文上网的凤愿得以实现。例如，清华大学的中文域名，就是"清华大学.cn"或者"清华大学.中国"作为中文形式的域名。

② 中文域名的功能和使用　中文域名可以实现英文域名的所有功能，不仅包括大家所常用的 www 网站访问，更可以用作电子邮件地址和 FTP 服务器地址，连大家平时经常用到的如即时通讯工具或者游戏服务器地址，也可以使用中文域名。

例如，在中文上网方面，用户只需在 IE 浏览器地址栏中直接输入中文域名，例如"清华大学.cn"，即可访问相应网站。如果用户觉得输入 http 的引导符比较麻烦，并且不愿意切换输入法，希望用"。"来代替"."，那么只要到中国互联网络信息中心网站安装中文域名的软件就可以实现，例如输入"清华大学。cn"即可访问清华大学的网站。在电子邮件方面，采用中文电子邮件将会使每个人的电子邮件地址更加容易记忆和传播。例如，个人中文姓名加上公司名称就可以构成中文电子邮件，例如清华大学张三的中文电子邮件就是张三@清华大学.cn，从而在个人和邮件地址之间建立明确清晰的对应关系。目前，中国互联网络信息中心已经开通了中文电子邮件，例如用户对服务商监督的电子邮件就是"服务监督@互联网中心.cn"，与以前的 supervise@cnnic.cn 相比，当然更加容易记忆和使用。

③ 中文域名的类型　根据工业和信息化部《关于中国互联网络域名体系的公告》，中文域名根据顶级域的不同分为以下四种类型：中文.cn、.中国、.公司和.网络。

目前中文域名暂定以下这几种：

.中国——适用于在我国境内的单位，对应于英文域名中的.cn；

.公司——适用于工商企业等营利性单位，对应于英文域名中的.com.cn；

.网络——适用于拥有或利用网络设施提供服务的单位，对应于英文域名中的.net.cn；

.政务——适用于党政群机关、政务部门等，对应于英文域名中的.gov.cn；

.公益——适用于非营利性单位，对应于英文域名中的.org.cn。

.政务和.公益两种后缀由中编办管理，因为机关和事业单位机构登记管理权都在中编办。

3.1.2　注册域名

企业要注册域名，就要与负责注册的管理机构联系。域名注册分为国际域名注册和国内域名注册两种，分别由国际和国内管理机构负责。国内 CN 域名注册由中国互联网络信息管理中心（CNNIC）（http://www.cnnic.net.cn)授权其代理进行；国际域名注册通过国际互联网络信息中心（INTERNIC）（tttp://www.internic.net）授权其代理进行。

国内域名注册申请人必须是依法登记并且能够独立承担民事责任的组织，注册时需要出示营业执照复印件，然后按照程序规定填写申请单。涉及国家政府机构、行业机构、行政区等单位的域名注册需经国家有关部门正式批准和相关县级以上人民政府正式批准，并取得相关机构出具的书面批文。国际域名注册则没有任何条件限制，单位和个人均可以提交申请。

（1）国内域名注册的步骤

① 构造、选择企业要注册的域名。查询确认要注册的域名是否被别人注册。

② 在 CNNIC 授权代理的注册管理机构网站上联机填写域名注册申请表。填好后，点击注册递交按钮，这样，申请表格就会被域名注册系统接收。除上述方式外，也可以先从网站上下载纯文本注册申请表，填好之后通过电子邮件寄出。

③ 等候注册管理机构网站系统对申请表的初步审核，并准备营业执照（副本）复印件等申请材料。一般在 48h 之内，注册管理机构网站系统就会自动回复电子邮件，通知企业递交书面申请材料，当按照要求将书面材料邮寄后等候下一步的电子邮件通知。

④ 注册管理机构审查邮寄申请材料，并采用电子邮件通知审查结果：如果审查合格，企业将进入缴费阶段；如果审查没有通过，获得未通过原因与修改建议后，需重新进行注册。

⑤ 按照要求通过邮政汇款、银行电汇或来访缴纳域名注册费用。

⑥ 注册管理机构收到域名注册费用后，发出"域名注册证"和付款发票，至此，域名注册成功。

（2）国际域名注册的步骤

① 检索确认要注册的域名是否被人注册。

② 填写注册管理机构的"在线订单"，并传真至该网站，同时将相应缴费款项汇至注册管理机构的账户。

③ 收到申请的"在线订单"及汇款后，注册管理机构即开始办理申请注册。

④ 注册成功后，注册管理机构将缴费发票邮寄给申请人。

注册域名的具体操作步骤如下。

① 在 IE 浏览器地址栏输入网址（http://www.net.cn）进入域名注册网站（图 3-1），然后点击导航栏上的"域名服务"进入下一个页面；

图 3-1 万网网站首页

② 在域名服务页面查询你所起的域名是否已被其他公司申请过（图 3-2）。点击查询按钮后，会出现一个查询结果的页面（图 3-3），如果发现你要申请的域名是别人已经申请过的，那么你只好另外再起一个不同的名字。

图 3-2 查询域名页面

③ 当查询结果显示你要申请的域名还没有人申请过时，你就可以点击"加入购物车"按钮，支付完域名注册费用后可以进行正式申请。不过，在你正式申请之前还必须先注册成为该网站的会员。申请成为该网站会员的过程，要按要求填写各项个人信息（图 3-4～图 3-6）。

图 3-3　域名查询结果页面

图 3-4　注册万网用户账号页面

图 3-5　验证用户信息页面

图 3-6　注册成功页面

④ 登录之后我们就可以正式申请域名注册了（图 3-7、图 3-8）。注册的过程主要是按要求填写各种必要的个人资料，当服务提供商收到款项后，就会在规定的时间内开通你申请的域名了。

图 3-7　支付注册域名费用页面

3.1.3　域名备案

网站备案是根据国家法律法规，网站的所有者向国家有关部门申请的备案。现在主要有公安局备案和 ICP 备案两种方式。公安局备案，一般按照各地公安局指定的地点和方式进行。ICP 备案，可以自主通过官方备案网站 http://www.miibeian.gov.cn 在线备案，也可以通过当地电信部门或者 ISP 来进行备案。

ICP 备案是工业和信息化部对网站的一种管理方式，主要目的是防止非法网站。官方认可的网站，就像办理营业执照的小商铺一样合法。工业和信息化部对国内各大小网站（包括企业及个人站点）进行严格审查，对于没有合法备案的非经营性网站或没有取得 ICP 许可证的经营性网站，根据网站性质，将予以罚款，严重的关闭网站。

图 3-8　域名管理页面

根据中华人民共和国工业和信息化部第十二次部务会议审议通过的《非经营性互联网信息服务备案管理办法》的精神，在中华人民共和国境内提供非经营性互联网信息服务，应当办理备案。未经备案，不得在中华人民共和国境内从事非经营性互联网信息服务。而对于没有备案的网站将予以罚款或关闭。

互联网信息服务可分为经营性信息服务和非经营性信息服务两类。

经营性信息服务，是指通过互联网向上网用户有偿提供信息或者网页制作等服务活动。凡从事经营性信息服务业务的企事业单位应当向省、自治区、直辖市电信管理机构或者国务院信息产业主管部门申请办理互联网信息服务增值电信业务经营许可证。申请人取得经营许可证后，应当持经营许可证向企业登记机关办理登记手续。

非经营性信息服务，是指通过互联网向上网用户无偿提供具有公开性、共享性信息的服务活动。凡从事非经营性互联网信息服务的企事业单位，应当向省、自治区、直辖市电信管理机构或者国务院信息产业主管部门申请办理备案手续。非经营性互联网信息服务提供者不得从事有偿服务。

网站备案的目的在于防止在网上从事非法的网站经营活动，打击不良互联网信息的传播。如果网站不备案，很有可能被查处后停。非经营性网站自主备案是不收任何手续费的，所以建议自行到备案官方网站去备案。

（1）ICP 备案流程

根据国家法律法规，ICP 备案主要由网站主办者通过接入服务商备案系统进行自主备案或由接入服务商代理网站主办者通过备案系统进行备案，由接入商核实网站主办者信息，由省级通信管理局进行审核，全部审核通过后，将生成备案号并将网站主办者数据信息同步到部级备案系统，完成 ICP 备案。

ICP 备案主要流程如图 3-9 所示。

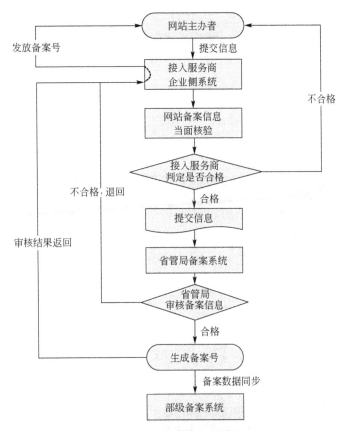

图 3-9　ICP 备案主要流程

下面以中国万网（www.net.cn）作为空间接入服务商为例，演示如何通过接入商侧备案系统（接入商代理备案系统）进行 ICP 备案。

① 网站主办者通过接入商备案系统进行自主备案　登录工业和信息化部 ICP/IP 地址/域名信息备案管理系统网站 http://www.miibeian.gov.cn，如图 3-10 所示。

图 3-10　工业和信息化部域名信息备案管理系统网站首页

② 通过工业和信息化部提供的自行备案导航系统，根据接入商所在省和接入商名称查询接入商信息，选择接入商并进入该接入商代理备案系统。通过自行备案导航查询接入商信息，如图 3-11 所示。

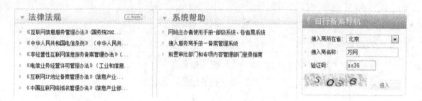

图 3-11 查询接入商信息

③ 在结果中选择正确的接入商（图 3-12），进入接入商代理备案系统，如图 3-13 所示。

图 3-12 接入商查询结果

图 3-13 万网 ICP 代理备案管理系统首页

④ 注册万网 ICP 代理备案管理系统账号，并激活系统，如图 3-14 所示。

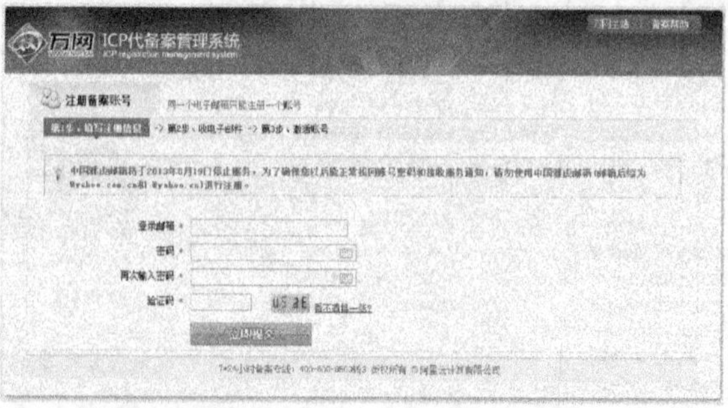

图 3-14 注册万网 ICP 代理备案管理系统账号

⑤ 进入代备案系统，填写并提交备案信息。

填写验证基本信息，验证基本信息的有效性（图 3-15）。

图 3-15　填写主办单位信息

填写真实的主办单位负责人信息，如图 3-16 所示。

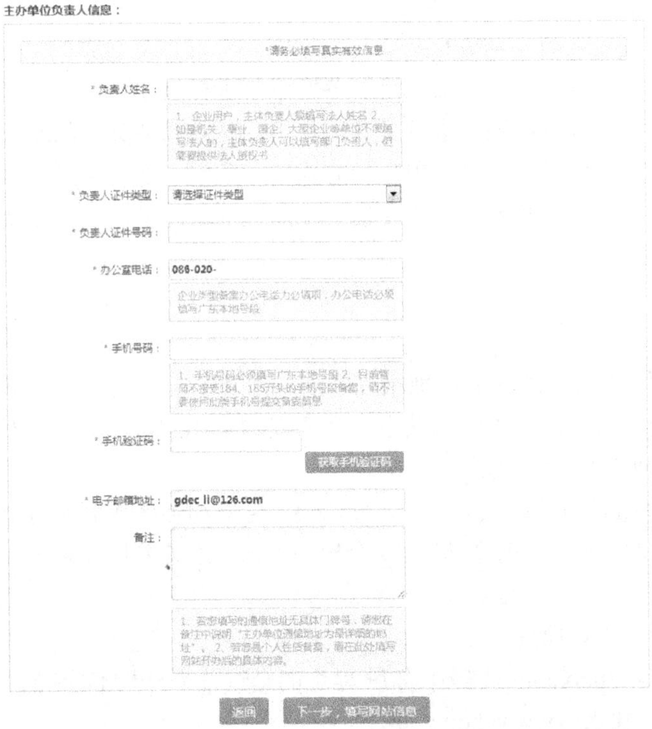

图 3-16　填写主办单位负责人信息

后续的主要步骤就是填写网站相关信息、确认网站 ICP 主题信息和网站信息的正确性，最后提交网站备案。

⑥ 备案信息提交后，首先进入真实性核验阶段。真实性核验分 3 个步骤，第一步确认核验前需要准备的资料，第二步选择核验点，第三步上传并邮寄资料。

在审核过程中，接入商需要对网站主办者拍照效果图进行审核，效果图必须按照指定背景进行拍摄，如图 3-17 所示。

图 3-17　网站主办者备案拍照效果图

⑦ 通过全部审核后，备案成功。

（2）网站主办者委托接入商为其进行备案

网站主办者委托接入商为其进行备案与网站主办者自行备案类似，接入商负责进行网站信息的录入。网站主办者除了通过接入商侧备案系统进行自主备案外，还可委托接入商为其进行备案，由接入商通过备案系统进行备案，使用这种方式备案时网站主办者需向接入商提供真实完整的备案相关信息。无论使用哪种方式进行备案，都要经过该接入商备案系统进行信息录入、接入商进行信息核实、省级通信管理局进行信息审核这些必要步骤，才能最终完成备案。

3.1.4　解析域名

人们为了方便，通常使用域名地址相互联系，而计算机之间则使用 IP 地址进行通信，可见域名与 IP 地址之间存在一种对应关系，在互联网中采用域名系统（DNS，domain name system）将域名地址解析为 IP 地址。

DNS 是一个分布式的域名服务系统，分为根服务器和各级域名服务器。根服务器负责找到相应的顶级域名服务器，目前全球有 13 个根服务器，各级域名服务器负责找到其下一级域名服务器。

（1）域名解析的工作原理

下面通过 www.yahoo.com 被解释成 IP 地址的全过程来分析 DNS 的工作原理。

① 在浏览器中输入 www.yahoo.com。

② 浏览器将 www.yahoo.com 的解析请求传给 ISP 的域名服务器。

③ ISP 的域名服务器向根服务器发送请求".com 由谁来解析？"

④ 根服务器将顶级域名服务器的 IP 地址返回给 ISP 的域名服务器。

⑤ ISP 的域名服务器再向.com 顶级域名服务器发送请求"yahoo.com 由谁来解析？"。

⑥ .com 顶级域名服务器将 yahoo.com 域名服务器的 IP 地址返回给 ISP 的域名服务器。

⑦ ISP 的域名服务器向 yahoo.com 域名服务器发送请求"www.yahoo.com 的 IP 地址是什么"。

⑧ yahoo.com 域名服务器向 ISP 的域名服务器传回 www.yahoo.com 的 IP 地址，至此完成域名解析的全过程。

互联网中各种域名都是由相应的机构以 DNS 的方式进行管理和维护的，如.com、.net 等顶级域名由 ICANN 负责管理；中国的顶级域名.cn 由中国互联网络信息中心（CNNIC）负责管理。

（2）域名解析的操作步骤

下面以万网的主机空间为例，介绍域名解析的操作步骤。首先，使用万网会员账号和会员账号密码登录万网会员区，点击页面左侧"产品管理"中的"域名管理"，此时页面右侧出现您账号下购买的域名。选中需要设置解析的域名并点击下边的"域名解析"（图 3-18）。

图 3-18 域名管理页面

针对域名未设置过解析，会出现"首次解析引导"页面（图 3-19）；如果域名已设置过解析，点击"直接进入域名解析"则进入域名解析列表页面；点击"首次解析引导"，进入解析类型选择页面（图 3-20）。

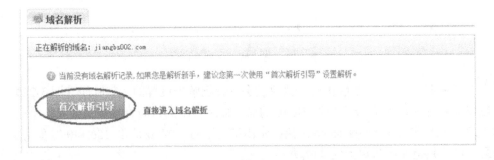

图 3-19 "首次解析引导"页面

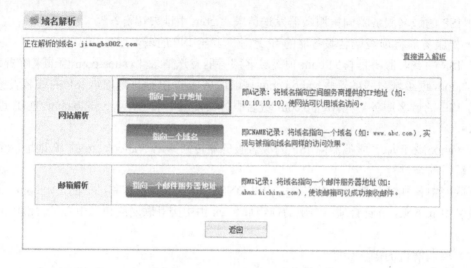

图 3-20　解析类型选择页面

选择设置何种解析，"首次解析引导"只提供 A 记录、CNAME 和 MX 记录，如果需要设置其他记录，可点击右上角"直接进入解析"，则进入域名解析界面。

进入域名解析界面后，默认记录类型为 A 记录（图 3-21），输入域名前缀与对应 IP 地址记录值后，点击"确定"，就会设置"指向一个 IP 地址"，即设置 A 记录。

在域名解析界面点击"新增解析"时，可以按具体需求选择不同的记录类型（图 3-21），您在使用邮箱等其他产品功能时才会用到。

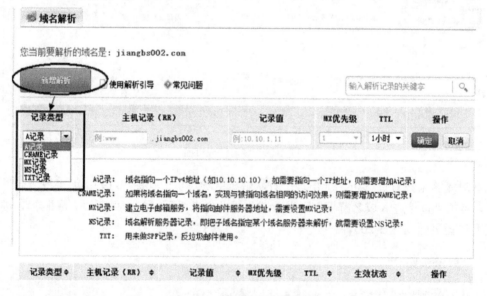

图 3-21　域名解析设置页面

点击"确定"，添加一条解析后，生效状态可看到解析设置的生效时间（图 3-22）。

在域名解析生效之后，就可以通过 Dos 的命令提示符下的 Ping 命令来验证解析是否生效，如图 3-23 中显示在 ping www.net.cn 之后显示出绑定了对应的 ip 是 42.156.140.7，如与解析设置记录一致，则验证域名解析生效成功。

图 3-22　新增域名解析页面

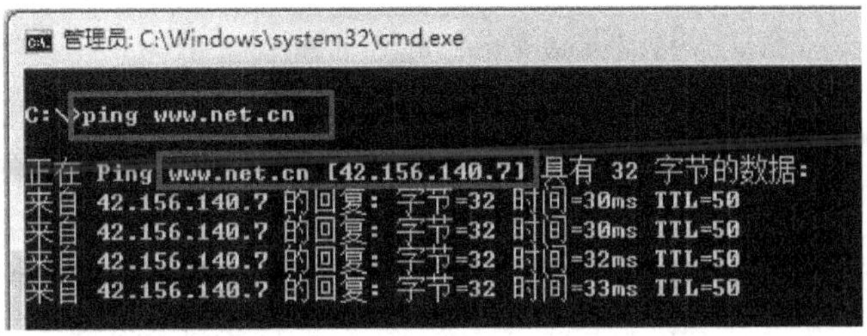

图 3-23　验证域名解析生效

3.1.5　域名保护策略

域名的后缀越来越多，域名方面出现的问题也越来越多，国内大企业、中小型企业、跨国公司和个人都会遇到许多关于域名的问题，这里介绍一些保护域名的策略。

域名的后缀是越来越多了，加上没有后缀的通用网址，使很多企业在挑选的时候无所适从。有的企业注册了很多域名，但管理分散，容易丢失；有的企业自己的企业名称或产品品牌被别人注册而不得不退而求其次，不知道如何讨回公道；有的企业拥有销路和声誉都上乘的产品，但感觉目前尚没有到利用网络来营销的时候，于是坐视自己的域名被投机者抢注；有的企业则因为自己的理想域名已名花有主，就去注册一个 .web 的另类域名（只被全球极少浏览器识别，与互联网的互联互通精神违背），如果他再为这个域名投入市场推广费用，那就无异于饮鸩止渴。还有的个人，在每次新的域名后缀（如 info、biz）开启注册的时候，不惜掏出自己的个人积蓄，一次注册几十个甚至几百个域名，希图将来能够待价而沽，一本万利。下面谈谈各类企业和个人应该采取的不同的域名战略。

（1）国内大企业

一个知名大企业的价值很大的一部分是其品牌价值。网络时代来临以后，大企业面临着将网上和网下的品牌无缝融合的紧迫任务。与大企业的品牌相同或相关的域名是竞争对手、个人投机者梦寐以求的争抢对象。中国因为是互联网晚会的后来者，20 世纪 90 年代中期，70% 以上的知名大企业的品牌都曾被个人恶意抢注。对于恶意抢注，ICANN 是这样定义的：注册者对该域名没有正当的权利，并且注册以后明显表现向合理拥有者高价出售或租用的企图。为了让知名企业就范，抢注者有时候将知名品牌的域名指向一个与该品牌不相干的、甚至违法的站点。

为了避免这种窘境的出现，知名企业应该尽早把自己的所有品牌及其相关组合（如

myhaier、haiergroup 等）的中英文注册成各个后缀的域名。并且，一个新顶级域名（如 info、biz 等）开启注册的时候，往往提供知名品牌先行的权利。企业更应该抓住这难得的机会，按照要求提交国际、国内商标登记证书，让抢注者没有机会。志在开拓国际市场的大企业，还应该在主要出口国注册该国家的国内域名（如法国的.fr，英国的 co.uk，新加坡的.sg 等）。

虽然如此，先来先得的域名注册惯例意味着抢注现象会经常发生。幸运的是，ICANN 早在 1999 年就颁布了 UDRP 仲裁机制，使知名品牌可以通过仲裁在很短的时间内（一般在 2 个月内）夺回自己的域名。UDRP 仲裁适用于以 com、net、org、biz 、info 结尾的中英文域名。该仲裁机制明显倾向知名品牌，甚至认定连字符连接的、包含知名品牌的组合也应该享受保护。海尔集团、红豆集团、白沙集团和口子集团等企业都曾利用 UDRP 仲裁夺回域名。国内域名方面，因为注册者为清一色的企业或事业单位，抢注现象和纠纷少了很多。CNNIC 授权中国国际贸易仲裁委员会对国内域名的纠纷进行仲裁，进一步规范了注册秩序。

（2）中小型企业

中型企业与大企业相比，品牌域名被抢注的概率要小一些，但不利的一面是受 ICANN 的仲裁机制保护的力度也同样小多了。中型企业应该视自己的财力和预算，注册部分域下的中英文域名。除非迫不得已，保护性的多组合注册对于中型企业是可以考虑放弃的。小型企业一般接触域名比较迟，在.com 下谋求一个容易记忆的域名很不容易，一般都选择自己公司的英文名称的首字母的缩写。新域 info、biz 等相继投入使用，对小企业是一个机会。虽然抢注知名品牌多是徒劳的，但如能妙手偶得一个新域下的中性、好记的域名，对小企业开展网上营销不无裨益。

（3）进入中国的跨国公司

进入中国的跨国公司都有了理想的英文域名，但是这些英文域名无论在西方人眼里是多么熟悉，对大多数中国人来说往往是不相干字母的组合。这种情况下，注册国际、国内中文域名和通用网址就成为必需。

企业域名用户在注册国际域名的时候，往往面临一个非常大的陷阱，受委托去注册域名的企业员工通常将自己的个人信箱留作域名的管理联系人。而域名系统在做注册人变更和域名转移注册商的时候，都以管理联系人电子邮件确认为准。如果这个员工离职后想占有这个域名，他完全有可能将这个企业的域名转移至自己个人名下。大企业在这方面的问题尤为严重，他们可能有很多域是在不同的时间、由不同的部门、委托不同的员工通过不同的注册商注册的。这种情况下，不但存在上述"劫持"情况，还因为域名分散管理、注册时间和年限各不相同，大大增加了忘记续费而丢失的可能性。这里，建议各个企业指定一个部门（如国营企业的企业管理部，非国营企业的品牌部门或法律部门）来集中管理所有域名，把这些域名的管理联系人信箱设置成一个部门信箱。

（4）个人用户

域名的个人注册者一直占域名用户的很大比例。他们中不乏严肃的域名用户，有着自己的网站，从事自己的追求。也有一部分域名爱好者像集邮一样，凭借自己的聪明智慧、捷足先登地拥有了一些朗朗上口的域名，然后拿来出售，这是无可厚非的。他们对域名行业的关注是域名行业发展的重要推动力。然而，此类域名用户切忌投机心理过重。笔者亲眼见过几个域名爱好者手头囤积了几十甚至几百个域名，在每年续费期到来的时候颇为踌躇：以前的投入相对于个人收入来说非常大，放弃是不会甘心的；但在新的一年里能否脱手也没有把握。究其原因，可能是当初没有仔细考量这些域名的价值。域名的投资是对前瞻性和知识面的考验。试想，如果在 1985 年的时候预测到 B2B（商家对商家模式）和 WAP（无线应用协议）在 10 年后将家喻户晓，立即将它们注册为域名，从而在若干年后以高价出售而获利，这应该是合理的。

　　第三类个人用户不值得鼓励。他们往往是注册了知名品牌的域名，或者注册了这个知名品牌的近似组合，然后向企业索要高价转让费。前文已经说过，这类注册属于恶意抢注。只要企业利用仲裁来维护自己的合法权利的话，就会使抢注者得不偿失。

3.2　选择企业建立网站方式

3.2.1　ISP 的选择

　　（1）什么是 ISP

　　要与 Internet 连接，首先必须与一个 Internet 服务商（简称 ISP）建立联系。服务商实质上就是一个将用户计算机与 Internet 相连接的中间人。这些服务商首先自己建立与 Internet 的直接连接，然后再设置让用户入网的线路，通过一系列的软件和硬件协议，用户计算机的电话呼叫就转移到了 Internet 中，就可以访问 Internet 中任何一台计算机了。

　　（2）选择 ISP

　　随着 Internet 的飞速发展，越来越多的单位和个人开始想要得到 Internet 所提供的各项服务，于是提供 Internet 接入服务的 ISP 也越来越多。面对这些服务项目各不相同、收费也千差万别的 ISP，用户应该慎重选择适合自己的 ISP。在选择时应该从以下几个方面综合考虑。

　　① 服务　该 ISP 是否提供满足用户需要的服务？是否提供全部 Internet 访问？是否拥有与 Internet 的高速连接？

　　② 访问　如果打算用拨号服务，那么该 ISP 是否拥有足够的中继线和拨号端口？提供给用户的端口能支持的速率是多少？

　　③ 费用　该 ISP 对用户所需服务的收费情况怎样？费用支付形式又是怎样的？是否能得到详细的访问情况清单？有无其他隐性费用？用户当然希望上网愈省钱愈好，但这是要由多方面比较决定的。各个 ISP 的收费方式不同，如果上网时间比较长，应该找一家能够"包月"的 ISP；如果你只是利用网络收发一下 E-mail，那就找一家计时收费的 ISP 比较好。

　　④ 稳定性　ISP 的稳定性越好，所获得的服务通常也越好。了解一下该 ISP 做这一行已有几年了，是否可以提供 24h 的服务？以前是否出现过重大网络故障？

　　⑤ 安全性　关于这个问题，很多用户并没有引起足够的重视，其实个人的信息保密很重要。可以向其他用户询问，以前是否发生过泄密事件。

　　⑥ 使用策略　该 ISP 的可接受的使用策略（用于商业目的，还是用于教育科研）对自己预期的使用来讲是否太严格了。

　　（3）ISP 应该提供的基本服务

　　① 电子邮箱　ISP 还应该为用户提供一个电子邮箱，用户自账号开通之日起，就拥有这个邮箱。

　　② 用户信息　当用户缴完一定的费用，申请到账号时，应从 ISP 处得到下列信息：登录用户名，包括：登录密码、电子邮箱、收发信服务器地址、DNS（域名服务器）、IP 地址、

使用手册，服务，咨询电话。

目前，全国各地的 ISP 发展很快，这些 ISP 服务有好有坏，服务质量有高有低。用户在初上网时，不要急于求成，一定要看清 ISP 的服务范围，并要多征求老用户的意见，选择一家适合自己的 ISP。目前国内比较知名的 ISP 有万网（www.net.cn）、西部数码（www.west263.com）、新网（www.xinnet.com）等。

另外，还有一种叫做 ICP 的服务商，它主要提供网上功能的服务，像免费主页、免费邮箱、网上广告等。

3.2.2 自行购置服务器

服务器是指客户机/服务器（或浏览器／服务器）。网络上的一些机器，管理着应用程序、数据和网络资源。客户机请求服务，而服务器提供服务。早期的服务器主要用来管理数据文件或网络打印机，现在服务器则用来完成其他各种服务，如网络管理、各种各样的信息服务处理、基础安全性的访问等。

服务器可以是集中的，也可以是专用的。集中式服务器是指将网络上的多项任务集中到单个主机上，可用来处理网络上的所有打印机、应用程序和数据共享任务；集中式服务器必须是高性能的计算机，以便能及时有效地处理网络上的各种请求。专用服务器则是指一台服务器主机只对应于一种服务，例如应用程序服务器、数据文件服务器、电子邮件服务器、打印服务器等；因为负载分布于多台机器上，所以专用服务器可以支持不同用户。总之，从逻辑上看，服务器是对应于客户机的一种服务、一种服务程序。

相对于普通计算机来说，服务器在稳定性、安全性、性能等方面都要求很高，因此在CPU、芯片组、内存、磁盘系统、网络等硬件上和普通计算机有所不同。它的高性能主要体现在高速度的运算能力、长时间的可靠运行、强大的外部数据吞吐能力等方面。

按系统架构分，服务器大致可分为两类：一类是 IA（Intel 架构）服务器，也就是常说的 PC 服务器或 Windows 服务器；另一类是比 IA 服务器性能更高的机器，如 RISC/Unix 服务器等，这种服务器被称为高端服务器。高端服务器的种类很多，从小型机、大型机到巨型机都有。

企业自行购买服务器后，可以选择自主搭建和管理服务器，也可以选择服务器托管。

搭建自有服务器要求在性能比较高的计算机上安装和定制专用软件以及建立一条直接的 Internet 连接。这种方式的好处是企业可以自主管理整个电子商务网站的软硬件，放置自己想放的任何软件，随时对服务器进行各种操作，但 Internet 连接和服务器维护都要企业自己负责，投资和维护费用比较高。

主机托管就是客户将购置的网络服务器放置在由 ISP 提供的 Internet 数据中心机房，由客户自己进行维护，或者由其他的签约人进行远程维护，每年支付一定的费用。如果企业想拥有自己独立的网络服务器，同时又不想花费更多的资金进行通信线路、网络环境、机房环境的投资，更不想投入人力进行 24h 的网络维护，可以尝试主机托管服务。主机托管的特点是投资有限，周期短，无线路拥塞之忧。这种方式适用于技术实力欠缺的企业构建中型网站。

3.2.3 租用主机空间

（1）虚拟主机

虚拟主机是使用特殊的软硬件技术，把一台计算机主机分成一台台"虚拟"的主机，每一台虚拟主机都具有独立的域名和 IP 地址（或共享 IP 地址），具有完整的 Internet 服务器的功能。在同一硬件、同一操作系统平台上，运行着为多个用户打开的不同服务器程序，互不干扰；而每个用户拥有自己的一部分系统资源（IP 地址、文件存储空间、内存、CPU 时间等）。虚拟主机之间完全独立，在外界看来，每台虚拟主机是完全一样的。

① 优点

a. 相对于购买独立服务器，网站建设的费用大大降低，为普及中小型网站提供了极大便利。

b. 网站服务器管理简单，诸如软件配置、防病毒、防攻击等安全措施都由专业服务商提供，大大简化了服务器管理的复杂性。

c. 网站建设效率提高，自己购买服务器到安装操作系统和应用软件需要较长的时间，而租用虚拟主机通常只需要几分钟的时间就可以开通。

现在，大部分国内外中小企业建站都采用这种服务器硬盘空间租用的方式（即虚拟主机），虚拟主机的好处在于不但大大节省了购买服务器和租用专线的费用，同时也不必为使用和维护服务器的技术问题担心，也不必拥有专门的服务器管理人员。

② 缺点

a. 某些功能受到服务商的限制，例如可能耗用系统资源的论坛程序、流量统计功能等。

b. 网站设计需要考虑服务商提供的功能支持，比如数据库类型、操作系统等。

c. 某些虚拟主机网站访问速度过慢。由于主机提供商往往会将一台主机出租给数量众多的网站，这种状况网站自己无法解决，对于网站的正常访问会产生不利影响。

d. 同一台服务器上面的所有网站共享带宽，当其中一个站点提供下载服务的话，同台服务器上面的其他的网站访问速度就会被影响。

e. 有些服务商对网站流量有一定限制，这样当网站访问量较大时将无法正常访问。

f. 当同一台服务器上某个站点被黑客入侵之后，所有其他站点都有被入侵的可能。

（2）VPS 主机

VPS 主机（virtual private server，虚拟专用服务器）是利用虚拟服务器软件在一台物理服务器上创建多个相互隔离的小服务器。这些小服务器（VPS）本身就有自己的操作系统，它的运行和管理与独立服务器完全相同。虚拟专用服务器确保所有资源为用户独享，给用户最高的服务品质保证，让用户以虚拟主机的价格享受到独立主机的服务品质。每个 VPS 主机都可分配独立公网 IP 地址、独立操作系统、独立超大空间、独立内存、独立CPU资源、独立执行程序和独立系统配置等，更具有独立主机功能，可自行安装程序，单独重启主机。

① 优点

a. VPS 拥有传统虚拟主机所不具备的系统独立管理权，解决了那些既需要独立主机性能、财力又不够充裕的网站的运营发展问题，无疑是一种比较实惠的选择。

b. 有利于网站推广。如果网站是使用自己的独立 IP，搜索引擎会认为这个是独立的网站，对其收录及权重的提高都有所帮助。

c. 可使用域名泛解析。在网站的实际访问过程中，由于用户的错误输入导致无法正常访问的情况时有发生。当你使用的是独立 IP 的时候，就可以使用域名的泛解析来解决这个问题，从而提升网站的流量。

② 缺点　由于 VPS 是在一台独立的服务器上通过虚拟软件虚拟出多个虚拟主机，所以当其中的一台 VPS 受到攻击或占用大量宽带资源时，其余的 VPS 也会受到影响。如果因为

一台 VPS 被黑客入侵造成服务器瘫痪，那么其他的 VPS 也不能工作。

VPS 非常适合为中小企业、小型门户网站、个人工作室、SOHO 一族提供网站空间，较大的独享资源、安全可靠的隔离保证了用户对于资源的使用和数据的安全。

（3）云主机

云主机是一种类似 VPS 主机的虚拟化技术，VPS 是采用虚拟软件在一台主机上虚拟出多个类似独立主机的部分，能够实现单机多用户，每个部分都可以做单独的操作系统，管理方法同独立主机一样。而云主机是在一组集群主机上虚拟出多个类似独立主机的部分，集群中每个主机上都有云主机的一个镜像，从而大大提高了虚拟主机的安全稳定性，除非所有的集群内主机全部出现问题，云主机才会无法访问。

表 3-4 为虚拟主机、VPS 主机与托管主机的比较。

表 3-4 虚拟主机、VPS 主机（云主机）与托管主机的比较

功　　能	虚 拟 主 机	VPS 主 机	托 管 主 机
操作系统平台	支持 Windows 和 Linux	支持 Windows 和 Linux	支持 Windows 和 Linux、其他 Unix
性能	运行不稳定、安全性差、速度较慢	运行稳定、安全高效	运行稳定、安全高效
成本	较低	接近虚拟主机的成本	高
用户隔离	用户通过访问权限进行隔离，效果较差，容易受其他用户影响	用户与用户是操作系统级完全隔离，每个用户可以确保独占资源，且不受其他用户影响	独立用户，独享资源
安全性	当其他用户受攻击或服务器被攻击时会受影响	用户间完全隔离，确保其他用户受攻击时，不会受到任何影响。软硬件隔离确保常用的对物理节点的黑客攻击对用户无效	独立用户，独享资源，安全可靠
硬件资源	和其他用户共享，无资源保障	确保每个 VPS 独占资源，允许对未占用资源超限使用	独享资源
网络资源	和其他用户共享，无资源保障	独享一定的网络带宽资源 独享网络带宽资源	独享网络带宽资源
备份/恢复	简单的备份/恢复功能	专业备份工具，可立即恢复	用户自主使用各种工具进行备份/恢复
客户自主管理	仅有最基本的读/写权限	具有根（Linux）或管理员（Windows）管理权限	具有根（Linux）或管理员（Windows）管理权限
管理工具	提供部分简单控制面板工具	基于浏览器的自动化管理工具	自主使用各种工具进行管理
功能限制	受限	完全的控制权	完全的控制权
软件安装自由	无	自由安装应用软件	自由安装应用软件
数据库	数据库种类、大小均受限	可以使用自己喜欢的数据库	自主安装各种数据库
扩展性	无	可快速转移到其他服务器或立即升级为功能更强大的 VPS	迁移困难
适用范围	入门级站长、小型个人网站、小型公司网站	有一定经验的站长，爱折腾的玩家，有特殊网络服务要求者，模拟实践实体服务器管理者，访问量较大的中小公司网站	大中型网站，有特殊网络服务要求者

目前市场上的虚拟主机服务有近百种之多，如何选择适合自己的虚拟主机呢？建议从以下几个方面来考虑。

① 技术需要　如果您是网站的开发、设计人员，您要根据自己使用的编程语言来选择：

a. 使用 ASP 的，请选用 Windows 系列虚拟主机；

b. 使用 PHP 的，建议优先选用 Linux 系列虚拟主机；

c. 使用 PERL 或 CGI 的，两种平台都可以。

如果您的网站需要使用数据库，则：

a. 使用 Microsoft SQL Server 须选择 Windows 系列主机；

b. 使用 MySQL 数据库的优先选择 Linux 主机。

② 空间大小　虚拟主机的空间容量是考核虚拟主机性能的一个重要指标。通常情况下，我们必须要同时考核以下几种空间的容量大小。

a. Web 空间——也叫网页空间，是存储网页、程序、图片等文件的主要空间；

b. 数据库空间——支持数据库的虚拟主机所提供的数据库存储空间；

c. LOG 空间——网站日志（LOG）文件的存储空间。

③ 价格水平　较大的价格差异往往是与服务商的投入相关的。一般来讲，规模较大的服务商由于其在硬件设备、网络资源、安全保障、人力资源、商业信誉、市场推广等方面的投入都远远超过了普通的服务商，因此价格往往比较高，但服务品质则更有保障。中国目前的虚拟主机的价位都普遍比较低廉，在每年 300～8000 元之间。

④ 管理权限

a. 能不能自主管理域名信息？

b. 能不能获得 FTP 密码？

c. 能不能自己管理 E-mail 账户、修改密码、过滤垃圾邮件？

d. 自己管理网站是否简便、直观？

⑤ 服务商资质　根据工业和信息化部及工商管理部门的要求，无论是域名注册业务还是虚拟主机、网站制作业务，您都需要选择具有合法经营该项业务资格的服务商。如域名注册要看其是否取得了工业和信息化部的批准、是否是中国互联网络信息中心（CNNIC）授权的顶级注册商；虚拟主机业务要看其是否申请了电信增值服务许可（ICP 经营许可证）等。

⑥ 服务品质

a. 有没有 7×24h 全天候的电话支持服务？

b. 网站访问速度如何？（可以要求服务商提供参考网站体验一下）

c. 服务商对待问题的处理态度与响应速度如何？

d. 从服务商处转出域名和网站时有没有难度，是否需要付费？

e. 服务基础设施包括机房、带宽、服务器参数、服务器管理方式、系统平台如何？

总的来说，构建电子商务网站时，考虑是构造自有服务器还是进行主机托管或使用虚拟主机服务，这取决于时间限制、设备资源、特殊需求以及预算等因素。

3.3　电子商务网站运行平台的构建

所有的电子商务网站的运行平台都必须在一定的计算机、网络设备硬件和应用软件的基础上。从逻辑上看，如果把与网站运行平台相关的硬件、软件、开发维护和提供的资源信息都抽象为逻辑组件，那么一个电子商务网站要能够做到正常运行，其运行平台中至少应包括计算机、网络接入设备、操作系统、Web 服务器软件及其 Web 资源，这五个组件是网站正常运行的必备组件，是构成网站的最小配置。

随着 IT 技术的飞速发展,在电子商务网站系统构建技术与产品方面均有各种不同的方案,而且在不断地更新发展。结合需求、战略和技术发展等因素,企业选择这些技术产品的基本原则如下。

① 考察这些产品和技术是否能满足需要。

② 是否符合各种主流的技术标准。

③ 是否符合企业信息化的整体技术战略。

④ 是否符合未来技术的发展方向。

⑤ 是否满足开放性、可扩充性的要求。

⑥ 是否与现有的应用系统具有良好的兼容性。

3.3.1 Internet 的接入

在接入网中,目前可供选择的接入方式主要有 ADSL、Cable-Modem、LAN 等几种,它们各有优缺点。

（1）ADSL

ADSL（asymmetrical digital subscriber line,非对称数字用户环路）是一种能够通过普通电话线提供宽带数据业务的技术,也是目前使用较普遍的一种接入技术。ADSL 素有"网络快车"之美誉,因其下行速率高、频带宽、性能优、安装方便等特点而深受广大用户喜爱。

ADSL 接入技术示意如图 3-24 所示。ADSL 方案的最大特点是不需要改造信号传输线路,完全可以利用普通铜质电话线作为传输介质,配上专用的 Modem 即可实现数据高速传输。ADSL 支持上行速率 640kbps～1Mbps,下行速率 1～8Mbps,其有效的传输距离在 3～5km 范围以内。在 ADSL 接入方案中,每个用户都有单独的一条线路与 ADSL 局端相连,它的结构可以看作是星形结构,数据传输带宽是由每一个用户独享的。

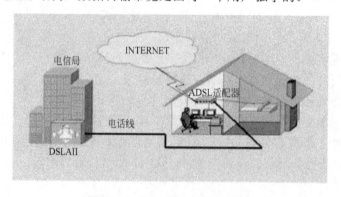

图 3-24　ADSL 接入技术示意图

目前国内分别有电信、网通、铁通、联通等电信运营商提供基于 ADSL 技术的宽带接入服务,用户可以根据各服务商在当地的服务质量好坏以及资费高低来选择。以广东电信为例,目前提供的 ADSL 接入速率有 4M、8M 两种可供选择。其中 4M 的宽带上/下行速率分别可达 512kbps/4Mbps,8M 的宽带上/下行速率分别可达 512kbps/8Mbps。另外,广东电信还提供光纤接入宽带,有 12M、20M、50M、100M 四种接入速率可供选择,其中 100M 的宽带上/下行速率分别可达 2Mbps/100Mbps。

（2）Cable-Modem

Cable-Modem（线缆调制解调器）是利用现成的有线电视（CATV）网进行数据传输，已是比较成熟的一种技术。随着有线电视网的发展壮大，通过 Cable-Modem 利用有线电视网访问 Internet 已成为越来越受关注的一种宽带接入方式。

由于有线电视网采用的是模拟传输协议，因此网络需要用一个 Modem 来协助完成数字数据的转化。Cable-Modem 与以往的 Modem 在原理上都是将数据进行调制后在 Cable（电缆）的一个频率范围内传输，接收时进行解调，传输机理与普通 Modem 相同，不同之处在于它是通过有线电视 CATV 的某个传输频带进行调制解调的。

Cable-Modem 连接方式可分为两种，即对称速率型和非对称速率型。前者的数据上传速率和数据下载速率相同，都在 500kbps～2Mbps 之间；后者的数据上传速率在 500kbps～10Mbps 之间，数据下载速率为 2～40Mbps。

采用 Cable-Modem 上网的缺点是由于 Cable-Modem 模式采用的是相对落后的总线型网络结构，这就意味着网络用户共同分享有限带宽；另外，购买 Cable-Modem 和初装费也都不算很便宜，这些都阻碍了 Cable-Modem 接入方式在国内的普及。但是，它的市场潜力是很大的，毕竟中国 CATV 网已成为世界第一大有线电视网，其用户已达到 8000 多万，而且其费用相比电信的 ADSL 要低一些。

以广州有线电视网的宽带接入为例，目前提供了 6M、12M 的宽带接入速率。

（3）LAN

LAN 方式接入是利用以太网技术，采用光缆+双绞线的方式对社区、写字楼进行综合布线。具体实施方案是：从社区机房敷设光缆至住户单元楼，楼内布线采用五类双绞线敷设至用户家里，双绞线总长度一般不超过 100m，用户家里的电脑通过五类跳线接入墙上的五类模块就可以实现上网。社区机房的出口是通过光缆或其他介质接入城域网。LAN 方式接入示意图如图 3-25 所示。

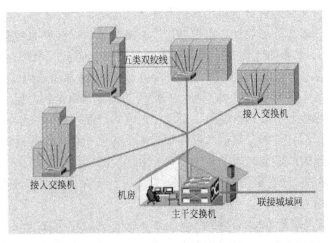

图 3-25　LAN 方式接入示意图

采用 LAN 方式接入可以充分利用小区局域网的资源优势，为居民提供 10M 以上的共享带宽，并可根据用户的需求升级到 100M 以上。

以太网技术成熟、成本低、结构简单、稳定性和可扩充性好；便于网络升级，同时可实现实时监控、智能化物业管理、小区/大楼/家庭保安、家庭自动化（如远程遥控家电、可视门铃等）、远程抄表等，可提供智能化、信息化的办公与家居环境，满足不同层次的人们对信息化的需求。社区、写字楼采用以太网方式接入，每户的线路成本比其他的入网方式要经济许多，所以也是很多中小企业的首选。

3.3.2 服务器及其选择

（1）服务器选择原则

一般而言，选择服务器时通常要考虑以下几个方面的性能指标。

① 可管理性　可管理性是指服务器的管理是否方便、快捷，应用软件是否丰富。在可管理性方面，基于 Windows 平台的 PC 服务器要优于 Linux、Unix 服务器。

② 可用性　可用性是指在一般时间内服务器可供用户正常使用的时间的百分比。提高可用性可考虑两方面：减少硬件平均故障时间和利用专用功能机制。专用功能机制可在出现故障时自动执行系统或部件切换机制，以避免或减少意外停机。

③ 高性能　是指服务器综合性能指标要高。主要要求在运行速度、磁盘空间、容错能力、扩展能力、稳定性、检测功能及电源等方面具有较高的性能指标，尤其是硬盘和电源的热插拔性能、网卡的自适应能力的性能指标要高。

④ 可扩展性　为了使服务器负荷的增加而平衡升级，并保证服务器工作的稳定性和安全性，必须考虑服务器的可扩展性能。首先在机架上要为有硬盘和电源的增加而留有的充分空间；其次主机上的插槽不但要种类齐全，而且要有一定的余量。

以上几个方面是用户在选购服务器时要重点考虑的，它们之间既互相影响，又各自独立。不同用户在使用时，这些方面的重要性因服务器工作任务的不同也有轻重之分，因此必须综合权衡。此外，品牌、价格、售后服务及厂商实力等因素也是需要考虑的。

（2）服务器的选择

① PC 服务器　在选购适合企业用户自身需求的服务器产品之前，首先应该弄清楚何谓PC 服务器。PC 服务器在外形设计、内部结构、基本配置、操作界面和操作方式以及价格与高档 PC 相仿。其中，显著的优点之一是具有和 PC 一样的兼容性，如配置显示器和硬盘等部件时与 PC 一样，基本上可以任意选择。这一点是 Unix 服务器所不可比拟的。其实，PC 服务器与 PC 一样，也是基于 Wintel 的产品，是通用的开放体系结构，但 PC 是专为提高单用户个人电脑数据计算能力与信息处理效率而设计制造的产品，与网络系统的应用设计和优化相距甚远。与 PC 相比，PC 服务器的软硬件都是用于优化和管理服务器的专用产品，除了在保证应有速度和性能的前提下的高扩充性、高可用性、高稳定性，以及独有的容错能力和冗余结构区别于 PC 之外，还在磁盘空间、监测功能、工具软件和管理软件等方面与 PC 有较大区别。

所谓 PC 服务器，即是 Intel 架构服务器，与一些大型服务器如 Unix 架构服务器等不同。前者大多运行 Windows 或 Linux 等操作系统，使用较为普遍；后者多为专业用途，如银行、大型制造业、物流业、证券等行业使用，一般人较少有机会接触到。一般而言，PC 服务器若以外形来分，大致可分为三类。

a. 直立式服务器（塔式服务器）：可独立放置于桌面或地面的服务器（图 3-26），大都具有较多的扩充槽及硬盘空间。无需额外设备，插上电即可使用，因此使用最为广泛。

图 3-26　塔式服务器　　　　　　　　　　图 3-27　机架式服务器

b．机架式服务器：　为可装上机柜之服务器，比塔式服务器节省空间，缺点是需要有机柜等设备，多为服务器用量较大的企业使用（图 3-27）。机架式服务器高度以 1U 为单位，1U约 44mm。因空间较局限，扩充性较受限制，例如 1U 的服务器大都只有 1～2 个 PCI 扩充槽。此外，散热性能成为十分重要的因素，此时，各家厂商的功力就在此展现了。

优点：相对塔式服务器大大节省了空间占用，使布线、管理更为简洁，节省了机房的托管费用。并且随着技术的不断发展，机架式服务器有着不逊色于塔式服务器的性能。机架式服务器是一种平衡了性能和空间占用的解决方案。

缺点：由于机身的限制，在扩展能力和散热能力上不如塔式服务器，这就需要对机架式服务器的系统结构进行专门的设计，如主板、接口、散热系统等，设计成本较高，所以价格一般也要高于塔式服务器。

推荐给资金较为充裕，且访问量较大的企业网站，例如需要密集型部署的服务运营商、群集计算等类型的网站。

c．刀片式服务器：　比机架式服务器更节省空间的产品。主要结构为一大型主体机箱，内部可插上许多卡片，一张卡片即相当于一台服务器（图 3-28）。当然，散热性在此非常重要，往往各家厂商都装上大型强力风扇来散热。此型服务器虽然空间较节省，但光是主体机箱部分可能就所费不赀，除大型企业外较少使用。

图 3-28　刀片式服务器

优点：扩展方便，刀片可以进行热插拔，通过刀片架组成服务器集群，提供高速的网络服务。如需升级，在集群中插入新的刀片即可。每个刀片服务器不需要单独的电源等部件，共享服务器资源。这样可以有效地降低功耗，并且可以通过机柜统一进行布线和集中管理，为连接管理提供了极大的便利，从而有效节省企业总体拥有成本。

缺点：刀片服务器至今还没有形成一个统一的标准，刀片服务器的几大巨头如 IBM、HP、Sun 之间互不兼容，导致刀片服务器用户选择的空间很狭窄。

建议：推荐给日常处理信息量大、服务器集群多且性能要求高的大型企业使用。

综上所述，中小企业一般选用塔式或者机架式服务器。

另外，从应用领域来看，PC 服务器大致可分为入门级应用、工作组级应用、部门级应用和企业级应用四类。

a．入门级应用 PC 服务器主要是针对基于 Windows NT 或 NetWare 网络操作系统的用户，可以充分满足办公室型的中小型网络用户的文件共享、数据处理、Internet 接入及简单数据库应用的需求。

b．工作组级应用 PC 服务器是支持单 CPU 结构的应用服务器，可支持大容量的 ECC 内存和增强服务器管理功能的 SM 总线，功能全面、可管理性强且易于维护，可以满足中小型网络用户的数据处理、文件共享、Internet 接入及简单数据库应用的需求。

c．部门级应用 PC 服务器一般都是双 CPU 结构。集成了大量的监测及管理电路，具有全面的服务器管理能力，可监测温度、电压、风扇、机箱等状态参数，结合标准服务器管理软件，使管理人员及时了解服务器的工作状况。同时，大多数部门级应用 PC 服务器具有优良的系统扩展性，能够满足用户在业务量迅速增大时能够及时在线升级系统，充分保护了用户的投资。它是企业网络中分散的各基层数据采集单位与最高层的数据中心保持顺利连通的必要环节，可用于金融、邮电等行业。

d．企业级应用 PC 服务器是高档服务器，普遍采用 2～4 个 CPU 结构，拥有独立的双 PCI 通道和内存扩展板设计，具有高内存带宽、大容量热插拔硬盘和热插拔电源，具有超强的数据处理能力。这类产品具有高度的容错能力及优良的扩展性能，可作为替代传统小型机的大型企业级网络的数据库服务器。企业级应用 PC 服务器适合运行在需要处理大量数据、高处理速度和对可靠性要求极高的金融、证券、交通、邮电、通信等行业。

用户在选择 PC 服务器产品时，必须认真考虑以下几个因素：系统最好是业界著名的品牌；必须有规格齐全的产品系列；整个系统应该具备优秀的可管理性；在数据保护方面应该具备先进的技术；售后服务和技术支持体系必须完善。

在确定 PC 服务器的级别后，就应该着重权衡它的各项性能指标了。PC 服务器通常有几个方面的性能指标，即可靠性、可管理性、可用性、可扩展性、安全性。

a．服务器的可靠性是指服务器可提供的持续非故障时间，故障时间越少，服务器的可靠性越高。如果客户应用服务器来实现文件共享和打印功能，只要求服务器在用户工作时间段内不出现停机故障，并不要求服务器 24×7×365 无故障运转，PC 服务器中的低端产品就完全可以胜任。对于银行、电信、航空之类的关键业务，即便是短暂的系统故障，也会造成难以挽回的损失。可以说，可靠性是服务器的灵魂。其性能和质量直接关系到整个网络的系统可靠性。所以，用户在选购时必须把服务器的可靠性放在首位。

b．服务器的可管理性是 PC 服务器的标准性能，也是 PC 服务器优于 Unix 服务器的重要区别。Windows Server 不但工作界面与 Windows 其他操作系统保持一致，而且还与各类基于 Windows 系统的应用软件兼容。这些都为 PC 服务器在可管理性方面提供了极大方便。同时 PC 服务器还为系统提供了大量的管理工具软件，特别是安装软件为管理员安装服务器或扩容(增加硬盘、内存等)服务器所提供的方便就像安装 PC 一样简单。

c．关键的企业应用都追求高可用性服务器，希望系统 24×7×365 不停机、无故障运行。

一般来说，服务器的可用性是指在一段时间内服务器可供用户正常使用的时间的百分比。服务器的故障处理技术越成熟，向用户提供的可用性就越高。提高服务器可用性有两个方式：减少硬件的平均故障间隔时间和利用专用功能机制。该机制可在出现故障时自动执行系统或部件切换以免或减少意外停机。然而不管采用哪种方式，都离不开系统或部件冗余，当然这也提高了系统成本。

d. 服务器的可扩展性是 PC 服务器的重要性能之一。服务器在工作中的升级特点，是由于工作站或客户的数量增加是随机的。为了保持服务器工作的稳定性和安全性，就必须充分考虑服务器的可扩展性能。首先，在机架上要有为硬盘和电源的增加留有充分余地，一般 PC 服务器的机箱内都留有 3 个以上的硬驱动器间隔，可容纳 4~6 个硬盘可热插拔驱动器，甚至更多。另外，还支持 3 个以上可热插拔的负载平衡电源 UPS。其次，在主机板上的插槽不但种类齐全，而且有一定数量。一般的 PC 服务器都有 64 位 PCI 和 32 位 PCI 插槽 2~6 条，有 1~2 条 PCI 和 ISA 共享插槽，有 ISA 插槽 2 条左右。

e. 安全性是网络的生命，而 PC 服务器的安全就是网络的安全。为了提高服务器的安全性，服务器部件冗余就显得非常重要。因为服务器冗余性是消除系统错误、保证系统安全和维护系统稳定的有效方法，所以冗余是衡量服务器安全性的重要标准。某些服务器在电源、网卡、SCSI 卡、硬盘、PCI 通道都实现设备完全冗余，同时还支持 PCI 网卡的自动切换功能，大大优化了服务器的安全性能。当然，设备部件冗余需要两套完全相同的部件，也大大提高了系统的造价。

这几个方面是所有类型的用户在选购 PC 服务器时通常要重点考虑的。此外，品牌、价格、服务、厂商实力等也是要重点考虑的因素。

② Unix 服务器　目前 Unix 服务器仍占有极大优势，是高端系统的首选，Unix 服务器要比 PC 服务器更先进一些。例如 Sun Enterprise 10000 服务器可支撑 64 路 CPU，64 GB 内存，光纤通道磁盘阵列 I/O 速度可达 100 MB/s，双通道可达 200 MB/s。而目前最高端 PC 服务器最多可支持 8~ 32 路 CPU。此外，在 Unix 服务器下采用的群集技术通常在 30s 之内即可完成故障转移。

高档企业级服务器最起码是采用 16 个以上 CPU 的对称处理器结构，有的高达上百个。一般还具有独立的双 PCI 通道和内存扩展板设计，具有高内存带宽、大容量热插拔硬盘和热插拔电源、超强的数据处理能力和群集性能等。企业级服务器的机箱就更大了，一般为机柜式的，有的还由几个机柜组成，像大型机一样。企业级服务器产品除了具有部门级服务器全部服务器特性外，最大的特点就是它还具有高度的容错能力、优良的扩展性能、故障预报警功能、在线诊断和 RAM、PCI、CPU 等具有热插拔性能。高档的企业级服务器还引入了大型计算机的许多优良特性，如 SUN、IBM 和 HP 公司的企业级服务器。这类服务器所采用的芯片也都是几大服务器开发、生产厂商自己开发的独有 CPU 芯片，所采用的操作系统一般也是 AIX、Solaris、HP-UX 或 Linux。目前在全球范围内能生产高档企业级服务器的厂商也只有 IBM、HP、SUN 这三家，绝大多数国内外厂家的企业级服务器都只能算是中、低档企业级服务器。高档企业级服务器适合运行在需要处理大量数据、高处理速度和对可靠性要求极高的金融、证券、交通、邮电、通信或大型企业。

高档企业级服务器用于联网计算机在数百台以上、对处理速度和数据安全要求非常高的大型网络。企业级服务器的硬件配置最高，系统可靠性也最强。高档企业应用服务器(有人也称为小型机)的主要特点有：稳定可靠、多用户的处理能力以及开放性。目前，从品牌来看，包括 IBM、HP、SUN 等国外品牌以及曙光等国内品牌。从技术的能力、对其的研发投入、技术的成熟度以及对高档企业应用服务器的市场的占有率看，国外公司仍旧具有绝对的优势。

在高档企业应用服务器中，采用 64 位精简指令（RISC）处理器体系的比较普遍和流行，在其平台上构建应用系统和使用的用户群很广，已十分成熟。高档企业应用服务器硬件和系统的选型主要依据实际应用情况而定。从市场、用户和一般性应用来看，IBM、HP、SUN 产品各有特点，都能适应和支持，主要的决定因素是性价比。从单个 CPU 性能对比来看，IBM 产品相对较高；从支持硬件分区、CPU 混频来看，HP、SUN 产品相对较好，其中 SUN 还支持 CPU/MEM 热插拔。高档企业应用服务器的主要配置是看 CPU 的个数、内存的大小、硬盘的大小以及可扩展性等；衡量高档企业应用服务器性能主要是看 CPU 处理能力、可靠性、可扩展性、设备冗余以及系统软件性能。

（3）网络操作系统的选择

网络操作系统（NOS）是网络的心脏和灵魂，是向网络计算机提供服务的特殊的操作系统。网络操作系统运行在称为服务器的计算机上，并由联网的计算机用户共享，这类用户称为客户。选择网络操作系统最好的方法是先选择所需要的应用程序、客户机、服务器，然后再选择它们共同要求的 NOS。如果服务器设备选用 PC 服务器，操作系统一般局限在 Windows、Linux、SCO Unix、SUN Solaris 中。如果服务器设备选用小型机，操作系统则随品牌而定，一般都是 Unix 平台。

可供选用的网络操作系统有很多，下面介绍几种常用的操作系统。

① Windows Server 对于这类操作系统相信用过电脑的人都不会陌生，这是全球最大的软件开发商 Microsoft（微软）公司开发的。微软公司的 Windows 系统不仅在个人操作系统中占有绝对优势，它在网络操作系统中也是具有非常强劲的力量。这类操作系统配置在整个局域网配置中是最常见的，但由于它对服务器的硬件要求较高，且稳定性能不是很高，所以微软的网络操作系统一般只是用在中低档服务器中，高端服务器通常采用 Unix、Linux 或 Solaris 等非 Windows 操作系统。在局域网中，微软的网络操作系统主要有：Windows 2003/2008 Server/ Advance Server 等。微软公司提供的服务器网络操作系统产品，适合于任何网络环境，该产品具有许多优点，例如：窗口风格界面、管理向导简化了许多网络任务、多种功能的网络监控工具、内置 Internet 访问和通信服务、广泛的产品市场支持、TCP/IP 协议及许多标准协议的支持等。

② Linux Linux 操作系统最早是由芬兰赫尔辛基大学计算机系学生 Linus Torvalds 创建的。当时 Linus 写了一个基于此机、类似于 Mini 盆的操作系统，并于 1991 年 10 月 5 日在 comp.os.minix 新闻组发布了这个消息，这立即得到了全世界编程爱好者的响应，他们通过 Internet 共同开发和完善这个崭新的操作系统，Linus 命名该操作系统为 Linux。

Linux 的意义不仅仅在于增加了一种操作系统，更重要的是它创建了自由软件的新天地，全世界的 Linux 设计者和爱好者共同支撑着这片天地。Linux 的内核源代码完全公开，系统源代码免费发放。在最近几年中，Linux 得到了很大的发展，其功能不断增强，性能不断提高，应用软件也迅猛增加，特别是 Internet 外围自由软件如 Web 服务器、动态页面编程语言和数据库软件的兴起，使 Linux 逐渐成为一种建造 Web 网站软件平台的理想操作系统，实现了 Web 网站软件平台近乎零的投入。

Linux 的版本有很多，其中国外的 Red Hat Linux、Slack ware Linux、Debian GNU/Linux、Caldera Open Linux、Turbo Linux、S.U.S.E. Linux 和国内的蓝点 Linux、红旗 Linux、Xterm Linux

等都是常见和比较成熟的版本。

Linux 在企业计算方面的应用主要有下列几个方面：RAS[可靠性（reliability）、可用性（availability）、可服务性（serviceability）]技术、冗余磁盘阵列（RAID）技术、集群计算（cluster）和并行计算技术。Linux 这个新兴的操作系统，随着其普及程度的提高和自身的迅速发展，以及伴随今年 IA-64 这个新一代的企业运算平台而推出的 IA-64Linux 和支持多达 64 个 CPU 和 64GB 内存的企业级核心 2.4 的发布，Linux 必将在企业计算领域发挥越来越大的作用。

③ Unix　目前常用的 Unix 系统版本主要有 Unix SUR、HP-UX、SUN 的 Solaris 等。支持网络文件系统服务，提供数据等应用，功能强大，由 AT&T 和 SCO 公司推出。这种网络操作系统稳定和安全性能非常好，但由于它多数是以命令方式来进行操作的，不容易掌握，特别是初级用户。正因如此，小型局域网基本不使用 Unix 作为网络操作系统，Unix 一般用于大型的网站或大型的企、事业局域网中。Unix 网络操作系统历史悠久，其良好的网络管理功能已为广大网络用户所接受，拥有丰富的应用软件支持。

Unix 操作系统具有功能强大、技术成熟、可靠性好、网络及数据库功能强等特点，在计算机技术特别是操作系统技术的发展中具有重要的不可替代的地位和作用。尽管 Unix 系统受到了 Windows 的严峻挑战，但它仍是目前唯一能在各个硬件平台上稳定运行的操作系统，并且在技术成熟程度以及稳定性和可靠性等方面仍然领先于 Windows。

IA-64 体系结构出现后，Unix 系统转向 IA-64 体系已成为业界的大趋势。最重要的是，诸多 Unix 厂商对 IA-64 的支持将打破以往 Unix 和 Intel 两大阵营的对立，将 Unix 所具备的开放性发挥到顶峰，真正实现应用系统的跨平台使用，为用户提供最大的灵活性。Intel 公司将设法建立不同 Unix 操作系统版本的通用标准，这是 Intel 为它的高端服务器和下一代 64 位 Merced 芯片市场打下基础而必须达到的关键要求。这也是针对 Microsoft 与 Intel 在高端计算机领域存在着分歧而采取的一个行动。Intel 公司的开发战略旨在加速开发在基于 Intel 的服务器上运行的 Unix 系统。

在创建"统一的 Unix"的过程中，Intel 将与 HP、IBM、SUN 和 SCO 等公司展开合作。它们的合作表明，在高端"企业软件"市场上，Unix 将继续担当关键的角色，而 Microsoft 则仍然在"伸缩性"等方面以一个后起之秀的面貌出现。伸缩性是衡量操作系统在处理较大数据量时的稳定性的一个重要尺度。

④ Solaris　Solaris 是 SUN Microsystems 研发的计算机操作系统。它被认为是 Unix 操作系统的衍生版本之一。Solaris 传统上与基于 SUN SPARC 处理器的硬件体系结构结合紧密，在设计上和市场上经常捆绑在一起，整个软硬件系统的可靠性和性能也因此大大增强。然而 SPARC 系统的成本和价格通常要高于 PC 类的产品，这成为 Solaris 进一步普及的障碍。可喜的是，Solaris 对 x86 体系结构的支持正得到大大加强，特别是 Solaris 10 已经能很好地支持 x64 架构。SUN 公司已推出自行设计的基于 AMD64 的工作站和服务器，并随机附带 Solaris 10。

在服务器操作系统市场，Linux 不断增强原有的优势，一方面抵抗 Windows 对低端市场的侵蚀，另一方面向 Unix 控制下的高端服务器市场发起进攻。一般说来，最关键的应用如银行，往往还是选择 Unix 服务器，因为它们的业务一刻也不能停顿，对价格因素的考虑还在其次。目前，高档 Unix 服务器的性能高于 Windows 服务器或 Linux 服务器，所以适合大型的应用。Unix 服务器供应商只有少数几家，提供的产品和服务都不错。总之，Unix 的主要优点是高性能、高可靠性，主要缺点是价格高、不开放。

总的来说，服务器的操作系统主要分 3 大类，即 Unix、Windows 和 Linux。对特定计算环境的支持使得每一个操作系统都有适合于自己的工作场合。例如，Windows XP/7 适用于桌面计算机，Linux 较适用于中小型的网络，而 Windows 2008 Server 和 Unix 则适用于大型服务器应用程序。因此，对于不同的网络应用，需要有目的地选择合适的网络操作系统。

3.3.3　Web 服务器软件

一台网站服务器要运行一个电子商务网站，除了安装必要的硬件、网络操作系统，还需要安装配置相应的 Web 服务器软件。在选择 Web 服务器软件时，用户不仅要考虑目前的需求，还应考虑将来可能需要的功能。一般主要考虑以下几方面的因素。

①　响应能力　响应能力即 Web 服务器软件对多个用户请求信息的响应速度。响应速度越快，单位时间内就可以支持越多的访问量，用户请求信息的响应速度也就越快。

②　与后端数据资源应用系统的集成能力　Web 服务器软件除直接向用户提供信息外，还担负着与后端各种数据资源应用系统集成的任务，这样客户机就只需用一种界面来浏览所有后端服务器信息。它能将不同来源、不同格式的信息转换成统一格式。

③　管理的难易程度　管理的难易程度指的是管理 Web 服务器软件是否简单易行。一般 Web 服务器的管理界面有命令行、Telnet、Web 界面和基于窗口的管理应用程序。易管理的 Web 服务器应具有图形用户界面和完善的向导系统或帮助文档，复杂的管理界面可能会引起问题，而且浪费时间，还可能会导致系统参数配置错误和安全漏洞。

④　功能扩展难易程度　电子商务网站需要 Web 服务器具有一些特殊的功能，比如便捷的用户认证、多媒体信息流的传送、数据加密、某种开发语言的支持、是否可以加载第三方的软件的支持等，这些对 Web 网站及其信息量的扩大影响很大。

⑤　稳定可靠性　Web 服务器软件的性能和运行都需要非常稳定。

⑥　安全性　选择 Web 服务器软件时，一方面要使其能够防止 Web 服务器中的机密信息泄漏，另一方面要能够防止黑客攻击；此外，还要考虑在 Web 服务器中的安全漏洞被发现到能够提供更新补丁之间平均要经过多长时间。一般而言，越是流行的 web 服务器软件就越容易事先了解到它的问题，也就越容易和快速地修复。还有，对销售商的服务与客户支持是否充分，对产品是否进行过测试或有无成功的范例以及价格均是要考虑的问题。

目前 Web 服务器软件种类很多，这里选择一些比较流行的 Web 服务器软件进行介绍。

（1）Apache Server

Apache 是世界使用排名第一的 Web 服务器软件。它可以运行在几乎所有广泛使用的计算机平台上。

Apache 源于 NCSAhttpd 服务器，经过多次修改，成为世界上最流行的 Web 服务器软件之一。Apache 取自 "a patchy server" 的读音，意思是充满补丁的服务器，因为它是自由软件，所以不断有人来为它开发新的功能、新的特性、修改原来的缺陷。Apache 的特点是简单、速度快、性能稳定，并可做代理服务器来使用。

本来它只用于小型或试验 Internet 网络，后来逐步扩充到各种 Unix 系统中，尤其对 Linux 的支持相当完美。到目前为止，Apache 仍然是世界上用得最多的 Web 服务器，市场占有率达 60%左右。世界上很多著名的网站如 Amazon.com、Yahoo!、Financial Times 等都是 Apache 的产物，它的成功之处主要在于它的源代码开放、有一支开放的开发队伍、支持跨平台的应用（可以运行在几乎所有的 Unix、Windows、Linux 系统平台上）以及它的可移植性等方面。

（2）Internet 信息服务器（IIS）

IIS 是 Internet Information Server（互联网信息服务）的缩写，它是微软公司主推的 Web 服务器。IIS 是一种 Web（网页）服务组件，其中包括 Web 服务器、FTP 服务器、NNTP 服务器和 SMTP 服务器，分别用于网页浏览、文件传输、新闻服务和邮件发送等方面，它使得在网络（包括互联网和局域网）上发布信息成了一件很容易的事。IIS 相应性极高，同时系统资源的消耗也是最少，IIS 的安装、管理和配置都相当简单，这是因为 IIS 与 Windows Server 网络操作系统紧密地集成在一起。IIS 的一个重要特性是支持 ASP、ASP.NET，可以很容易地实现动态内容和开发基于 Web 的应用程序。

（3）Zeus Webserver 服务器

Zeus 是一个商业化的 Web 服务器产品，最近它成为很多业界媒体中的头条新闻，因为有消息宣称 Zeus 服务器的性能在 2.4 内核＋ SMP 环境下相对于 2.2.x 内核环境下性能提升了 85%之多。速度永远是 Zeus 服务器的卖点，它还具有极高的稳定性、适应性并具备很高的可配置性的服务器软件。甚至有媒体将这种服务器软件说成是最好的企业级 Web 服务器软件之一。

Zeus 服务器在 SMP 环境下有优秀的可伸缩性，并实现了常见的特性集合，如访问控制、动态内容产生和安全等。它具有健壮、集成有集群支持的容错和负载平衡等特色，是高端应用很好的选择。

Zeus 服务器的安装和管理相对比较简单。软件是以 tar.gz 格式的包格式，安装软件只需要解压软件包并运行一个安装脚本，在性能适当的机器上安装过程只需要几分钟。而且 Zeus 服务器安装以后提供 Web 方式的远程管理功能。

（4）iPlanet Application Server

作为 SUN 与 Netscape 联盟产物的 iPlanet 公司生产的 iPlanet Application Server 满足最新 J2EE 规范的要求。它是一种完整的 Web 服务器应用解决方案，它允许企业以便捷的方式，开发、部署和管理关键任务 Internet 应用。该解决方案集高性能、高度可伸缩和高度可用性于一体，可以支持大量的具有多种客户机类型与数据源的事务。

iPlanet Application Server 的基本核心服务包括事务监控器、多负载平衡选项、对集群和故障转移全面的支持、集成的 XML 解析器和可扩展格式语言转换（XLST）引擎以及对国际化的全面支持。iPlanet Application Server 企业版所提供的全部特性和功能，并得益于 J2EE 系统构架，拥有更好的商业工作流程管理工具和应用集成功能。如果你在寻找能够运行标准 Java API，并且在 Java API 环境下运行速度良好的 Web 服务器产品，iPlanet 当是首选。

（5）AOLserver

AOLserver 是一个多线程、可升级和扩展的 Web 服务器。AOLserver 服务器使用简单而且功能强大的 Tcl 作为其内嵌式的脚本语言和服务器端的 API。就像名字所表明的那样，AOLserver 在 AOL 公司的在线服务中得到了广泛应用，随着 AOL 公司本身的发展，AOLserver 也增添了更多的特性，其速度也得到了显著提高。

和 Apache 相比，AOLserver 也支持源代码公开，性能也非常优异，它们都可以通过模块方式添加新的功能，但是 AOLserver 却支持 Tcl 语言，而且以不同的方式和数据库互连。AOLserver 可以连接和使用后台的关系型数据库(RDBMS)，例如 Oracle、PostgreSQL 等。

AOLserver 在 Unix 系统中作为单个进程运行，从而使得 Web 服务器可以共享数据库连接，进而使得运行在 AOLserver 中的脚本语言拥有更高的速度。AOLserver 可以免费从 AOL 的官方网址或者它的开发站点 Sourceforge 下载。只要把 AOLserver 的压缩包解压，就可以非常简单地使用 gmake 编译和安装 AOLserver 服务器、可选模块、Tcl 库、工具软件及其响应文档。

在许多测试环境下，AOLserver 的表现并不能令人满意。在 WebStone 环境测试 AOLserver，会出现许多错误，还有相当多的客户无法连接到 AOLserver 服务器。虽然以上问题会使人认为 AOLserver 的性能很差，但是在负载相对较小的情况下进行的测试结果并不能完全令人信服。我们不能据此就认为 AOLserver 不值得一用，因为利用 WebStone 无法测试数据库的连接速度等其他参数，因而以上的测试结果仅供参考。尽管 AOLserver 没有简洁的安装和配置工具，但是对那些需要较快数据库响应速度的客户，还是推荐使用该类产品。

（6）BEA WebLogic Server

BEA WebLogic Server 是一种多功能、基于标准的 Web 应用服务器，为企业构建自己的应用提供了坚实的基础。各种应用开发、部署所有关键性的任务，无论是集成各种系统和数据库，还是提交服务、跨 Internet 协作，起始点都是 BEA WebLogic Server。由于它具有全面的功能、对开放标准的遵从性、多层架构、支持基于组件的开发，基于 Internet 的企业都选择它来开发、部署最佳的应用。

BEA WebLogic Server 在使应用服务器成为企业应用架构的基础方面继续处于领先地位。BEA WebLogic Server 为构建集成化的企业级应用提供了稳固的基础，它们以 Internet 的容量和速度，在联网的企业之间共享信息、提交服务，实现协作自动化。BEA WebLogic Server 的遵从 J2EE、面向服务的架构，以及丰富的工具集支持，便于实现业务逻辑、数据和表达的分离，提供开发和部署各种业务驱动应用所必需的底层核心功能。

（7）WebSphere

WebSphere 是 IBM 的集成软件平台。它包含了编写、运行和监视全天候的工业强度的随需应变 Web 应用程序和跨平台、跨产品解决方案所需要的整个中间件基础设施，如服务器、服务和工具。WebSphere 提供了可靠、灵活和健壮的集成软件。

WebSphere 是一个模块化的平台，基于业界支持的开放标准。您可以使用受信任和持久的接口，将现有资产插入 WebSphere，并且可以随着需要的增长继续扩展您的环境。WebSphere 可以在许多平台上运行，包括 Intel、Linux。

WebSphere 是随需应变的电子商务时代的最主要的软件平台。它使您的公司可以开发、部署和整合新一代的电子商务应用，如 B2B 电子商务，并支持从简单的网页内容发布到企业级事务处理的商业应用。

3.3.4 采购 Web 服务器的注意事项

Web 服务器是针对 Web 应用的专用服务器。对于 Web 应用来说，最重要的就是及时响应能力和并发用户支持能力。而这两方面的能力在服务器上最直接的体现就是服务器的性能配置和网络带宽。因此，企业在采购 Web 服务器方面最应该看重的是服务器的时间处理能力、网络带宽及系统稳定性。企业在选择 Web 服务器方面应该考虑以下几个问题。

（1）性能与价格的平衡

选择服务器时应该是在性能和价格中间找到一种平衡。由于 Web 服务器有它的特殊性，在价格允许范围内，最好是选择性能强大的服务器品牌。Web 应用的不确定性决定了服务器具有强大的性能绝非是未雨绸缪（例如，可能网站在某个时候的访问用户突然暴增，这时服务器的强大性能就能够保证业务顺利进行）。

现在的网站基本上都在向多媒体类型的网站发展，因此就要求 Web 服务器在"多网卡优化"和"高速硬盘 I/O"两方面表现突出。所以，在考虑 Web 服务器性能时需要考虑 CPU 处理能力对网络带宽的影响、硬盘 I/O 和随机读/写比率的峰值对实际应用中客户端 Web 单击的影响、网络性能对系统效率的影响、并发事件对系统资源占用率的影响等方面。

（2）看重"支持并发用户能力"和"事件及时响应能力"

对于电子商务公司来说，看重的是服务器的"支持并发用户能力"和"事情及时响应能力"两方面。作为一个服务器的管理人员，需要考虑企业并发用户数的范围、峰值等。应该说并发用户支持数主要是由系统的硬件配置、网络出口带宽及应用复杂性等因素决定的。服务器的事件及时响应能力主要是指服务器在接受用户的请求后做出处理的能力。任何客户端都喜欢自己的请求发出后能够尽早地得到响应。

（3）网络线路选择

采用自建机房的方式发布网站，就需要从电信运营商申请一条 Internet 专线以及至少一个公网 IP 地址。国内主要的 ISP 有联通、电信、移动、铁通，不同的 ISP 的网络有所不同。

一般来讲，电信运营商就是从电信和联通（铁通）两家运营商中进行选择，如果网站用户的访问者多为电信（南方用户为主），建议使用电信线路；反之使用联通线路。如果对访问速度要求较高，则建议使用双条线路或多线路机房解决不同线路互联互通的问题。多线路主机适合目标客户覆盖全国范围的网站，不论是电信用户、网通用户、铁通用户、联通用户，均能快速访问到企业网站，彻底解决互联网的互联互通问题。

【实战案例】

通过前面的学习初步了解了电子商务网站的作用和分类，不同类型的商务网站在功能、面对的客户群方面都有所不同，所以在设计一个电子商务网站之前首先要想好，这个网站是属于哪种类型的商务网站，这将影响到后面的设计和规划。

案例一　企业网站服务器选购实例

1. 前期调查

下面是某服装销售企业网站的前期调查情况。

- 平均日访问量达 6000 次。
- 网站多媒体信息较多，对服务器的存储能力和数据处理能力有较高的要求。
- 网站服务器存放在一个简易机房中。
- 服务器用电稳定，电压无明显波动。
- 公司已经设立专项资金对网站及服务器进行大规模投入。

2. 服务器品牌及性能要求

目前，服务器的市场竞争非常激烈，国外的 IBM、HP（惠普）、DELL（戴尔）、SUN 等著名厂商和国内的浪潮、联想、曙光等一线厂商都提供不同级别的服务器产品，满足不同的用户需求。但是出于对产品售后、机房条件等多方面因素的考虑，最终选择国产浪潮的机架式服务器。出于对服务器处理数据和存储的考虑，公司选择服务器的技术参数见表 3-5。

表 3-5　服务器选购技术参数

处理器	支持 2 颗英特尔® 至强® 处理器 E5-2400 系列
芯片组	英特尔®C602 服务器专用芯片组
内存	最高支持 DDR3-1600 内存，最大可扩展 384GB 内存，支持高级内存纠错、内存镜像、内存热备等高级功能
硬盘控制器	集成 SATA 磁盘控制器
RAID	集成的 SATA 磁盘控制器支持 RAID 0/1/10/5
	可选 SAS 磁盘控制器支持 RAID 0/1/10，通过组件可升级支持 RAID 5/50
	可选扩展支持 RAID 0/1/5/6/10/50/60 的、具备缓存的高性能 SAS RAID 控制器，并可扩展缓存保护电池
存储	最大支持 4 个 3.5in/2.5in 热插拔 SATA/SAS 接口硬盘或 SSD，还可内置 2 块 SSD 硬盘
集成 I/O 端口	前置：2 个 USB 接口，1 个 VGA 接口
	后置：4 个 USB 接口，1 个标准 VGA 接口，1 个串口，可选 2 或 4 个 RJ45 千兆以太网接口，集成一个独立的百兆网络接口专门用于 IPMI 的远程管理
	内置：1 个串口，1 个 USB 接口
网络控制器	集成 2 个或者 4 个高性能千兆以太网控制器，支持虚拟化加速、网络加速、负载均衡、冗余等高级功能
电源	支持金牌单电源，符合 80PLUS 标准
支持操作系统	Microsoft Windows Server 2008 SP1 32/64bit
	Red Hat Enterprise Linux 5U3 32/64bit
	SuSE Linux Enterprise Server 10 SP2 32/64bit
	SuSE Linux Enterprise Server 11 32/64bit
工作环境温度	5～35℃
电源电压	110～240V

3. 服务器选购

（1）通过系统集成商　联系本地或周边地区的系统集成商，根据提出的技术参数，系统集成商会给出符合技术要求的型号供选择。

（2）联系厂商销售代表　电话联系厂商的销售代表或区域经理，他们会登门服务，比较专业地推荐符合要求的服务器型号，这是一个不错的选择。

（3）电话直接联系厂商销售　拨打厂商的 800 或 400 电话，直接打电话进行沟通，通过技术要求，电话支持人员会给出合适的型号。

案例二　常见网站服务器配置方案

一、自购主机

方案一：Windows Server 2012＋IIS 8.0＋ASP.NET＋MS SQL Server 2008

应用领域：具备一定规模的企业、商业站点。

优势：系统成熟，软件支持条件好，开发建设以及管理都比较容易。

目前，对于具备一定规模和流量的站点来说，最有效率的组合无疑是 Windows Server 2012 搭配其内建的 IIS 8.0 信息服务器，使用微软推荐的 ASP.NET 动态脚本语言进行开发，然后再以微软的 SQL Server 2008 企业版作为后台数据库支持。

设备：

现在 x86 服务器产品市场最主流的无疑是英特尔至强平台，而长期以来跟 Intel 合作关系最密切同时又拥有较高性价比的服务器无疑出自国际知名品牌 DELL。从价格上看，DELL 的主流服务器产品确实非常接近国内其他品牌的价格。在质量方面，DELL 的服务器还是非常值得信赖的，众多的互联网数据中心（IDC）敢于大量采用 DELL 服务器就证明这一点。

对于上面的 Web 系统方案，由于是针对具备一定流量的应用而设计，所以比较推荐 DELL 的 2U 双路英特尔至强平台，这样不仅可以留有足够的扩展空间，也可以通过升级磁盘系统以增强数据的安全性和读写性能。

PowerEdge 12G R720（参考价格：14400 元）

功能丰富、基于英特尔核心的 Dell PowerEdge 12G R720 双插槽 2U 机架式服务器能够提供内部扩展能力与机架密度的最佳组合。它搭载英特尔至强处理器 E5-2600，每个处理器提供多达 8 个核心，可实现计算密集型任务的超快处理，能够在为企业提供最佳服务器性能的同时，降低空间与能源需求。由于能够支持包括数据库、E-mail 和网络基础设施等几乎所有类型的企业级应用，DELL PowerEdge 12G R720 能够提供现代企业所需的灵活性。

方案二：Linux x86-64＋Apache＋PHP＋MYSQL

应用领域：中小型企业、商业站点。

优势：基于 64 位的平台，性能获得提升，同时 Linux + PHP 本身就具有令人满意的 Web 执行效率。

假如是 Linux 系统，还在用 32 位就显得与时代脱节了，选择 Linux 系统搭建 Web 平台一定要尝试 64 位的组合。可以安装使用 Red Hat Enterprise Linux 64bit 或者 SuSE Linux Enterprise Server 64bit 版本的 Linux 系统。当然，由于 Apache、MYSQL 的版本更新非常频繁，而且新旧版本之间差异较小，基本可以通用。

设备：

浪潮英信 NF5245M3（参考价格：19600 元）

浪潮英信 NF5245M3 是 2U 双路服务器产品。它灵活多变的配置方案，能更好地满足用户个性化的需求，适合主流用户群体的各种应用。例如政府、教育、电信增值、中小企业等行业，可以担当 Web、邮件、网关、代理、防火墙、域名解析等各类前端接入应用，适用于数据库、视频点播等后端应用，也适用于 IDC/ISP/ICP/ASP 等网络、信息运营商的业务应用。

采用英特尔至强 E5-2400 系列处理器，总线数据传输速率最高可达 8.0GT/s，最高 20MB 高速缓存，支持英特尔睿频技术、超线程技术。配备 12 个内存插槽，最大可支持 384G 内存容量。最大支持 8 块 3.5in 或 24 块 2.5inSAS/SATA/SSD 硬盘。关键部件硬盘、电源支持热插拔冗余技术，不关机就可以进行部件的更换与维护，提高了系统的可用性。随机提供的浪潮英信服务器最新睿捷 V5.0 管理套件，包含服务器管理软件、系统智能安装软件、系统备份还原软件，简化了服务器的维护与管理工作，可实现自动安装、远程数据备份、管理等功能。

方案三：Solaris＋Apache＋TOMCAT＋JSP＋Oracle

应用领域：大型企业、商业站点。

优势：高性能，高安全性，脚本执行效率高，数据库系统可以适应大型应用。

Solaris 是 Unix 操作系统在市场上最流行的一种变体，互联网上大部分站点都采用 Solaris 提供 Web 服务。另外，Solaris 具备高度可靠的安全设计，被誉为最安全的网络操作系统，国内银行金融部门都广泛采用这种操作系统。Solaris 是 SUN 开发的，Java 也是 SUN 开发的，因此基于 Java 的 JSP 跟 Solaris 搭配最完美。

Solaris 自身的特点决定了它的应用领域，一般都是偏向于高端的、大型的。因此，使用 Oracle 数据库是一个很好的选择，这是业界公认的高性能专业数据库产品。至于 Apache 和 TOMCAT，这是 SUN 比较推荐的一套 JSP 构建平台。那些对 Web 发布需求巨大，同时要求系统正常运行时间比率超过 99%或以上的公司通常也会选择 Solaris 平台，因为 Solaris 的稳定性可以为满足这种苛刻的运行要求提供更大保障。

设备：

Solaris 拥有面向 IA 产品的版本和面向 SUN 自家处理器 SPARC 的版本，尽管 IA 芯片版本的 Solaris 系统拥有与 SPARC 芯片版本一样的高可靠性，但用于前者的商用软件的数量明显不如后者多，同时，由于硬件上的一些限制，Solaris 系统的一些相对高级的特性在 IA 芯片版本中无法实现，因此下面选择一个 SPARC 服务器产品来介绍。

SUN SPARC Enterprise T1000（参考价格：34000 元）

SUN Fire T1000 采用UltraSPARC T1 处理器，核心频率 1.0GHz，采用六核心技术。集成 3MB 二级缓存，前端总线 1066MHz，功耗 80w。内存方面 SUN Fire X4450 最高支持 128GB ECC DDR2-667 全缓冲内存，标配 2 根2GB 内存。SUN Fire T1000 标配250GB（7200 转）硬盘，机箱支持 8 块热插拔 SAS 硬盘，1 个电源，4 个 10/100/1000 以太网端口，1 个串行端口，1 个 PCIE 插槽。网络方面集成 4 个千兆以太网网卡，标配 1 个 300w 热插拔电源。

SUN Fire T1000 服务器预装 Solaris 10操作系统和 Java Enterprise System 软件。优化吞吐量、每个处理器最多有 32 个线程，占用空间小。SUN Fire T1000 提供了很高的计算密度和扩展性，是虚拟化应用、数据库以及其他数据密集型应用的理想选择。

SUN 作为全球著名的服务器厂商，其 Unix 系列产品 SUN Fire T1000 拥有优越的性能，同时该款服务器在不浪费宝贵空间的情况下，可为客户提供了满足处理要求的灵活性。适用于企业数据库服务器、大型 Web 服务器。

二、租用虚拟主机空间

在本书案例中，计划构建的是一个服务于中小企业的网站，考虑到成本问题，可以选用虚拟主机这种经济实惠的方式构建网站。这里以 http://www.nidc.cn 网站为例。打开该网站主页后，注册成为该网站会员，然后挑选合适的虚拟主机产品。这里选购了一款专业 SQL 主机的产品，如图 3-29 所示。

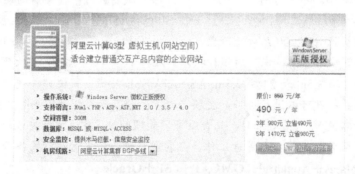

图 3-29　虚拟主机产品

有了放置网页的空间，接下来还要申请注册购买域名、绑定域名。注册域名的步骤前面介绍过了，绑定域名的具体步骤如下。

注册域名成功后，进入注册域名的网站，打开域名管理页面，按提示进行登录，如图 3-30 所示。

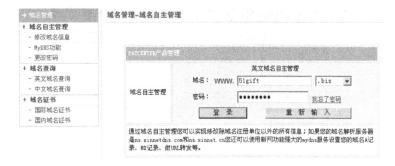

图 3-30　登录域名管理页面

进入域名管理页面后，点击"注册本域名下的 DNS"（图 3-31），进入设置页面。

图 3-31　域名管理界面

在设置页面中按照服务提供商的要求填写相关信息，如图 3-32、图 3-33 所示。

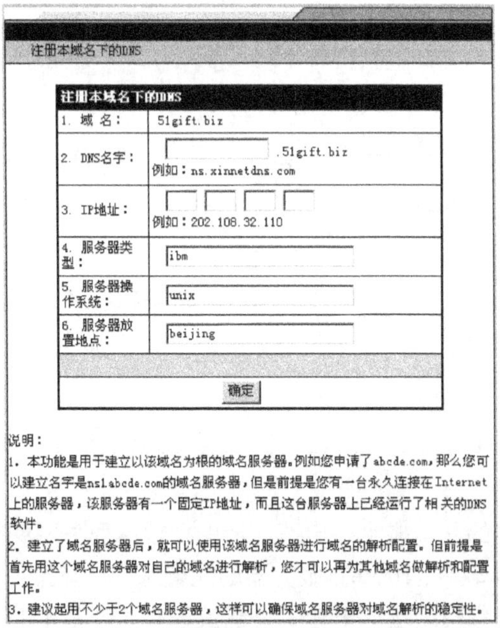

图 3-32　填写域名解析（DNS）信息

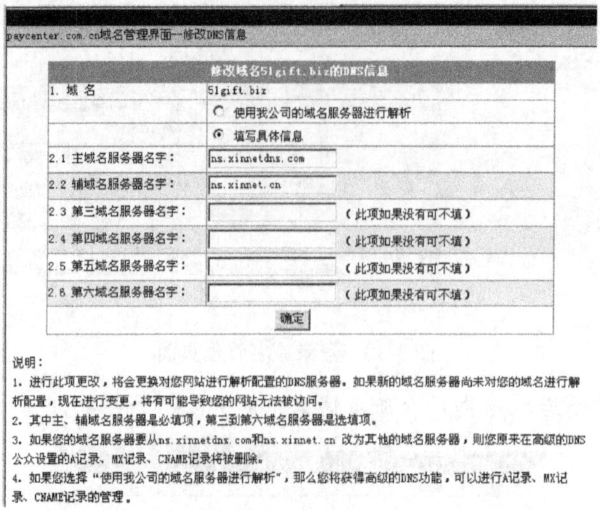

图 3-33 主域名服务器名字

域名解析设置好后一般要 24h 后才能生效。

最后，还要在虚拟主机空间的管理界面中绑定域名，如图 3-34、图 3-35 所示。其中虚拟主机空间的 IP 地址是由该空间的供应商指定的，应事先了解清楚该 IP 地址。

图 3-34 虚拟主机空间管理页面

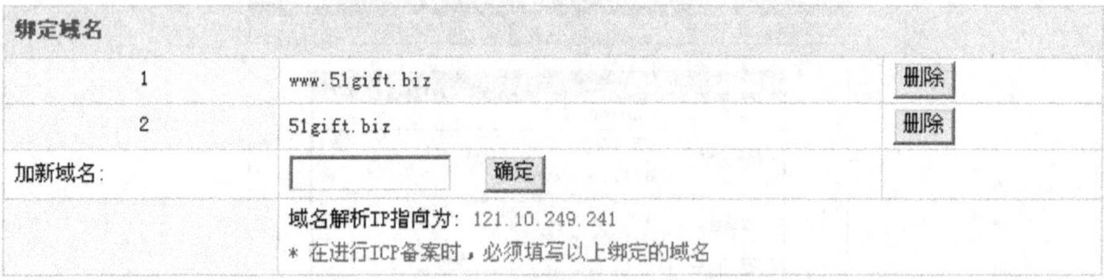

图 3-35 设置绑定域名

本章小结

本章主要介绍了域名的基本概念、申请注册的发放；商务网站接入技术的选择；搭建商务网站的常见 Web 服务器软件的选择；服务器的配置选择、虚拟主机空间的选择等。通过本章的学习，可以对电子商务网站运行平台的搭建流程有一个基本的认识，为后面进一步做好网站的管理和维护打下基础。

习题

一、思考题

1. 怎样理解电子商务网站与一般网站的异同？
2. 电子商务网站一般应具备哪些功能？请举例说明。

二、实训题

1. 完成 IIS 的安装，并在 IIS 中用一个 IP 地址实现多个网站访问的配置。
2. 完成 Apache 的安装，并实现基本的配置，让用户可以浏览到自己的主页。
3. 请登录 http://www.dell.com、http://www.lenovo.com.cn、http://www.myprice.com.cn、http://www.pconline.com.cn 等网站查阅有关服务器产品的资料，并为自己构思的电子商务网站挑选合适的服务器。
4. 请登录 http://www.net.cn 或者 http://www.nidc.cn 网站查看网站建设相关服务（虚拟主机、主机托管、企业邮箱）的内容。
5. 假如现在要建设一个小型购物网站，请你为该网站设计一个域名，并上网注册该域名。（提示：注册域名的具体流程参考教材）
   ① 你注册的域名是否有什么含义？请解释说明。
   ② 要求把"确认域名注册资料"的页面截图保存。
6. 如果上一题中的购物网站需要发布到互联网上，请你为该网站挑选一个合适的虚拟主机产品。把挑中的产品详情页面截图保存。
7. 虚拟主机空间的申请和使用。请你访问 http://www.id666.com/ 或者"浦东信息港"（http://www.pdxx.net/）。
   ① 注册一个账号，然后尝试申请试用一个虚拟主机空间，熟悉后台管理的功能，并上传主页。
   ② 请你打开帮助页面 http://www.pdxx.net/news.asp?newsclass=help，了解虚拟主机相关知识、概念。
8. 请你浏览易名中国网站（http://www.ename.com/），了解域名交易的行情。
9. 现在有一家公司要建立网站，要求能实现公司内部网络资源的管理，并能提供日常办公的服务功能。该公司有办公用电脑约 50 台，请你为该公司设计一套网站服务器方案（包括操作系统、Web 服务器和适用的服务器硬件配置）。
   提示：服务器硬件配置可参考联想、浪潮、长城、IBM、HP 等公司的产品，要有具体的参数指标。

操作系统	
Web 服务器	
服务器硬件配置	

第4章 电子商务网站的开发技术与工具

【学习目标】
- 熟悉 HTML 文件的基本结构和基本元素
- 了解动态网页开发技术的特点
- 掌握 SQL 关系型数据库语言
- 了解关系型数据库的特点并能建立简单的数据库

【引入】随着电子商务应用的日渐广泛和成熟，基于电子商务网站的应用和开发也越来越盛行，企业可以各种方式来建立自己的电子商务网站，但不管以何种方式建设网站，所建网站不仅要对本企业起到适用、够用、好用的效果，更重要的是要方便日后的维护，所以，网站商务的功能和其可扩展性、可用性和安全性的实现都涉及网站开发技术问题。本章就一些常用的基本网站开发技术做一定的介绍，目的在于通过了解这些开发技术的特点和使用的场所为后面的网站设计与管理做好充分的准备工作。

4.1 网页开发技术

网页开发所要使用的技术非常多，根据其应用的环境可分为服务器端和客户端。从使用语言和代码上看，目前在客户端大多使用 HTML、CSS、JavaScript 等开发技术，由客户端的浏览器解释、执行并显示出来；在服务器端则普遍使用 ASP、ASP.NET、JSP、PHP 等开发技术。

相比较而言，ASP 的最大优点是简单易学、容易使用。PHP 和 JSP 则具有跨平台性，Windows 服务器和 Unix/Linux 服务器都可以使用 PHP 和 JSP。通常 Windows 服务器较多使用 ASP（或 ASP.NET），这不仅是因为 ASP 简单易学，更因为 Microsoft 公司提供的很多服务通过 ASP 很容易实现，而 PHP、JSP 主要应用在 Unix/Linux 服务器上。

如果已经选定了服务器采用 Windows 操作系统，ASP（或 ASP.NET）当然是首选。

4.1.1 静态网页开发技术

一般来说，由客户端浏览器解释执行的语言都属于静态网页开发技术，如前边提到的 HTML、JavaScript、CSS 等。

（1）HTML

HTML（Hyper Text Markup Language）即超文本标记语言或超文本链接标示语言，是目前网络上应用最为广泛的语言，也是构成网页文档的主要语言。它是在文本文件的基础上加上一系列标记，用于描述其颜色、字体、文字大小、格式，再加上声音、图像、动画甚至视频等形成精彩的页面。严格来说，HTML 并不是一种语言，只是一些能让浏览器看懂的标记。当用户浏览 www 上包含 HTML 标签的网页时，浏览器会"翻译"由这些标签提供的网页结构、外观和内容的信息，并按照一定的格式在屏幕上显示出来。正如上边所说的，HTML 是在客户端被执行的。

① HTML 文件结构　HTML 用标记信息告诉支持它的浏览器如何显示它所描述的页面。它具有良好的跨平台性，能运行浏览器的计算机都可以显示 HTML 页面。HTML 语言中尖括号（"<"和">"）之间的标记称为元素，又叫标签、标记等。标签分为两大类：一类用于确定超文本在浏览器中显示的方式；另一于用于确定超文本在浏览器中显示的内容。

HTML 包含许多 HTML 标签，并且大部分是成对出现的，具有<标签名>内容</标签名>的形式。HTML 就是用这些标签来规定元素的属性和它在文件中的位置。HTML 超文本文档分文档头和文档体两部分，在文档头里，对这个文档进行了一些必要的定义，文档体中才是要显示的各种文档信息。一个简单的 HTML 文档一般包含且必须包含下列标签：

1	`<html>`
2	`<head>`
3	`<title>`…`</title>`
4	…
5	`</head>`
6	`<body>`
7	…
8	`</body>`
9	`</html>`

它们的含义分别如下。

a. `<html>`…`</html>`在文档的最外层，文档中的所有文本和 HTML 标签都包含在其中，它表示该文档是以超文本标识语言（HTML）编写的。事实上，现在常用的 Web 浏览器都可以自动识别 HTML 文档，并不要求有 `<html>`标签，也不对该标签进行任何操作，但是为了使 HTML 文档能够适应不断变化的 Web 浏览器，还是应该养成不省略这对标签的良好习惯。

b. `<head>`…`</head>`是 HTML 文档的头部标签，在浏览器窗口中，头部信息是不被显示在正文中的，在此标签中可以插入其他标记，用于说明文件的标题和整个文件的一些公共属性。若不需头部信息则可省略此标记，良好的习惯是不省略。

c. `<title>`…`</title>`是嵌套在< head >头部标签中的，标签之间的文本是文档标题，它被显示在浏览器窗口的标题栏。

d. `<body>`…`</body>`标记一般不省略，标签之间的文本是正文，是在浏览器要显示的页面内容。

上面的这几对标签在文档中都是唯一的，`<head>`标签和`<body>`标签是嵌套在 HTML 标签中的。

② HTML 常用标签及其属性　HTML 的标签很多，很难把所有的标签及其属性都记清楚，但有些很常用的标签在熟悉的情况下，对网页的设计与制作就起了很大的作用。下边仅对其中一些做介绍，并搭配一个例子，以帮助大家学习记忆。

a. 标题及格式字体。章节标题可以使用不同的字号，共 6 级，从`<h1>`到`<h6>`，字号逐渐减小，使用时要成对使用，如`<h1>`电子商务网站建设`</h1>`。

使用标题标签的好处在于便于被 baidu、google 等搜索引擎识别。比如在一篇文章的标题用上<h2>标签，则既可以起到醒目的作用，还可以很方便地让搜索引擎知道，这是一个标题。

…显示黑体字，…显示斜体字，常用格式标记如表 4-1 所示。

表 4-1　常用格式标记及显示效果表

名　　称	HTML 代码	显 示 效 果
黑体	电子商务网站建设	**电子商务网站建设**
斜体	<i>电子商务网站建设</i>	*电子商务网站建设*
下划线	<u>电子商务网站建设</u>	电子商务网站建设
固定	<tt>电子商务网站建设</tt>	电子商务网站建设
删除线	<del>电子商务网站建设</del>	电子商务网站建设
闪烁	<blink>电子商务网站建设</blink>	电子商务网站建设
上标	^{电子商务网站建设}	电子商务网站建设
下标	_{电子商务网站建设}	电子商务网站建设

b．字体元素。HTML 中对字体元素描述的标签语法：<font>…</font>。

例如：<font color="#0000FF" face="隶书" size="3">电子商务网站建设</font>

以上例子中 color、face、size 属于标签<font>的属性。每个属性都有不同的含义。其中 color 表示字体的颜色，face 表示文字所使用的字体，size 则表示字体的大小。

c．分段和换行。分段标签<p>，表示开始一个新的文本段落，段落与段落之间会空出一行距离。开始标志是必须有的，结束标志可以省略。语法为：<p>…</p>。

换行标签
，表示开始一个新行，它没有结束标志。语法为：
。

d．水平线。水平线标签<hr>，不需要结束标志。语法为：<hr>。

e．列表。HTML 有三种列表形式：排序列表(Ordered List)；不排序列表(Unordered List)；定义列表(Definition List)。

不管使用哪种列表为的都是让内容能够更加有序、有条理地显示出来，具体例子可以参照图 4-1、图 4-2。

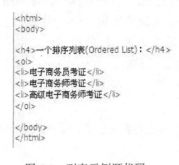

图 4-1　列表示例源代码　　　　图 4-2　列表示例显示结果

不管哪种列表都可以嵌套使用。

f．表格。表格是为了行和列的排列整齐，表格也可以嵌套。具体看下面的例子。

【例 4-1】

1	<h4>一行三列的表格</h4>
2	<table border="1">

3	`<tr>`
4	`<td>电子商务员</td>`
5	`<td>电子商务师</td>`
6	`<td>高级电子商务师</td>`
7	`</tr>`
8	`</table>`

其显示的结果见图 4-3。

一行三列的表格

| 电子商务员 | 电子商务师 | 高级电子商务师 |

图 4-3　表格标签示例显示结果

上面例子包含了 `<table>`、`<tr>`、`<td>` 元素，其中 `<table>` 表示表格，`<tr>`…`</tr>` 表示一行，`<td>`…`</td>` 表示一列。而 border 则属于 `<table>` 标签的一个属性，表示边框大小为 1。

g．超链接。大家上网时最熟悉的就是当鼠标光标在网页中某一段文字或图形时，变成一只手状，则表示这是一个链接。单击它就会转向这个新的链接。一般语法如下。

`<a href="URL">文本或图像</a>`，表示跳转到另一个文档的链接，URL 是链接所指向的地址，文本或图像是链接显示的载体。

`<a href="#name">文本或图像</a>`，表示跳转到本页面的一个书签处，#name 是书签的名字。`<a href="URL#name">文本或图像</a>`，表示跳转到另一个文档的一个书签处。若想让超链接窗口在一个新的浏览器窗口打开，可以书写为：`<a href="URL" target="_blank">文本或图像</a>`。更为详细的请参阅 HTML 手册。

h．图片用 `<img>` 这个标签可以在 HTML 里面插入图片。最基本的语法如下：

`<img src="URL">`

URL 表示图片的路径和文件名。`<img>` 标签没有结束标志，其一般包含以下几个属性：

src="图像文件的路径和名字"，指出图像的名字，可以包含地址信息；

align="bottom/middle/top"，指出图像和附近文本的位置关系；

alt="替代文字"，指出如果不能显示图像，则出现替代文字；

width="…"，说明图像的宽度，默认单位为像素；

height="…"，说明图像的高度，默认单位为像素。

例如：`<img src="image/logo.gif" alt="网站首页" width="100" height="50">` 表示调用 image 目录中的 logo.gif 文件，如果图像不能显示，则出现替代文字"网站首页"，图片的宽度为 100，高度为 50。

③ HTML 的一般规则。从上面学习知道 HTML 的大部分标签都遵守以下语法格式：

`<标签 属性 1="值 1" 属性 2="值 2" 属性 3="值 3"…>内容</标签>`

而有些没有结束标志的，大部分是以下的语法格式：

`<标签 属性 1="值 1" 属性 2="值 2" 属性 3="值 3"… />`

需要说明的是，HTML 目前最新版本为 HTML5，写起来比较随意，但良好的习惯是按照标签，属性名全部小写、属性的取值全部用双引号括起来。HTML 标签的属性在很多时候也是可以省略不写的，简单写成如下格式：

<标签>内容</标签>

（2）CSS

CSS 目前最新版本为 CSS3，是能够真正做到网页表现与内容分离的一种样式设计语言。相对于传统 HTML 的表现而言，CSS 能够对网页中的对象的位置排版进行像素级的精确控制，支持几乎所有的字体字号样式，拥有对网页对象和模型样式编辑的能力，并能够进行初步交互设计，是目前基于文本展示最优秀的表现设计语言。

① CSS 代码的编写位置　在 HTML 文件中，如果需要使用 CSS，则可以采用以下三种方式放置 CSS 代码

a．在<head>…</head>标签内加入如下标签，并在其内编写 CSS 代码：

<style type="text/css">

　　　/*在这里编写 CSS*/

</style>

b．建立一个单独的 CSS 文件，然后在 HTML 的<head>…</head>加入如下标签：引用：

<link href="CSS 文件路径" rel="stylesheet" type="text/css" />

c．在需要添加 CSS 的 HTML 标签里边用 style 属性添加，如：

<h1 style="font-size:14px;">这个标题文字大小为 14 像素</h1>

② CSS 的基本语法格式如下：

选择器{属性:值; 属性:值;...}

其中选择器分为 HTML 标签选择器、派生选择器、ID 选择器、类选择器、属性选择器、伪类选择器等几种。以下几行 CSS 代码则分别使用不同的选择器设置特定文本的颜色为红色：

p{color:red;}　　　　/*HTML 标签选择器，设置 P 标签里的文本颜色为红色*/

p,a{color:red;}　　　/*分组 HTML 标签选择器，设置 P 标签和 a 标签里边的文本颜色为红色*/

p a{color:red;}　　　/*派生选择器，设置仅仅是放置在 P 标签里的 a 标签文本颜色为红色*/

#red{color:red;}　　 /*ID 选择器，设置 HTML 属性 ID 值为 red 的标签文本为红色*/

.red{color:red;}　　 /*类选择器，设置 HTML 属性 class 值为 red 的标签文本为红色*/

[type="text"]{color:red;}/*属性选择器，设置文本框的文本为红色*/

a:hover{color:red;} /*伪类选择器，设置鼠标移动在链接上的文本颜色为红色*/

③ CSS 盒子模型　CSS 中根据盒子模型设置 HTML 标签的显示样式及其位置。顾名思义，盒子模型就是把所有的 HTML 可视化标签都当做是一个盒子，有内容（盒子里边的装的东西）、填充（怕盒子里装的东西损坏而添加的泡沫或者其他抗震的辅料）、边框（盒子材料本身）、边界（有些盒子摆放的时候不能全部堆在一起，要留一定空隙保持通风等），其基本概念图见图 4-4。

在网页设计中，内容常指文字、图片等元素，但是也可以是小盒子（DIV 嵌套），与现实生活中的盒子不同的是，现实生活中的东西一般不能大于盒子，否则盒子会被撑坏的，而 CSS 盒子具有弹性，里面的东西大过盒子本身最多把它撑大，但它不会损坏。

图 4-4　CSS 盒子模型

以下 CSS 代码则是根据盒子原理将一个普通的链接文本设置成按钮的样式。

【例 4-2】

```
1    <style type="text/css">
2    a{background:#333; /*设置背景颜色*/
3        color:#fff; /*设置文本颜色*/
4        padding:5px;    /*设置填充大小*/
5        font-size:12px; /*设置文本字体大小*/
6        text-decoration:none; /*设置文本修饰为无*/
7        margin-right:10px; /*设置右边界大小*/
8    }
9    </style>
10   <a href="#">导航 1</a><a href="#">导航 2</a><a href="#">导航 3</a><a href="#">
11   导航 4</a>
```

其显示效果图见图 4-5。

图 4-5　例 4-2 显示效果图

④ 行内标签与块级标签　在 CSS 中，根据 HTML 标签默认的显示样式将其分为两大类：行内标签与块级标签。

a．块级标签：能够独立存在。一般的块级标签之间以换行分隔。常用的块级标签包括 p，h1~h6，div，ul 等；

b．行内标签：指依附其他块级元素存在，紧接于被联元素之间显示，而不换行。常用的行内标签包括 img，span，li，a 等；

以上例来说，在代码中用了 padding:5px; 设置 a 标签的填充大小，但实际上这一句并未能完全生效，因为 a 标签是一个行内标签，如果在上面 CSS 代码增加几句变成以下形式：

【例 4-3】

1	`<style type="text/css">`
2	`a{background:#333; /*设置背景颜色*/`
3	`    color:#fff; /*设置文本颜色*/`
4	`    padding:5px;   /*设置填充大小*/`
5	`    font-size:12px; /*设置文本字体大小*/`
6	`    text-decoration:none; /*设置文本修饰为无*/`
7	`    margin-right:10px; /*设置右边界大小*/`
8	`    display:block; /*设置为块级标签*/`
9	`    float:left;      /*设置为左浮动对齐*/`
10	`}`
11	`</style>`
12	`<a href="#">导航 1</a><a href="#">导航 2</a><a href="#">导航 3</a><a href="#">`
13	`导航 4</a>`

则效果图则会显示如下，其填充的 5 像素能正常显示。

图 4-6　例 4-3 显示效果图

　　DIV+CSS 是 Web 设计标准，它是一种网页的布局方法。与传统设计中通过表格（Table）布局定位的方式不同，它可以实现网页页面内容与表现相分离。提及 DIV+CSS 组合，还要从 XHTML 说起。XHTML 是一种在 HTML 基础上优化和改进的新语言，目的是基于 XML 应用与强大的数据转换能力，适应未来网络应用更多的需求。

　　（3）JavaScript

　　JavaScript 是一种基于对象和事件驱动并具有相对安全性的客户端脚本语言。同时也是一种广泛用于客户端 Web 开发的脚本语言，常用来给 HTML 网页添加动态功能，比如响应用户的各种操作。

　　一个完整的 JavaScript 实现是由以下 3 个不同部分组成的：核心（ECMAScript）、文档对象模型（Document Object Model，简称 DOM）、浏览器对象模型（Browser Object Model，简称 BOM）。

　　在网页中如果需要添加 JavaScript 脚本，则可以使用以下两种方式之一。

　　① 在网页中直接编写 JavaScript 脚本在<script>…</script>标签里边，如：

`<script language="javascript">`

　　　`//在这里编写 JavaScript 脚本`

`</script>`

　　② 单独编写一个扩展名为.js 的脚本文件，然后在网页中用以下标签引用：

<script language="javascript" src="JS 文件路径"></script>

JavaScript 目前在网站前端开发中占据非常重要的位置，各网站都利用其来开发交互性好、能给用户带来良好浏览体验的网页，比如以下京东网站中商品图片的放大浏览功能就是其中一个案例（图 4-7）。

图 4-7　京东网商品展示页面

还有以下苏宁易购网页中商品分类导航条的显示效果（图 4-8），也是使用 JavaScript 的一个例子。

图 4-8　苏宁易购商品分类导航页面

以下是一个用 JavaScript 实现的网页功能，在用户登录时对输入信息进行判断，只有当用户输入的信息合法且无误后才能提交信息到服务器进行登录验证操作。

【例 4-4】

1	`<title>表单数据验证</title>`
2	`<script language="javascript">`
3	`    function check(){`
4	`        if(document.loginForm.userName.value==""){`
5	`            alert("用户名必须填写");`
6	`            document.loginForm.userName.focus();`
7	`            return false;`
8	`        }`
9	`        if(document.loginForm.userPWD.value==""){`
10	`            alert("密码必须填写");`
11	`            document.loginForm.userPWD.focus();`
12	`            return false;`
13	`        }`
14	`    }`
15	`</script>`
16	`</head>`
17	`<body>`
18	`<form name="loginForm" id="loginForm" method="post" onsubmit="return`
19	`check();">`
20	`    <label>用户名：<input type="text" name="userName" id="userName"`
21	`/></label>  `
22	`    <label>密码：<input type="password" name="userPWD" id="userPWD"`
23	`/></label>  `
24	`    <input type="submit" value="登录" />`
25	`</form></body>`

其页面运行效果如图 4-9，如果用户没有输入用户名或者密码就直接点击提交，会弹出相应的提示。

（4）jQuery

jQuery 是一个兼容多浏览器的 JavaScript 框架，其核心理念是写得更少，做得更多。jQuery 的语法设计可以使开发者更加便捷，例如操作文档对象、选择 DOM 元素、制作动画效果、事件处理、使用 Ajax 以及其他功能。除此以外，jQuery 还提供 API 让开发者编写插件。其模块化的使用方式使开发者可以很轻松地开发出功能强大的静态或动态网页。

jQuery 可以从 jQuery.com 官网免费下载。下面我们对上一例子中的验证代码，用 jQuery 的方式重写一遍。

图 4-9 用户登录验证页面

【例 4-5】

```
1    <title>表单数据验证</title>
2    <script language="javascript" src="jquery-1.6.4.min.js"></script>
3    <script language="javascript">
4        $(document).ready(function() {
5            $("#loginForm").submit(function(){
6                if($("#userName").val()==""){
7                    alert("用户名必须填写")
8                    $("#userName").focus();
9                    return false; }
10               if($("#userPWD").val()==""){
11                   alert("密码必须填写")
12                   $("#userPWD").focus();
13                   return false; }
14           });
15       });
16   </script>
17   </head>
18   <body>
19   <form name="loginForm" id="loginForm" method="post">
20       <label>用户名：<input type="text" name="userName" id="userName"
21   /></label> <br/>
22       <label>密码：<input type="password" name="userPWD" id="userPWD"
23   /></label> <br/>
24       <input type="submit" value="登录" />
25   </form></body>
```

代码运行之后，其效果与原来的完全一致。

一般来说，要使网页具有良好的浏览体验，需要将 HTML、CSS、JavaScript 等组合使用才能达到良好的效果。下面再举一个简单的例子，在网页中有一个文本框，当鼠标移动到文本框上面时，文本框的边框会变为渐变的粉红色，当鼠标离开文本框之后，文本框则会恢复为原来的样子。

【例 4-6】

```
1   <title>表单数据验证</title>
2   <style type="text/css">
3   .over{transition:border linear .2s,box-shadow linear .5s;
4       outline:none;border-color:rgba(241,39,242,.75);
5       box-shadow:0 0 10px rgba(241,39,232,.5);
6   }
7   </style>
8   <script language="javascript" src="jquery-1.6.4.min.js"></script>
9   <script language="javascript">
10      $(document).ready(function() {
11          $(":text").hover(function(){
12              $(this).addClass("over");
13          },function(){
14              $(this).removeClass("over");
15          });
16      });
17  </script>
18  </head>
19  <body>
20  测试文板框：<input type="text" />
21  </body>
```

本例子中使用了 CSS3 中新加入的属性，需要使用 IE10 或者 FireFox 浏览器才能正常看到其效果。图 4-10 是在 FireFox 浏览器下的截图。

图 4-10　例 4-6 显示效果图

2005 年以后，互联网进入 Web 2.0 时代，各种类似桌面软件的 Web 应用大量涌现，网站的前端由此发生了翻天覆地的变化。网页不再只是承载单一的文字和图片，各种丰富媒体让网页的内容更加生动，网页上软件化的交互形式为用户提供了更好的使用体验，这些都是基于前端技术实现的。Web 前端开发技术包括三个要素：HTML、CSS 和 JavaScript。

4.1.2　动态网页开发技术

（1）什么是动态网页

动态网页是与静态网页相对应的，动态网页 URL 的后缀不是.htm、.html、.xml 等静态网页的常见形式，而是以.asp、.jsp、.php、.aspx 等形式为后缀。

这里说的动态网页，与网页上的各种动画、滚动字幕等视觉上的"动态效果"没有直接关系，动态网页也可以是纯文字内容的，也可以是包含各种动画的内容，这些只是网页具体内容的表现形式，无论网页是否具有动态效果，采用动态网站技术生成的网页都称为动态网页。

从网站浏览者的角度来看，无论是动态网页还是静态网页，都可以展示基本的文字和图片信息，但从网站开发、管理、维护的角度来看就有很大的差别。动态网页的一般特点简要归纳如下：

① 动态网页以数据库技术为基础，可以大大降低网站维护的工作量；

② 采用动态网页技术的网站可以实现更多的功能，如用户注册、用户登录、在线调查、用户管理、订单管理等；

③ 动态网页实际上并不是独立存在于服务器上的网页文件，只有当用户请求时服务器才返回一个完整的网页。

（2）常用的动态网页技术

早期的动态网页主要采用 CGI 技术，CGI 即 Common Gateway Interface(公用网关接口)。可以使用不同的程序编写适合的 CGI 程序，如 Visual Basic、Delphi 或 C/C++等。虽然 CGI 技术已经发展成熟而且功能强大，但由于编程困难、效率低下、修改复杂，所以有逐渐被新技术取代的趋势。

下面介绍几种目前应用较多的动态网站开发技术。

① ASP　即 Active Server Pages，它是微软开发的一种类似 HTML（超文本标识语言）、Script（脚本）与 CGI（公用网关接口）的结合体，它没有提供自己专门的编程语言，而是允许用户使用许多已有的脚本语言编写 ASP 的应用程序。ASP 的程序编制比 HTML 更方便且更灵活。它是在 Web 服务器端运行，运行后再将运行结果以 HTML 格式传送至客户端的浏览器。因此 ASP 与一般的脚本语言相比，要安全得多。

ASP 的最大好处是可以包含 HTML 标签，也可以直接存取数据库及使用无限扩充的 ActiveX 控件，因此在程序编制上要比 HTML 方便而且更富有灵活性。通过使用 ASP 的组件和对象技术，用户可以直接使用 ActiveX 控件，调用对象方法和属性，以简单的方式实现强大的交互功能。

但 ASP 技术也非完美无缺，由于它局限于微软的操作系统平台之上，主要工作环境是微软的 IIS 应用程序结构，又因 ActiveX 对象具有平台特性，所以 ASP 技术不能很轻松地实现在跨平台 Web 服务器上工作。

② ASP.NET　微软继 ASP 后又推出 ASP.NET。但它不是 ASP 的简单升级，而是全新一代的动态网页实现系统。

ASP.NET 的语法在很大程度上与 ASP 兼容，同时它还提供一种新的编程模型和结构，可生成伸缩性和稳定性更好的应用程序，并提供更好的安全保护。可以通过在现有 ASP 应用程序中逐渐添加 ASP.NET 功能，随时增强 ASP 应用程序的功能。 ASP.NET 是一个已编译的、基于 .NET 的环境，把基于通用语言的程序在服务器上运行。将程序在服务器端首次运行时进行编译，比 ASP 即时解释程序速度上要快很多，而且可以用任何与 .NET 兼容的语言（包括 Visual Basic .NET、C# 和 JScript .NET.）创作应用程序。

③ PHP 即 Hypertext Preprocessor（超文本预处理器），它是当今 Internet 上最为火热的脚本语言，其语法借鉴了 C、Java、PERL 等语言，但只需要很少的编程知识就能使用 PHP 建立一个真正交互的 Web 站点。

它与 HTML 语言具有非常好的兼容性，使用者可以直接在脚本代码中加入 HTML 标签，或者在 HTML 标签中加入脚本代码从而更好地实现页面控制。PHP 提供了标准的数据库接口，数据库连接方便，兼容性强；扩展性强；可以进行面向对象编程。

④ JSP 即 Java Server Pages，它是由 Sun Microsystem 公司于 1999 年 6 月推出的新技术，是基于 Java Servlet 以及整个 Java 体系的 Web 开发技术。

JSP 和 ASP 在技术方面有许多相似之处，不过两者来源于不同的技术规范组织， ASP 一般只应用于 Windows 平台，而 JSP 则可以在 85%以上的服务器上运行，而且基于 JSP 技术的应用程序比基于 ASP 的应用程序易于维护和管理，所以被许多人认为是未来最有发展前途的动态网站技术。

（3）Web 服务器

Web 服务器也称为 WWW(World Wide Web)服务器，主要功能是提供网上信息浏览服务。可以简单理解其为是驻留于因特网上某种类型计算机的程序。根据所使用的动态网页技术的不同，目前主流 Web 服务器有以下几种。

① IIS IIS 全称 Internet Information Services（互联网信息服务），是由微软公司提供的基于运行 Microsoft Windows 的互联网基本服务。其中包括 Web 服务器、FTP 服务器、NNTP 服务器和 SMTP 服务器，分别用于网页浏览、文件传输、新闻服务和邮件发送等方面，它使得在网络（包括互联网和局域网）上发布信息成了一件很容易的事。

IIS 一般用来开发 ASP 使用，搭配上相应版本的.NetFrameWork 的 RunTime 之后，也可以用于开发 ASP.NET。

② Apache Apache 是世界使用排名第一的 Web 服务器软件，它可以运行在几乎所有广泛使用的计算机平台上，由于其跨平台和安全性被广泛使用（可以运行在几乎所有的 Unix、Windows、Linux 系统平台上），是最流行的 Web 服务器端软件之一。

Apache 只能是单纯支持 PHP 的开发，如果需要增加对于 ASP、JSP 的支持都需要额外的包。不过一般不建议使用 Apache 来开发 ASP，如果需要支持 JSP 则需要安装 J2SDK 和 Tomcat。

4.2 网络数据库技术

网络数据库，又称网站数据库或网页数据库。电子商务网站信息管理系统的主要任务就是利用计算机网络处理大量数据以使客户获得支持决策所需要的信息，这就必然要存储和利用大量的、各种类型的数据。因此，网络数据库设计是电子商务系统设计的主要内容之一。设计电子商务系统的数据库就是要根据数据的不同用途、使用需求、数据量、设备、技术水平等方面的条件，决定数据的组织形式、数据的结构、数据的类别、数据的载体、数据的维护和保密级别等一系列要素。

网络数据库仍然基于关系型数据库，故关系型数据库设计的原则如关系规范化、数据的一致性和完整性、索引的使用等仍然适用于网络数据库设计，但由于在网络上对数据库的访问还存在数据传输的安全、用户数量等问题，故对网络数据库进行设计时，必须充分考虑到它的性能、可靠性、安全性、经济效益和便于操作等问题。一个较好的网络数据库设计应使电子商务系统能在已有的条件下，具有处理速度快、占用存储空间少、操作处理过程简单、查找容易、系统开销和费用低等特点。

*4.2.1　关系型数据库

关系型数据库以行和列的形式存储数据，以便于用户理解。这一系列的行和列被称为表，一组表组成了数据库。关系型数据库管理系统中储存与管理数据的基本形式是二维表。

下面以一个 ACCESS 数据库为例说明（图 4-11）。

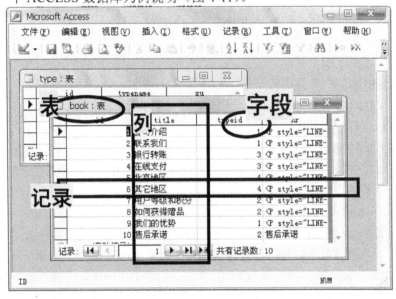

图 4-11　关系型数据库

从数据构成方面，可以将一个关系型数据库分为字符、字段、记录表和数据库等由简单到复杂的五个层次。

① 字符　字符是构成数据的最基本元素。通常是指文本字母、数字和符号。一般情况下，在计算机中，每个字符占用 1 个字节的存储空间，每个汉字占用 2 个字节的存储空间。

② 字段　字段是由若干个字符组成的。例如，id, Title, typeid,nr 等。字段是数据库中最基本的数据单位。

③ 记录。记录是字段的集合，每条记录都是由若干相关字段组成。例如，图 4-11 中，一行包含的几个字段的字段信息称为一条记录。

④ 表　表是由若干记录组成。例如，图 4-11 中表（book）就是由多条不同的记录组成。

⑤ 数据库　数据库由表组成。它可以包含一个或多个表及一些相关的文件。

要比较好地去管理一个数据库，当然要使用一个比较好的数据库系统。当前网络上使用比较广泛的关系型数据库系统有：Oracle(甲骨文)公司的 Oracle、IBM 公司的 DB2，Sybase 公司的 Sybase、Microsoft(微软)的 SQL Server 和 My SQL AB 公司开发的 My SQL。这些产品各以自己特有的功能在数据库市场上占有一席之地。以下对这些产品的特点做一个简要的介绍。

a．Oracle。Oracle 是一个最早商品化的关系型数据库管理系统，也是目前为止在大中型企业中应用最为广泛的数据库系统。作为一个通用的数据库管理系统，Oracle 不仅具有完整的数据管理功能，还支持分布式的数据库应用，特别是对基于 Internet 的应用具有很好的支持。同时，作为一个应用开发环境，Oracle 提供一套界面友好、功能齐全的数据库开发工具。Oracle 使用专门的 PL/SQL 语言执行各种操作，具有可开放性、可移植性、可伸缩性等功能。目前主要使用的 Oracle 数据库包括 Oracle 8i、Oracle9i、Oracle10G 等。

b．Microsoft SQL Server。Microsoft SQL Server 是一种典型的关系型数据库管理系统，可以在许多操作系统上运行，它使用 Transact-SQL 语言完成数据操作，具有非常方便友好的管理工具和丰富的开发接口。由于 Microsoft SQL Server 是开放式系统，其他系统可以与它进行良好的交互操作。目前最新版为 Microsoft SQL Server 2012，它不仅继承了 SQL Server 2008 的高可靠性、可伸缩性、可用性、可管理性等特点，同时为用户提供了完整的商业智能解决方案。

c．DB2。DB2 是 IBM 公司的产品，它具有很好的并行性，适于海量数据管理。DB2 数据库的核心是 DB2 UDB（Universal Database，公共服务器），该服务器采用多进程、多线索体系结构，可以运行于多种操作系统之上，并分别根据不同的平台环境做了调整和优化，以便能够达到较好的性能。另外，DB2 通用数据库从核心支持 Internet，可以方便地从任何一个浏览器访问多媒体数据库应用。同时，它支持 Java 操作，可以实现高性能的 Web 连接，是电子商务系统理想的数据库平台。

d．Sybase。Sybase 是美国 Sybase 公司研制的一种关系型数据库系统，是一种典型的 Unix 或 Windows NT 平台上客户机/服务器环境下的大型数据库系统。和其他关系数据库相比，Sybase 数据库不只是简单地对使用其他语言编写的数据库应用进行预编译，而是公开了应用程序接口 DB-LIB，鼓励第三方编写 DB-LIB 接口。由于 DB-LIB 允许在不同程序接口使用完全相同的方法调用，因而使得访问 DB-LIB 的应用程序很容易从一个平台向另一个平台移植。

e．MySQL。MySQL 是一个精巧的 SQL 数据库管理系统，而且是开源的数据管理系统。由于它的强大功能、灵活性、丰富的应用编程接口（API）以及精巧的系统结构，受到了广大自由软件爱好者甚至是商业软件用户的青睐，特别是与 Apache 和 PHP/PERL 结合，为建立基于数据库的动态网站提供了强大动力。

f．Microsoft Access。作为 Microsoft Office 组件之一的 Microsoft Access 是在 Windows 环境下非常流行的桌面型数据库管理系统。使用 Microsoft Access 无需编写任何代码，只需通过简单的可视化操作就可以完成大部分数据管理任务并进行简单的数据库应用开发。在 Microsoft Access 数据库中，包括了存储信息的表、显示人机交互界面的窗体、有效检索数据的查询、承载输出信息的报表、提高应用效率的宏以及强大的模块化工具等多种基本元素。它不仅可以通过 ODBC 与其他数据库相连，实现数据交换和共享，还可以与 Word、Excel 等办公软件进行方便的数据库交换，并且通过对象链接与嵌入技术可以在数据库中嵌入和链接声音、图像等多媒体数据。

*4.2.2 SQL 语言

（1）SQL 语言的基本概念

SQL 全称是"结构化查询语言（Structured Query Language）"，是 IBM 在 20 世纪 20 年代开发的关系型数据库原型 System R 的一部分。现在 SQL 语言已经成为关系型数据库通用的查询语言，几乎所有的关系型数据库系统都支持它。SQL 语言主要包括数据库定义、数据操纵、数据控制和数据查询等功能。

SQL 语言本身非常简洁、清晰，完成数据查询、数据定义、数据操纵、数据控制的核心功能只使用了 9 个动词，如表 4-2 所示。

表 4-2 SQL 语言的动词

SQL 功能	动　词	SQL 功能	动　词
数据查询	SELECT	数据操纵	INSERT，UPDATE，DELETE
数据定义	CREATE，DROP，ALTER	数据控制	GRANT，REVOKE

（2）数据定义

SQL 语言的数据定义命令有语言定义表(CREATE TABLE)、定义视图（CREATE VIEW）和定义索引(CREATE INDEX)等。

① 定义基本表　使用 SQL 语言定义基本表的语句格式是：

CREATE TABLE <表名>

(<列名> <数据类型> [列级完整性约束条件]

[,<列名> <数据类型> [列级完整性约束条件]]…

[, <表级完整性约束条件>]);

需要注意的是，在实际操作中，建表的同时还会定义与该表有关的完整性约束条件，如果完整性约束条件涉及该表的多个属性列，则必须定义在表级上，否则既可以定义在列级，也可以定义在表级。

【例 4-7】 建立一个"学生信息"表 Studentinfo，它由学号 Snumber、姓名 Sname、性别 Ssex、生日 Sbirthday、所在院系 Sdepartment 五个属性组成。其中学号不能为空，值是唯一的，并且姓名取值也是唯一的。

CREATE TABLE Studentinfo

(Snumber char(8) not null,

Sname char(8) not null,

Ssex char(2) not null,

Sbirthday datatime,

Sdepartment char(12));

定义表的各个属性时需要指明其数据类型及长度。命令执行后，在数据库中建立一个空表 Studentinfo，并将有关表的定义及约束条件存放在数据字典中。

不同数据库系统支持的数据类型不完全相同，SQL Server 2000 支持的数据类型部分列举如下。

int 或 interger：整数，占用 4 个字节。

decimal 或 numeric：数字数据类型，格式 decimal（数据长度，小数位数）。

float 和 real：浮点数，float 更灵活一些。

datetime：代表日期和一天内的时间的日期和时间数据类型。例如 2008-9-4 20：09：59.993。

char：固定长度字符数据类型，格式为 char[(n)]，n 必须是一个介于 1 和 8000 之间的数值，当使用字符型数据时需要用"或"括起来。

② 修改基本表 使用 SQL 语言修改基本表的语句格式是：

ALTER TABLE <表名>

[ADD <新列名>、<数据类型> [完整性约束]]

[DROP <完整性约束名>]

[MODIFY <列名> <数据类型>];

<表名>：指要修改的基本表。

ADD：增加新列和新的完整性约束条件。

DROP：删除指定的完整性约束条件。

MODIFY：用于修改原有列的定义。

【例 4-8】 向 Studentinfo 表增加"联系电话"列，其数据类型为字符型。

ALTER TABLE Studentinfo

ADD Stel char(16);

注意新增加的列，其值为空值。

【例 4-9】 下面命令在 Studentinfo 表中添加"成绩"列之后，再删除 Sscore 列。

ALTER TABLE Studentinfo

ADD 成绩 decimal(3,0);

ALTER TABLE Studentinfo

DROP COLUMN Sscore;

【例 4-10】 将联系电话的数据类型改为整型。

ALTER TABLE Studentinfo

MODIFY Stel int;

【例 4-11】 删除学生姓名必须取唯一值的约束。

ALTER TABLE Studentinfo

DROP UNIQUE(Sname);

③ 删除基本表 使用 SQL 语言删除基本表的语句格式是：

DROP TABLE <表名>

【例 4-12】 删除 Studentinfo 表。

DROP TABLE Studentinfo

在大部分系统中，基本表的定义一旦被删除，表中的数据、在此表上建立的索引和视图自动被删除。有些系统，如 Oracle，删除基本表后建立在此表上的视图仍将保留在数据字典中，但不能被引用。

④ 建立索引 索引是对数据库表中一个或多个列的值进行排序的结构。可以利用索引快速访问数据库中的信息。

使用 SQL 语言建立索引的语句格式是：

CREATE [unique] [cluster] index <索引名>

ON <表名> (<列名> [<次序>] [,<列名> [<次序>]]…);

<表名>：将要建立索引的基本表的名字。索引可以建立在该表的一列或多列上，各列名之间用逗号分隔。

次序：指定索引值的排列次序，可选 ASC（升序）或 DESC（降序），缺省值为 ASC。

unique：表明此索引的每一个索引值只对应唯一的数据库记录。

cluster：表示要建立的索引是聚簇索引。所谓聚簇索引，是指索引项的顺序与表中记录的物理顺序一致的索引组织。在一个基本表上只能建立一个聚簇索引。

【例 4-13】 在学生基本情况表 Sundentinfo 之上建立一个关于学生表的聚簇索引。索引文件名为 StuSname，索引建立在学号之上，按学号降序排序。

CREATE CLUSTER INDEX StuSname ON Studentinfo (Snumber desc)

使用索引时，下面这些问题需要注意。

a. 改变表中的数据（如增加或删除记录时），索引将自动更新。

b. 索引建立后，在查询使用该列时，系统将自动使用索引进行查询。

c. 可以为表建立任意多个索引，但索引越多，数据更新速度越慢，所以可以为用来查询的表多建立索引，而对经常进行数据更新的表，应该少为它建立索引，以提高速度。

⑤ 删除索引 建立索引是为了提高查询速度，但随着索引的增多，数据更新时，系统会花费很多时间来维护索引，因此，可以及时删除不必要的索引。

使用 SQL 语言删除索引的语句格式是：

DROP INDEX <索引名>

注意：该命令不能删除由 CREATE TABLE 或 ALTER TABLE 命令创建的主键和唯一性约束索引，也不能删除系统表中的索引。

【例 4-14】 删除例 4-13 创建的 Studentinfo 表的 StuSname 索引。

DROP INDEX StuSname

⑥ 建立视图 建立视图的格式如下：

CREATE VIEW 视图名 [(字段名,[,字段名…])]

　　　 AS 查询语句

　　 [WITH CHECK OPTION];

该语句执行的结果就是把视图的定义存入数据字典中，定义该视图的查询并不执行。选项 WITH CHECK OPTION 表示对视图进行更新（UPDATE）和插入（INSERT）操作是要保证更新或插入的行满足视图定义中的谓词条件。另外，在上述格式的查询语句中，不能有UNION 和 ORDER BY 字句。

⑦ 删除视图 删除视图的格式如下：

DROP VIEW 视图名;

该语句的执行结果就是从数据字典中删除某个视图的定义，由此视图导出的其他视图通常不能被自动删除，但是已经不能使用了。若导出此视图的基表被删除了，则此视图也将被自动删除。

（3）数据库查询

数据库查询是数据库的核心操作。SQL 提供了功能强大的 SELECT 语句，通过查询可以得到所需要的信息。

① SELECT 语句的格式

　　 SELECT [ALL | DISTINCT] <目标列表达式> [,<目标列表达式>]…

FROM <表名或视图名> [,表名或视图名]…

　　　　[WHERE <条件表达式>]

　　　　[GROUP BY <列名 1> [HAVING <条件表达式>]]

　[ORDER BY <列名 2> [ASC | DESC]];

命名定义：从 FROM 子句指定基本表或视图中，根据 WHERE 子句的条件表达式查找出满足该条件的记录，按照 SELECT 子句指定的目标列表表达式，选出记录中的属性值，形成结果表。如果有 GROUP BY 子句，则将结果按"列名 1"的值进行分组，该属性列值相等的记录为一个组；如果 GROUP BY 子句带有短语 HAVING，则只有满足短语指定条件的分组才会输出。如果有 ORDER BY 子句，则结果表要按照<列名 2>的值进行升序或降序排列。

SELECT [ALL | DISTINCT] <目标列表达式>，实现的是对表的投影操作，WHERE <条件表达式>中实现的是选择操作。

目标列表达式有以下几种。

a．列表达式可以是"列名 1，列名 2…"的形式；如果 FROM 子句指定了多个表，则列名应是"表名.列名"的形式。

b．列表达式可以使用 SQL 提供的库函数形成表达式，常用的函数如下。

COUNT(*)：统计记录条数。

COUNT(列名)：统计某一列值的个数。

SUM(列名)：计算某一数值型列的值的总和。

AVG(列名)：计算某一数值型列的值的平均值。

MAX(列名)：计算某一数值型列的值的最大值。

MIN(列名)：计算某一数值型列的值的最小值。

注意新增加的列，其值为空值。

c．DISTINCT 参数：表示在结果集中，查询出的内容相同的记录只留下一条。

SELECT 语言既可以完成简单的单表查询，也可以完成复杂的连接查询和嵌套查询。

② 实例说明　下面用一些实例来分别讲述 SQL 语言检索功能中的简单查询、连接查询和嵌套查询。以 test 数据库中的三张表即表 4-3～表 4-5 为基础举例说明。

表 4-3　学生表（Student）

ID_Card	Sname	Sage	Ssex	School_number
11010519800506001	刘志刚	28	男	A_15
11010719830304002	蒋辉	25	女	A_01
11012019841008004	许静	24	女	B_19
12109619870706001	王军	21	男	C_82
13070519810215002	程红	27	女	B_57
32605619860318004	王吉	22	女	C_82
40507819861124003	李贵	22	男	B_19

表 4-4　选修课程表（Course）

Course_number	Course_name	Course_number	Course_name
C_04	西藏文化	C_25	红楼梦赏析
C_11	硬笔字书法	C_28	演讲与口才
C_16	影视鉴赏	C_30	茶文化

表 4-5　学生选修表（Elective）

ID_Card	Course_number	Mark
11010519800506001	C_11	77
11010719830304002	C_25	80
11012019841008004	C_25	95
13070519810215002	C_28	56
32605619860318004	C_04	68
11010519800506001	C_30	88

a. 简单查询

【例 4-15】　查询全体学生的详细信息。

SELECT * FROM STUDENT;

【例 4-16】　查询所属学校代号是 B_19 的学生的姓名和年龄。

SELECT Sname,Sage

FROM Student

WHERE School_number='B_19';

结果列出"许静"和"李贵"的姓名和年龄。

【例 4-17】查询所有参加选修的学生的身份证号。

SELECT DISTINCT ID_Card

FROM Elective;

结果列出所有参加选修的学生的身份证号。

本例中，由于一个学生可能参加多门选修课程，因此在学生选修表 （Elective）中可能有多条身份证号的值相同的记录，在进行选择查询时，只想知道有哪些学生已经参加选修，而不关心他的选修课程次数,所以在查询语句中采用 DISTINCT 来去掉结果集中重复的记录。

【例 4-18】　查询所属学校代号是 B_57 的学生中年龄大于 24 的学生的姓名、年龄和性别。

SELECT Sname,Sage,Ssex

FROM Student

WHERE School_number='B_57' AND Sage>24;

结果为"程红"的有关信息。

【例 4-19】　查询所属学校代号为 B_19 的学生姓名、年龄和性别，并按年龄降序排序。

SELECT Sname,Sage,Ssex

FROM Student

WHERE School_number='B_19'

ORDER BY Sage DESC;

【例 4-20】　查询选修课程"影视鉴赏"的课程号。

SELECT Course_number

FROM Course

WHERE='影视鉴赏'

【例 4-21】　查询选修成绩在 60～89 之间的学生身份证号、课程编号和成绩，并按成绩升序排序。

SELECT ID_Card,Course_number,Mark

FROM Elective

WHERE Mark BETWEEN 60 AND 89

ORDER BY Mark

【例 4-22】 查询学校代号是 B_57、A_01 和 C_82 的所有学生身份证号、姓名和所属学校代号，并按学校代号升序排序。

SELECT ID_Card,Sname,School_number

FROM student

WHERE School_number IN('B_57', 'A_01', 'C_82')

ORDER BY School_number;

IN 等价于用多个 OR 连接去来的复合条件。如果想查询所属学校代号不是 B_57、A_01 和 C_82 的所有学生身份证号、姓名和所属学校代号，并按学校代号升序排序则只需在 IN 前加上 NOT。如下：

SELECT ID_Card,Sname,School_number

FROM student

WHERE School_number NOT IN('B_57', 'A_01', 'C_82')

ORDER BY School_number;

【例 4-23】 查询身份证号以"110"开始的学生的所有信息。

SELECT *

FROM Student

WHERE ID_Card LIKE '110%';

【例 4-24】 查询所有选修成绩中最高和最低的分数。

SELECT MIN(Mark) AS MARK of Min,MAX(Mark) AS MARK of Max

FROM Elective;

结果如表 4-6 所示：

表 4-6 例 4-24 执行结果

MARK of Min	MARK of Max
56	95

b. 连接查询 当查询涉及两个或两个以上的基表时，就称为连接查询；连接查询是关系型数据库中最主要的查询功能。

【例 4-25】 查询已参加选修的学生的全部信息及其课程编号。

SELECT S.*,E.Course_number

FROM Student   AS S,Elective AS E

WHERE S.ID_Card=E.ID_Card

在本查询中，为了简化语句的书写，用到了表的别名，如 Student AS S，S 就是 Student 的别名。如果要选择的列名在多个表中是唯一的，则其前的表名可以省略，如本例中的 E.Course_number 也可以直接写成 Course_number。WHERE 后为多表查询的连接条件，后面的例子中会看到各种形式的连接条件。

【例 4-26】 查询选修课程编号为 L_33 的学生信息。

SELECT DISTINCT S.*

FROM Student 　AS S,Elective AS E

WHERE S.ID_Card=E.ID_Card AND E.Course_number='L_33';

【例 4-27】　查询选修课程成绩为 80 的学生信息。

SELECT S.*,E.Mark

FROM Student AS S,Elective AS E

WHERE S.ID_Card=E.ID_Card AND E.Mark=80;

另外，还有一种使用 INNER JOIN-ON 语句的自然连接查询。例如本例可以写成如下形式：

SELECT S.*,E.Mark

FROM Student AS S INNER JOIN Elective AS E ON S.ID_Card=E.ID_Card

WHERE E.Mark=80;

执行结果请读者自己验证。

【例 4-28】　查询多次参加选修的学生的身份证号及其选修课程编号。

SELECT DISTINCT E1.ID_Card,E1.Course_number,E2.Course_number

FROM Elective AS E1,Elective AS E2

WHERE E1.ID_Card=E2.ID_Card AND E1.Course_number<E2.Course_number;

连接也可以是一个表自身的连接。在连接时，实际上是将一个表作为两个表来处理的。为了区分开，在查询语句中要使用表的别名。本例中，表 Elective 用 E1 和 E2 分别表示两个表，然后再根据连接条件进行连接。本例中的连接条件有如下的语句：

E1.Course_number<E2.Course_number

为什么没有写成 E1.Course_number<>E2.Course_number 的形式呢？请读者自己思考并验证之。

c. 嵌套查询。　嵌套查询也称为子查询，是指一个查询块（SELECT-FROM-WHERE）可以嵌入另一个查询块之中。SQL 语言允许多层嵌套。有时人们将子查询分为无关联子查询和关联子查询，两者的区别将在以下的例题中为大家讲解。

【例 4-29】　查询年龄大于 23 岁的学生的选修课程名称。

SELECT Course_name

FROM Course Where Course_number IN

(SELECT Course_number

FROM Elective WHERE Elective.ID_Card IN

(SELECT ID_Card

FROM Student WHERE Sage>23));

本查询是一个无关联子查询的例子，无关联子查询使用"IN"。查询中用了两次子查询，执行时先得到最内层的查询结果，逐层向外求值，最后得到要查询的值。无关联子查询的内、外层查的返回结果均为二维表。使用子查询层次清楚，容易表示，易于理解。当然本例也可以用连接查询实现。

【例 4-30】　查询多次参加选修课的学生的身份证号。

SELECT ID_Card

FROM Elective AS E1

WHERE ID_Card IN

(SELECT ID_Card FROM Elective AS E2 WHERE E1.Course_number<E2.Course_number);

【例 4-31】 查询选修课程"红楼梦赏析"的学生的身份证号。

SELECT ID_Card FROM Elective

WHERE EXISTS

(SELECT * FROM Course WHERE Course.Course_number=Elective.Course_number AND Course.name='红楼梦赏析');

结果如表 4-7 所示。

表 4-7 例 4-31 执行结果

ID_Card	ID_Card
11010719830304002	11012019841008004

本查询是一个关联子查询的例子，关联子查询使用量词"EXISTS"。在执行关联子查询的语句时，当且仅当子查询的值为空时，存在关键词的值为真。也就是说，关联子查询中的子查询返回的是布尔值，不是二维表。如果子查询的返回值为真，则在结果中保留该记录的值，否则就不保留该记录。

如果需要正好相反的结果集，则使用 NOT EXISTS。请读者自己验证。

（4）数据库更新功能

SQL 语言的数据更新功能保证了 DBA 或数据库用户可以对已经建好的数据库进行数据维护。SQL 语言的更新语句包括修改、删除和插入三类语句。下面就分别介绍这三类语句的使用。

① 修改语句 修改语句也称为更新语句，它的一般格式如下：

UPDATE 表名

SET 列名 1=表达式 1[,列名 2=表达式 2]…

[WHERE 条件表达式];

该语句的功能是修改指定表中满足条件表达式的记录，把这些记录按 SET 子句中的表达式修改相应列上的值。

【例 4-32】 把所有不及格的选修课成绩改为 60 分。

UPDATE Elective SET MARK=60

WHERE Mark<60;

② 插入语句 插入语句的一般格式如下：

INSERT INTO 表名[(列名 1[,列名 2]…)]

VALUES(常量 1[,常量 2]…);

或者

INSERT INTO 表名[(列名 1[,列名 2]…)]

嵌套查询;

第一种格式一次可以插入一个新记录，也可以插入一个记录的几列的值。第二种格式是把嵌套查询得到的结果插入表中，如果表中的某些列没有在插入语句中出现，则这些列上的值取空值 NULL。如果在定义基表时说明了某个列的值非空，则该列在插入时不能取空值。

【例 4-33】 在学生表插入一个新记录（1101501988122803，孙晓明，20，男，C_20）。

INSERT INTO Student

VALUE('1101501988122803','孙晓明',20,'男','C_20');

③ 删除语句　删除语句的一般格式如下：

DELETE FROM　表名

[WHERE　条件表达式];

该语句的功能是从指定基表中删除满足条件表达式的记录。如果没有 WHERE 语句，则删除所有记录，删除后该基表成为空表，但是该表的定义仍保存在数据字典中。

【例 4-34】　删除年龄为 25 的学生记录。

DELETE FROM Student

WHERE Sage=25;

用 SQL 语言对数据库中的数据进行更新、插入或删除时，都是对单个表进行的，如果表没有定义完整性约束，则可能导致多个表之间的数据不一致。

（5）数据控制功能

SQL 语言的数据控制功能是指控制数据库用户对数据的存储权限。实际上数据库中的数据控制包括数据的安全性、完整性、并发控制和数据恢复。在这里仅讨论数据的安全性控制功能。

某个用户对数据库中某类数据具有何种权限是由 DBA 决定的。这是个政策问题而不是技术问题。DBMS 的功能是保证这些决定的执行，因此它必须具有以下功能。

a. 把授权的决定告知系统，这是由 SQL 的 GRANT 和 REVOKE 语句完成的。

b. 把授权的结果存入数据字典。

c. 当用户提出操作请求时，根据授权情况进行检查，以决定是执行操作请求还是拒绝它。

① 授权语句　SQL 语言中授权语句的一般格式如下：

GRANT　权力 1[,权力 2,…][ON　对象类型　对象名] TO　用户 1[,用户 2,…]

[WITH GRANT OPTION];

对不同类型的操作对象可有不同的操作权限，如表 4-8 所示。

表 4-8　对象类型和操作权力表

对 象 类 型	操 作 权 限
表、视图、列（TABLE）	SELECT，INSERT，UPDATE，DELETE，ALL PRIVILEGE
基表（TABLE）	ALTER，INDEX
数据库（DATABASE）	CREATETAB
表空间（TABLESPACE）	USE
系统	CREATEDBC

对表 4-8 做以下说明。

a. 对于基表、视图及表中的列，其操作权利有查询、插入、更新、删除以及它们的总和（ALL PRIVILEGE）。

b. 对于基表还有修改和建立索引的操作权力。

c. 对于数据库有建立基表（CREATETAB）的操作权力，用户有了此权力就可以建立基表，他也因此成为表的主人，拥有对此基表的一切操作权力。

d. 对于表空间有使用（USE）数据库空间存储基表的权力。

e. 对于系统有建立新数据库（CREATEDBC）的权力。

SQL 授权语句中的 WITH GRANT OPTION 选项的作用是使获得某种权力的用户可以把权力再授予别的用户。

下面通过例子来理解 SQL 语言的数据控制功能。

【例 4-35】 把修改学生表中身份证号和查询学生表的权力授予用户 1（USER1）。

GRANT UPDATE(ID_Card),SELECT ON TABLE Student TO USER1;

【例 4-36】 把对表 Student，Course，Elective 的查询、修改、插入和删除等全部权力授予用户 1 和用户 2。

GRANT ALL PRIVILIGES ON TABLE Student, Course, Elective TO USER1,USER2;

【例 4-37】 把对表 Course 的查询权力授予所有用户。

GRANT SELECT ON TABLE CourseTO PUBLIC;

【例 4-38】 把在数据库 TEST 中建立表的权力授予用户 2。

GRANT CREATETAB ON DATABASE TEST TO USER2;

【例 4-39】 把对表 Elective 的查询权力授予用户 3，并给用户 3 再授予的权力。

GRANT SELECT ON TABLE Elective TO USER3

WITH GRANT OPTION;

【例 4-40】 用户 3 把查询 Elective 表的权力授予用户 4。

GRANT SELECT ON TABLE Elective TO USER4;

② 回收语句　已经授予用户的权力可用 REVOKE 语句收回，格式如下：

REVOKE 权力 1[,权力 2,…][ON 对象类型 对象名]

FROM 用户 1[,用户 2,…];

【例 4-41】 把用户 1 修改学生身份证号的权力收回。

REVOKE UPDATE(ID_Card) ON TABLE Student FROM USER1;

【例 4-42】 把用户 3 查询 Elective 表的权力收回。

REVOKE SELECT ON TABLE Elective FROM USER3;

由于在例 4-39 中授予了用户 3 再授予其他用户的权力，而且用户 3 在例 4-40 中将对 Elective 表的查询权力又授予了用户 4，因此，当在例 4-42 中把用户 3 的查询权力收回时，系统将自动地收回用户 4 对 Elective 表的查询权力。注意，系统只收回由用户 3 授予用户 4 的权力，而用户 4 仍然具有从其他用户那里获得的权力。

SQL 的授权机制十分灵活，用户对自己建立的基表和视图拥有全部的操作权力，还可以用 GRANT 语句把某些权力授予其他用户，包括"再授权"的权力。拥有"再授权"的用户还可以把获得的权力再授予其他用户。如果用户不想再让其他用户使用某些权力，还可以用 REVOKE 语句收回。

【实战案例】

通过前面的学习总体上了解了电子商务网站的常用开发技术和工具。实际上，在企业电子商务网站的建设过程中，建站者会根据企业本身的特点选用相应的开发技术和工具。像上面所讲述的，没必要一定着眼于最新的技术，只要够用即可。

下面以建立一个简单的网上专卖店为例，设计、建立其后台数据库。

一、需求分析

参考网络上的一般网络商店，可以知道其都包含有商品系统、用户系统、订单系统等功能，从而可以提取出商品、用户、订单三个实体。而实际上商品都是在数据库里分门别类地存储；除了普通会员用户外，整个网络商店系统也需要相应管理员用户在后台进行管理；那么，可以得出数据库表中所需要的几个表：

● 商品分类；

● 商品；

● 用户；

● 管理员；

● 订单。

二、概要设计

根据上面的需求分析，结合实际，进一步为准备建立的各个表设计主要的字段名。这里需要注意的是订单与商品之间的关系：一份订单可以包括几样商品，而一样商品也可以出现在几份订单内，所以需要建立一个订单商品的详情信息表。

① 商品分类：分类编号、分类名称，排序权重。

② 商品：商品编号、商品名称、计量单位、单价、详细介绍、图片地址。

③ 用户：用户名、用户密码、账号金额、消费积分、用户地址、邮编、电话。

④ 管理员：用户名、用户密码。

⑤ 订单：订单编号、用户名、订单时间、订单状态、运送费用。

⑥ 订单详情：订单编号、商品编号、商品数量。

商品分类表里的排序权重用来方便调节分类项在排序中的位置，以数字表示。比如说数字越大排序就越靠前。事实证明，排在前边的商品分类通常会比排在后边的商品更畅销，这样就可以根据企业的实际情况及时调整营销策略和重点销售商品。

三、详细设计

根据概要设计，以 ACCESS 为工具建立数据库表（表 4-9）。

表 4-9 网络专卖店数据库表

表 名	字 段 名	字段类型	说 明
GoodsSort	Sort_ID	自动编号	主键，分类编号
	Sort_Name	文本	分类名称
	Sort_Order	数字	分类排序顺序号
Goods	Goods_ID	自动编号	商品编号
	Goods_Name	文本	商品名称
	Goods_Unit	文本	商品单位
	Goods_Price	货币	商品单价
	Goods_Detail	备注	商品详细说明
	Good_Picture	文本	商品图片路径
	Sort_ID	数字	商品所属分类编号
Users	User_Name	文本	用户登录名
	User_Password	文本	用户登录密码
	User_Fund	货币	用户账号余额
	User_Points	数字	用户账号积分
	User_Address	文本	用户地址

续表

表　名	字　段　名	字段类型	说　明
Users	User_Zip	数字	用户邮编
	User_Telephone	文本	用户电话
	User_RealName	文本	用户真实姓名
	User_Sex	文本	用户性别
	User_IDCard	文本	用户身份证号
Admin	Admin_Name	文本	管理员登录名
	Admin_Password	文本	管理员登录密码
OrderForm	Order_ID	自动编号	订单编号
	User_Name	文本	下订单用户名
	Order_Time	日期/时间	下订单时间
	Order_State	文本	订单处理状态
	Order_Freight	货币	订单运送费用
	Order_Money	货币	总金额
	Order_DeliveryNo	文本	快递单号
	Order_DeliveryCompany	文本	快递公司
OrderDetail	Order_ID	数字	订单编号
	Goods_ID	数字	商品编号
	Goods_Amount	数字	商品数量

四、检查修改

数据库建立后，我们还需要不断地去检查修改，参考各方意见，结合实际，做到尽善尽美后才能正式投入使用，编写代码。譬如这个例子中，还可以根据实际情况思考以下问题：

商品分类中需不需要添加一个简短介绍分类的字段？

商品价格中有没有必要添加一个会员特价？

用户表中需不需要添加一个字段区别普通会员和 VIP 会员？

订单表中有没有必要增加一个订单总额（不增加也可以通过计算订单详细表中的各样商品总数与价格得出）？

订单表中有没有必要增加收货地址和联系电话等字段？也可能有些用户不一定总是希望在同一地点收货？

管理员中需不需要区分超级管理员和普通管理员？

总之，设计一个好的数据库是建立网络商店前期中一个很重要的部分。数据库建立的不合理或不够完善，接下来的代码编写将会非常的困难。而如果要修改一个数据库，将可能导致已经编写好的程序代码全部要重新编写的严重后果。所以，在数据库设计建立实现阶段，需要进行全方位的考虑，多方面地听取参考意见，反复修改，最后定型下来后才能进行下一步程序代码的编写工作。

本章小结

本章主要介绍了建设电子商务网站客户端和服务器端的常用技术 HTML、CSS、PHP 等动态网页技术，介绍了网络数据库的基础知识，以及一些相应工具。

重点介绍了 SQL 语句对关系型数据库的各种操作，并使用了大量的例子辅助理解。

通常企业在电子商务网站建设中，都会根据自身的实际情况和功能需求等方面，有选择地使用相应的开发技术和辅助工具。通过本章的学习，可以对电子商务网站当前流行的技术有一个比较全面的了解，为后面进一步做好电子商务网站技术的选择、工具的选用以及代码的编写等打下基础。

习题

1. 在自己的计算机上建立 ASP 运行环境，并加以测试，确定它可以正常运行。若运行不成功，找出原因，并加以解决。

2. 实现本章简单的 ASP 例子。

3. 利用 ACCESS 建立一数据库 bookstore，创建客户信息表 customers，其结果如表 4-10 所示。

表 4-10　customers 数据表

字 段 名 称	类　　型	长　　度	允 许 空	说　　　明
id	自动编号	4	否	客户编号，主键
name	文本	10	否	用户名
realname	文本	8	否	用户真实姓名
password	文本	6	否	密码
province	文本	8	否	省份
address	文本	32	是	联系地址
zip	文本	13	是	邮政编码
phone	文本	20	是	联系电话
email	文本	32	是	E-mail
incept_address	文本	32	是	收货人地址
incept_name	文本	8	是	收货人姓名

① 查询客户信息表 customers 中省份为"北京"的用户信息，显示所有字段。

② 查询客户信息表 customers 中所有用户名和密码，要求列名用中文显示。

③ 统计一下每个省份的客户总数。

④ 在客户信息表 customers 中插入一条新记录，对应各字段的值分别为：

用户名：wl

用户姓名：网络

密码：987654

省份：上海市

第5章　电子商务网站的设计与开发

学习目标
- 熟悉电子商务网站的设计流程
- 懂得电子商务网站信息结构设计
- 会使用相关工具软件进行网页可视化设计

【引入】电子商务网站的内容设计是网站开发的重点，它直接影响到电子商务网站的运转。电子商务网站的内容设计除了直接与网页的版面和多媒体设计有关之外，还与网站的开发技术有关。尤其是目前电子商务网站中的内容资源不只是一些静态的网页，更多是以交互方式出现的动态网页，这些信息资源是保证电子商务网站正常运行的前提，也是吸引用户之所在。

5.1　电子商务网站内容设计的流程

要将企业网站作为在 Internet 上展示企业形象、企业文化，进行电子商务活动的信息空间，除了要进行网站的总体规划、确定网站的目标和定位等，还要进行电子商务网站的内容设计与制作，这是网站开发的重点。

5.1.1　网站内容设计的流程

一般来说，在电子商务网站的内容设计过程中，企业应首先成立电子商务开发项目小组，然后由小组内的设计人员和开发人员共同确定网站的基本要求和主要功能。而且不同企业的电子商务网站是不同的。比如说卖衣服的网站和卖化工原料的网站做起来就不可能一样。因此，采用快速原型法更适合电子商务网站的内容设计，它使得网站开发的效率更高，对开发人员和用户的素质要求也较高。

通常，电子商务网站的内容设计流程都必须经过如下步骤：首先在网站总体规划阶段所确定的信息需求和站点目的的基础上，收集与网站内容主题相关的关键信息，再利用一个逻辑结构有序地将这些信息组织起来，确定其信息结构，并开发出一个网站内容设计的原型，选择代表用户进行测试，然后逐步完善这个原型，最终形成正式的企业网站的内容模块。具体流程如图 5-1 所示。

（1）收集关于该网站的一些关键信息

建立一个行之有效的电子商务网站决不能马马虎虎、草率行事。文字、图片等资料应由公司内部专人负责整理，最好是熟悉市场营销并有一定文字组织能力的人，他们能够站在企业、市场和消费者等多个角度考虑文字的组织方式。为了避免遗漏某些信息，可以根据以下几个方向来收集网站的内容样本。

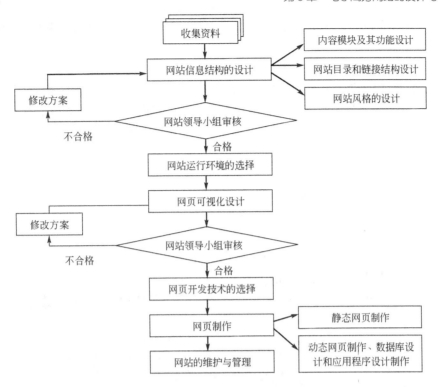

图 5-1 电子商务网站的内容设计流程

① 根据载体类型收集内容样本 如文本文档、软件应用程序、音频和视频文件、归档的电子邮件等；此外，还可考虑一些离线资源，如书籍、人、设备和组织，他们在网站中都有相应的信息反映。

② 根据文档类型收集内容样本 一般有产品目录、市场开发小册子、新闻稿、新闻文章、年度报告、技术报告、白皮书、在线统计、演示文件、电子表格等。

③ 根据内容来源收集内容样本 一般包括不同部门在网站上发布的资料，如工程、市场、顾客、财务、人力资源、销售、研究开发等部门的资料。

④ 根据内容主题收集内容样本 即反映本网站的主题分类体系，通常要寻找一个适合于组织业务性质的公共分类表、主题词或自定义主题分类体系，由此来对网站资料进行分类或主题表达。

（2）网站信息结构的设计

设计人员根据收集到的信息和总体规划阶段对网站提出的主要需求与功能，运用一定的网站信息构建（IA）理论进行网站信息内容结构的构思，确定网站应具有的基本功能、人机界面的基本形式、网站的链接结构和总体风格等。在此阶段中，可以使用自顶向下或自底向上的方法，通过精确的组织方案（按时间、字母等顺序）和非精确的组织方案（主题式、面向任务的、特殊用户的）来进行信息的组织，确定网站的内容系统、表示系统及它们之间的关系。通常设计人员要把整个网站结构的构思用顶层设计图和详细设计图形式提交给企业电子商务网站的领导小组，经审核通过后才能进行下一步的工作，否则必须反复修改直到网站领导小组同意。

（3）网站运行环境的选择

根据网站信息结构的设计，结合企业的实力进行电子商务网站运行平台的选择，包括网络操作系统、Web 服务器、数据库系统的选择，其具体选择标准和原则可参见本书的第 3 章内容。

（4）网页可视化设计

设计人员根据以上步骤获得的信息，通过草图的方式，以尽可能快的速度和尽可能完备的开发工具来建造一个仿真模型。该模型应包括主页和其他网页的版面设计、色彩的设计、HTML 布局和导航、相关图像的制作与优化，然后将该模型提交给企业电子商务网站领导小组，经审核通过后才能进行网页的制作，否则必须反复修改直到网站领导小组同意该仿真模型。以阿里妈妈网站为例（图 5-2），从几个方面介绍网页的可视化设计原则。

① 体现网站信息结构的页面内容是每页的焦点，需要放在第一位。因此，制作网页时应该尽量缩减与页面内容相关的其他信息空间，例如全局导航和局部导航的空间等。公司的商标应出现在每个页面上。

图 5-2　阿里妈妈首页可视化设计

② Web 浏览器的大小是有限的，因此网站的布局首先要求简洁、清晰，即能以最少的屏幕元素表达最多的信息。制作网页时，为了达到美观的效果，设计者往往采用许多颜色、字形、文字、图像等，但实际上，同一页面中出现太多的屏幕元素会给人造成杂乱无章的印象。

一般来说，网站制作应该只有一个重点屏幕元素作为页面主体，这一重点屏幕元素可以是文字块或图像等，具体应以 Web 页面的内容而定。为了突出 Web 页面的主体，次要的屏幕元素不能太多，也不应该比页面主体醒目，这样才能增强页面的表现力，当用户的目光落在页面上的时候，可以清楚地判断哪些内容是最重要的，哪些内容是不太重要的。

③ 在绘画与摄影中常常采用将画面横竖三等分的方式得到四个三等分叉点，这四个点基本上符合美学中的"黄金分割"定律，因此制作网页时，也应尽量放置在这四个点附近。一般来说，不应该将页面主体放置在页面的中央，因为这是一种十分呆板的页面布局方式。

④ 依据人机交互界面设计的认知学原则，同站点上的每个网页设计应该拥有风格大体一致的页面布局，这样可以有效地减轻用户的认知负担，使用户在访问站点时感到十分方便。

⑤ 在设计网页布局时，还需要注意保持页面的平衡。所谓页面平衡，是以页面中心为支点，页面的上、下、左、右在分量上应给人以匀称的感觉，不会使人感觉到页面的某些地方特别拥挤，而有的地方又特别空旷。

另外，为了保持统一的页面风格，还应该在同一站点上使用统一的图标，设计人员一般需要设计好一套标准的页面模板。所谓页面模板实际上是一种具有特定页面布局风格与样式的文档样板。

（5）网页制作

将确定好的仿真模型利用各种网页开发技术（HTML、CSS、JavaScript、Flash、PHP、CGI 等），使模型中的各种类型的内容有机地整合在一起。通常情况下，在网页制作过程，需利用一定的 Web 数据库技术进行信息和数据的动态发布和提供。

（6）网站的维护与管理

网站建好后并不是一劳永逸，建好网站后还需要企业精心的运营才会彰显成效。一般来说，企业的电子商务网站建好之后，要做以下几个方面的工作。

① 网站内容的维护和更新　网站的信息内容应该适时更新，如果现在客户访问企业的网站看到的是企业去年的新闻，或者说客户在秋天看到新春快乐的网站祝贺语，那么他们对企业的印象肯定大打折扣。因此，注意适时更新内容是相当重要的。在网站栏目设置上，也最好将一些可以定期更新的栏目如企业新闻等放在首页上，使首页的更新频率更高些。

② 网站服务与回馈工作要跟上　企业应设专人或专门的岗位从事网站的服务和回馈处理。客户向企业网站提交的各种回馈表单、购买的商品、发到企业邮箱中的电子邮件、在企业留言板上的留言等，企业如果没有及时处理和跟进，不但丧失了机会，还造成很坏的影响，以致客户不会再相信你的网站。

③ 网上推广与营销不可缺少　要让更多的人知道你的网站、了解你的企业就要在网上进行推广。网上推广的手段很多，大多数是免费的。主要的推广手段包括搜索引擎注册、加入行业网站、邮件宣传、论坛推广、新闻组、友情链接、互换广告条、B2B 站点发布信息等。除了网上的推广外，还有很多网上与网下结合的渠道。比如将网址和企业的商标一起使用，通过产品、信笺、名片、公司资料等途径可以很快地将企业的网站告知你的客户，也方便他们从网上了解企业的最新动态。具体的推广方法可以参考本书第 8 章的内容。

④ 不断完善网站系统，提供更好的服务　企业初始建设网站一般投入较小，功能也不是很强。随着业务的发展，网站的功能也应该不断完善以满足顾客的需要，此时使用集成度高的电子商务应用系统可以更好地实现网上业务的管理和开展，从而将企业的电子商务带向更高的阶段，也将取得更大的收获。

5.1.2　网站内容设计的几个原则

现在很多企业都建立了自己的网站，但由于对网站的认识还不够深入，多数企业并不知道自己的网站能做什么，更不了解网站设计需要把握的规律。这样做出来的网站可能根本达不到最初的目的，更不要说实现其电子商务功能了。一般来说，企业要在互联网上开展电子商务，就应该在网站的内容设计方面遵循一些基本原则，应注意以下三个要点：信息内容、访问速度和页面美感。

（1）新、精、专的信息内容

① 信息内容永远处于第一位　企业建立网站的目的就是要表现一定的内容，并且需要

用户根据这些内容进行电子商务活动,而用户访问网站的主要目的就是想发现自己感兴趣的信息。要提高电子商务网站的访问率,增加企业的效益,就必须先在信息内容上多下工夫。信息内容要新、精、专,要有特色,否则即使企业电子商务网站开发出来也是一个失败的系统,不能够对企业的效益有所提高。同时,网站要提供可读性的内容,如公司营销的特色、产品的特点、如何做好售后服务、如何更好地为消费者服务,这要求建站者一定要站在消费者的立场去考虑问题。总之一句话,要让客户在网站内找到他想要的信息内容。

② 内容设计要有组织　设计一个网页也许并不困难,这一工作就像在出版黑板报一样,但都需要网页设计人员谨慎处理和筹划。开发人员首先要确定企业需要表达的信息和用户想要知道的主要信息,然后仔细斟酌,把所有的想法合情合理地组织起来,然后设计一个个页面式样,试用于有代表性的用户,听取用户的反馈意见,再重复修订,务求做到尽善尽美。

③ 及时更新信息内容　网页的内容应该是动态的,或者说是与时俱进的。这里说的动态并不是指使用动态代码,而是应随时进行修改和更新,以紧紧抓住用户。特别是有关产品和技术方面的消息、动态等,应该及时展现,并且每次更新的页面内容应尽量在主页中提示给用户。当一个浏览者在一段时间后又返回到企业站点时,发现站点在内容设计或信息量方面有了新的变化,会进一步增加他们对企业站点的信任度。时常更新网站的内容,让网站一直保持新鲜感,消费者才会一再光临。

(2) 安全快速的访问

① 要有安全、良好运转的硬件环境和软件环境　要确保有 $7\times24h$ 都可以连续工作的性能良好的服务器硬件,这是至关重要的。特别是在电子商务交易过程中,一定不要发生服务器死机、病毒发作等现象,以免由于硬件的原因而造成用户网上交易中断、信息丢失等问题。

网站后台代码方面则要尽可能完善,要杜绝诸如 SQL 注入、外部数据提交等常见漏洞。在网站运行期间,要不断地对原来的程序源代码进行测试,发现存在的问题及隐患,要及时改正。

② 提高浏览者的访问速度　相信大家都很清楚,在网络上,浏览的速度很重要。不管你的网站制作多么美观,信息内容有多么充实,但是如果用户浏览起来,速度非常慢的话,那用户也就很快失去耐心,从而影响网站的访问量。因此,在设计网站内容时,考虑网站的实际访问速度是非常有必要的。下面从制作方面简单介绍如何提高网页的浏览速度。

a. 网页浏览中,浏览器会等到一个表格里边的内容全部下载后才会显示出来,那么网页如果使用表格定位制作,那么表格的嵌套最好不要超过三层。并且,不要使用一个外套的大表格来制作网页,其对比请看图 5-3。

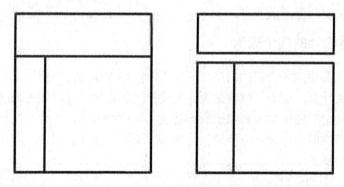

图 5-3　表格的两种布局方法

图 5-3 中左边的整个页面采用一个两行两列的表格布局，那么整个页面就必须全部下载完毕，浏览器才能显示，这显然是不可取的做法。再看右边的布局，是上面采用一个表格、下面再采用一个一行两列的表格组合布局。那么在浏览的时候，上面的表格内容下载完了，就已经可以在浏览器中显示出来，而在显示上面表格内容的同时，继续下载下边表格的内容。这样感觉起来，右边的布局就比左边的布局浏览起来要快。

如果条件允许，则可以使用当前流行的 DIV+CSS 布局。DIV+CSS 是近几年兴起的一种网页布局方法。目前互联网上大部分的网站都已经采用这种布局设计网页。这种布局比用表格布局浏览速度更快些。但 DIV+CSS 布局相对单纯使用表格布局来说，制作网页的成本也比较高，主要表现在时间的耗费和调试上，但其在 SEO（搜索引擎优化）方面带来的巨大好处，也更能满足未来网络应用更多的需求。

b．网页中使用到的图片大小不要超过 200K。现在的数码相机一般像素都达到了 500 万以上，有的更到了 2000 多万像素，拍的照片容量大小通常达到 1MB 以上。因此在展示公司产品时，如果使用数码相机拍的照片，就要先使用 PhotoShop 等图像处理软件处理，把图像的大小压缩到 200K 以下，以提高用户浏览图像的速度。

c．网页代码达到要求的同时，要尽量优化。这些优化包括去掉无用代码、经常使用的代码要将其函数化来调用。代码优化包括客户端的代码优化和服务器端的代码优化。以下是几个代码优化的简单建议。

● 尽可能地除去空白区域：一般而言，空白区域字符（空格、制表符、换行符等）都可以安全删除，但要避免修改 pre、textarea 及受 CSS 属性中 white-space 影响的标签。

● 客户端代码注释尽量简略：从编程的角度来看，一些相关的注释能很好地帮助阅读和理解代码，特别是在多人共同合作开发网页的时候。虽然说浏览器对客户端注释会视而不见，但这些客户端代码注释也是需要从服务器端下载到客户端。因此，客户端代码注释越多，下载的时间也就越长。

● 使用最短格式的颜色表示：使用颜色时，不要一股脑地使用十六进制或全颜色名称，要尽可能根据实际情况使用最短格式的颜色表示。比如，一个为#ff0000 的颜色属性可以直接用 red 来说明，而 lightgoldenredyellow 可以换成#FAFAD2。

③ 遵循"三次点击"原则　即网站的任何信息都应在最多三次点击之内得到。比如一个闭路监控行业公司的网站，如有用户想了解某种型号的产品信息，应该能够在三次点击之内得到信息。一般的步骤是：网站首页内有指向产品网页的链接，产品网页有指向各型号产品网页的链接，型号产品有指向该产品的更详尽的产品信息的链接。很多情况下，由于在网站内容设计中犯下了网站结构层次太深的错误，导致无法满足"三次点击"的要求，这样会使有价值的信息被埋在层层的链接之后，一般浏览者不会有足够的耐心去找到它们，以致放弃浏览。如图 5-4 所示的亚马逊网站首页分类导航就较好地遵循了"三次点击"原则。

另外，一个好的网站也会有一个好的搜索系统，方便用户以最快的速度找到所要了解的信息。

（3）交互性强、方便用户访问的页面

① 具有良好交互性　缺乏互动的网站一定缺少对浏览者的吸引力，企业也很难去了解用户的使用感受和建议。要加强网站的营销效果，就必须加强网站互动方面的投入，包括采用即时的留言簿、反馈表单、在线论坛等各种方式，并投入专门的人员负责维护。只有当用户能够很方便地与企业网站进行信息的相互交流，企业网站才能吸引用户，才能加强与企业

客户的联系，企业在网上销售产品和服务的机会才会增加。

图 5-4　亚马逊网站首页分类导航

② 完善的帮助功能　当前运营比较好的电子商务网站都会有一套很好的联机帮助功能。千万不能让用户在网站中不知所措，不知道如何才能找到所需要的信息。一个好的帮助和客户服务系统一般包括以下几个方面。

a．在线帮助系统。例如淘宝网站的在线帮助系统，就包括了"注册&认证""买家帮助""卖家帮助""淘宝个人信息""账户被盗&安全"等一系列的帮助内容（图 5-5）。

图 5-5　淘宝网站的在线帮助系统

b．在线客服答疑。在线客服答疑可以通过留言、论坛等方式进行。现在也有很多的网站增加了在线客服等即时交流方式（图 5-6）。

c．7×24h 的客户服务热线。

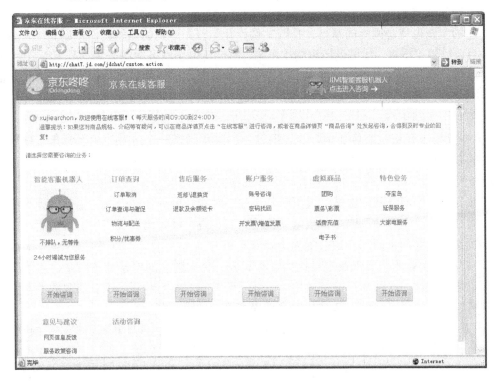

图 5-6　京东在线客服

③ 清楚透明的用户交易　电子商务网站很重要的一项功能就是网上购物，或者说网上交易。那么，交易的方便性和安全性原则是最重要的两个原则。为此要减少用户交易过程中的干扰信息（广告等）；网站要能为用户提供个性化服务，与用户建立一种非常和谐的亲密关系；要使订购流程清晰、流畅，如用户下订单的流程是否清楚、是否随时可以中断购买、订单上是否有所买产品及其价格、运费内含还是外加、货物几天内收到、货款的支付方式、产品退货的处理、对于交易安全的保证、使用何种交易技术等；要尽可能地提供商品的细节，越详细越好，必要时提供产品的详细图片，以激发购买欲望等。目前电子商务网站中普遍引入购物车系统以方便用户访问和购买。

5.2　电子商务网站信息结构的设计

一个电子商务网站应该包括哪些信息内容、具备什么样的功能，以及采取何种表现形式，并没有统一的模式。不同形式的网站及其网站的内容、实现的功能，经营方式、建站方式、投资规模也各不相同。一个功能完善的电子商务网站可能规模宏大，耗资几百万元，而一个最为简单的电子商务网站也许只是将企业的基本信息搬到网上，将网站作为企业信息发布的窗口，甚至不需要专业的人员来维护。一般来说，电子商务网站建设与企业的经营战略、产品特性、财务预算以及当时的建站目的等因素有着直接关系。

5.2.1　网站主题及风格策划

（1）网站的主题

网站的主题也就是网站的题材，是网站设计开始首先遇到的问题。网站题材千奇百怪，琳琅满目，只要想得到，就可以把它制作出来。而针对电子商务网站来说，对于特定的网站，主题可以说已经是确定下来的，都离不开以下几个方面：公司的基本情况介绍、公司产品介绍、网上交易、用户交互等。不同行业的企业建立网站的主题定位又不一样，不过一般都会遵循以下几个原则进行。

① 主题要小而精　定位要小，内容要精。如果想制作一个包罗万象的站点，把所有认为精彩的东西都放在上面，那么往往会事与愿违，给人的感觉是没有主题、没有特色，样样有，却样样都很肤浅，因为你不可能有那么多的精力去维护它。网站的最大特点就是新和快，目前最热门的电子商务网站都是天天更新甚至几小时或几分钟更新一次。最新的调查结果也显示，网络上的"主题站"比"万全站"更受人们喜爱，就好比专卖店和百货商店，如果只是需要买某一方面的东西，肯定会优先选择专卖店。

② 题材由企业的产品来决定　比如说卖衣服的企业建立的电子商务网站，除了在网页内有介绍产品分类、详细资料等信息外，还可以设置一些衣服购买常识、衣服的保养注意事项等信息栏目。这样，也可以从某种程度上提高网站的可信任度。

③ 题材不要太滥或者目标太高　如果题材已经确定，就可以围绕题材给网站起一个名字。网站名称，也是网站设计的一部分，而且是很关键的一个要素。例如"电脑学习室"和"电脑之家"，显然是后者简练；"迷笛乐园"和"MIDI 乐园"显然是后者明晰；"儿童天地"和"中国幼儿园"显然是后者大气。和现实生活中一样，网站名称是否正气、响亮、易记，对网站的形象和宣传推广也有很大影响。下面是关于网站名称的一些建议。

a．名称要正。其实就是要合法、合理、合情，不能用反动的、色情的、迷信的，危害社会安全的名词语句。

b．名称要易记。最好用中文名称，不要使用英文或者中英文混合型名称。另外，网站名称的字数应该控制在六个字（最好四个字）以内，四个字的也可以用成语。字数少还有个好处，适合于其他站点的链接排版。

c．名称要有特色。名称平实就可以接受，如果能体现一定的内涵，给浏览者更多的视觉冲击和空间想象力，则为上品。例如：音乐前卫，网页陶吧，e 书时空等。在体现网站主题的同时，能突出特色之处。

④ 定位网站的 CI 形象　所谓 CI（Corporate Identity），意思是通过视觉来统一企业的形象。一个杰出的网站，和实体公司一样，需要整体的形象包装和设计。准确的、有创意的 CI 设计，对网站的宣传推广有事半功倍的效果，简单地说就是形成一种自己独特的风格。具体的做法如下。

a．设计网站的标志（Logo）。就如同商标一样，标志是站点特色和内涵的集中体现，看见标志就让大家联想起站点（图 5-7）。标志的设计创意来自网站的名称和内容。

● 网站有代表性的人物、动物、花草等，可以用它们作为设计的蓝本，加以卡通化和艺术化，如阿里巴巴的笑脸等。

● 网站有专业性的，可以以本专业有代表的物品作为标志。比如中国银行的铜板标志，奔驰汽车的方向盘标志等。

● 最常用和最简单的方式是用自己网站的英文名称作标志。采用不同的字体、字母的变形、字母的组合可以很容易地制作好自己的标志。

图 5-7　网站 Logo 示例

b．设计网站的标准色彩。网站给人的第一印象来自视觉冲击，确定网站的标准色彩是相当重要的一步。不同的色彩搭配产生不同的效果，并可能影响到访问者的情绪。

c．设计网站的标准字体。和标准色彩一样，标准字体是指用于标志、标题、主菜单的特有字体。一般国内中文网页默认的字体是宋体。为了体现站点的与众不同和特有风格，可以根据需要选择一些特别字体。例如，为了体现专业可以使用粗仿宋体，体现设计精美可以用广告体，体现亲切随意可以用手写体等。

但必须说明的是，如果使用的不是操作系统自带的默认字体，则建议做成图片的形式，避免用户没有安装相应字体的情况下不能正确显示。而且这类特有字体做成的图片也不适宜太多，能达到相应的效果即可，太多则会影响用户的浏览速度。

d．设计网站的宣传标语。网站的宣传标语可以说是网站的精神、网站的目标，用一句话甚至一个词来高度概括，类似实际生活中的广告金句。例如：雀巢的"味道好极了"；麦斯威尔的"好东西和好朋友一起分享"；Intel 的"给你一颗奔腾的心"等。

下面给出几个有代表性的电子商务网站首页，读者可以参照上面提到的几个原则，看看这些网站在页面设计上有何独到之处（图 5-8、图 5-9）。

图 5-8　史泰博网站首页

图 5-9　黄山官方网站首页

（2）网站的风格策划、创意设计

网站的整体风格策划及其创意设计是人们最希望掌握的，也是最难以学习的。难就难在没有一个固定的程式可以参照和模仿。给定一个主题，任意两个人都不可能设计出完全一样的网站。那么如何设计一个和普通网站有区别的站点呢？这就必须学习网站整体风格策划的一些基本步骤与创意设计的基本知识。

树立网站风格。风格（Style）是抽象的，是指站点的整体形象给浏览者的综合感受。这个整体形象包括站点的 CI（标志、色彩、字体、标语）、版面布局、浏览方式、交互性、文字、语气、内容价值、存在意义、站点荣誉等诸多因素。举个例子：人们觉得网易是平易近人的，迪斯尼是生动活泼的，IBM 是专业严肃的。这些都是网站给人们留下的不同感受。

风格是独特的，是站点不同于其他网站的地方。或者色彩，或者技术，或者是交互方式，能让浏览者明确分辨出这是你的网站独有的。风格是有人性的。通过网站的外表、内容、文字、交流可以概括出一个站点的个性、情绪，是温文儒雅，是执著热情，是活泼易变，是放任不羁。像诗词中的"豪放派"和"婉约派"，你可以用人的性格来比喻站点。

有风格的网站与普通网站的区别在于：普通网站你看到的只是堆砌在一起的信息，你只能用理性的感受来描述，比如信息量大小、浏览速度快慢。但浏览过有风格的网站后你能有更深一层的感性认识，比如站点有品位，和蔼可亲，是老师，是朋友。简而言之，其实风格就是一句话：与众不同！

网站风格是网站的特色之一，通常应包含以下内容：

● CI（标志、色彩、字体、标语）；

● 版面布局；

- 显示方式；
- 交互方式；
- 文字风格等。

要使网站具有独特的风格，可以从以下方面考虑：

- 明确网站的服务对象；
- 明确设计的想法与目的，以及追求的艺术效果；
- 加强印象效果和艺术特色，使之形成特有的风格；
- 树立网站风格的步骤。

① 风格是建立在有价值内容之上的　一个网站有风格而没有内容，就好比绣花枕头一包草，好比一个性格傲慢但却目不识丁的人。策划者首先必须保证内容的质量和价值性。这是最基本的，毋庸置疑。

② 策划者需要彻底搞清楚自己希望站点给人的印象是什么。可以从以下几方面来理清思路。

如果只用一句话来描述你的站点，应该是：_____

参考答案：有创意，专业，有（技术）实力，有美感，有冲击力

想到你的站点，可以联想到的色彩是：_____

参考答案：热情的红色，幻想的天蓝色，聪明的金黄色

想到你的站点，可以联想到的画面是：_____

参考答案：一份早报，一辆法拉利跑车，人群拥挤的广场，杂货店

如果网站是一个人，他拥有的个性是：_____

参考答案：思想成熟的中年人，狂野奔放的牛仔，自信憨厚的创业者

作为站长，你希望给人的印象是：_____

参考答案：敬业，认真投入，有深度，负责，纯真，直爽，淑女

用一种动物来比喻，你的网站最像：_____

参考答案：猫（神秘高贵），鹰（目光锐利），兔子（聪明敏感），狮子（自信威信）

浏览者觉得你和其他网站的不同是：_____

参考答案：可以信赖，信息最快，交流方便

浏览者和你交流合作的感受是：_____

参考答案：师生，同事，朋友，长幼

可以自己先填写一份答案，然后让其他网友填写。比较后的结果会告诉你：网站现在的差距、弱点及需要改进的地方。

③ 在明确自己的网站印象后，开始努力建立和加强这种印象。

经过第二步印象的量化后，需要进一步找出其中最有特色的东西，就是最能体现网站风格的东西，并以它作为网站的特色加以重点强化、宣传。例如：再次审查网站名称、域名、栏目名称是否符合这种个性，是否易记；审查网站标准色彩是否容易联想到这种特色，是否能体现网站的性格等。具体的做法没有定式。这里提供以下一些参考。

a. 将标志 Logo 尽可能地出现在每个页面上，或者页眉，或者页脚，或者背景。

b. 突出标准色彩。文字的链接色彩、图片的主色彩、背景色、边框等色彩尽量使用与标准色彩一致的色彩。

c. 突出标准字体。在关键的标题、菜单、图片里使用统一的标准字体。

d. 想一条朗朗上口的宣传标语。把它做在 Banner（旗帜广告、横幅）里，或者放在醒目的位置，告诉大家网站的特色是什么。

e. 使用统一的语气和人称。即使是多个人合作维护，也要让读者觉得是同一个人写的。

f. 使用统一的图片处理效果。比如，阴影效果的方向、厚度、模糊度都必须一样。

g. 创造一个站点特有的符号或图标。比如在一句链接前的一个点，可以使用☆※○◇□△→（特殊符号对应的网页区位码，请读者们参看相关技术文档）等。虽然很简单的一个变化，却给人与众不同的感觉，如图 5-10 所示。

h. 用自己设计的花边、线条、点。

i. 展示网站的荣誉和成功作品。

j. 告诉网友关于你的真实故事和想法。

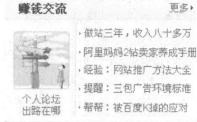

图 5-10　列表符号使用例子

风格的形成不是一次定位的，要在实践中不断强化、调整和修饰。在确定网站结构时，可尝试不同的装饰风格。好的装饰风格会在帮助用户使用和导航网站上走得更远。但是，不存在完美无瑕的装饰风格，所以不必顽固地坚持一种风格，可以把几种装饰风格中最好的部分融合到一起。

5.2.2　网站内容策划

企业电子商务网站的内容策划至少要考虑到以下三个方面：一是要把企业的特点或者说是本企业特有的信息展示出来；二是要清楚认识到用户所期望浏览和了解的信息；三是要如何才能让各类搜索引擎更多地收录本站信息。

① 确保网页内容能显示出本企业的特点　当前在互联网上各行各业都有不少杰出的电子商务网站代表。要想在众多的电子商务网站中脱颖而出，就一定需要建立一个有自己特色的电子商务网站。这个特色尤其是指内容方面，切记要避免整个网站的内容都是从互联网上转载过来，否则这个网站一定办不长久。仍然以黄山风景区官方网站为例说明一下（图 5-11、图 5-12）。

图 5-11　黄山官方网站首页导航

从以上两图中可以看出，黄山旅游电子商务网站针对本身的特点，在内容策划上分别有订票中心、酒店预订、黄山视频库、网上商城、旅游指南、旅游资讯、徽州文化等内容。这些都是与黄山旅游区密切相关的信息内容，是其他旅游类电子商务网站所没有的。

当然，网站内容要突出企业的特色并不意味着别的网站有的信息内容就不要有，只是应该要有所侧重，不要照搬全抄。

图 5-12　黄山官方网站首页部分内容

②　"确解用户之意，切返用户之需"是最重要的　一个网站的重要性一般依次为：市场需求及目标用户理解、产品（服务）开发、技术、市场推广。网站要专注用户体验，永远不能夸大市场推广的炒作，网站的核心在于用户体验与产品（服务价值）。市场推广是输血，一个网站不能永远靠输血，主要还是要靠网站的价值与产品发展。

目前，在中国（也包括国外）大大小小的企业网站中存在着非常严重的通病，网站中的内容是怎么想怎么写，全然不顾访问者感受如何。正确的观念是：访问客真正需要的是什么，就紧紧围绕这种需求展开。以客户为中心，以客户想了解的信息为标题并做相应链接，点击后出现解决问题的内容。客户在最短的时间内得到了想得到的信息。此外，每一个相关页面中尽可能出现鼓励访问者点击在线订购的词语。

③　搜索引擎营销导向的网站内容策略　简单来说，搜索引擎营销导向的网站内容策略就是在制定和实施网站内容策略时，在保证用户获取有效信息的基础上，应进一步考虑搜索引擎检索信息的特点，使网站尽可能多的网页被搜索引擎收录，并且在相关检索结果中获得好的表现，这种表现包括网页的排名位置及摘要信息与用户检索关键词之间的相关性等。根据搜索引擎营销的目标层次原理，经过这样优化设计的网页才能通过搜索引擎营销获得理想的效果。

搜索引擎营销导向的网站内容策略主要包括下列几个方面的含义。

a. 网站内容是网站的基本组成部分，也是有效的网站推广资源，无论什么网站，如果期望通过搜索引擎获得潜在用户，都应将网站内容策略与搜索引擎营销原理结合考虑。

b. 网站内容建设在确保用户获取有效信息的基础上，还应考虑到搜索引擎检索的特点，为搜索引擎索引网页信息提供方便，以获得尽可能多的被搜索引擎收录的机会。

c. 应重视每个网页的内容设计，因为用户通过搜索引擎检索结果中的网页标题和摘要信息来判断是否有必要进一步点击进入网站，并且可能是通过任何一个被搜索引擎收录的网页进入网站，而不仅仅是网站首页，任何一个网页都有可能为网站带来潜在用户。

d. 有效的网站内容是一个网站赖以生存的基础，尤其是含有丰富核心关键词的文字信息，是网站内容策略的灵魂，一个有效的关键词，远远胜过许多华而不实的图片信息，从网站推广运营的意义上说，网站的美观性远远没有网站的核心关键词重要。很多企业在进行网站策划时，通常将网站功能、结构、网站运营和推广等方面作为主要内容，很少对网站内容进行全面、深入的规划，尤其缺乏将网站内容建设与搜索引擎营销思想紧密结合起来。

5.2.3 网站栏目规划及目录设计

设计网站的中心工作之一，就是设置网站的板块和栏目设计。栏目的实质是网站的大纲索引，索引应该将网站的主题明确地显示出来。在制定栏目的时候，要仔细考虑，合理安排。划分栏目需要注意的是：尽可能删除与主题无关的栏目；尽可能将网站最有价值的内容列在栏目上；尽可能方便访问者的浏览和查询。

在圈定企业网站的主要目标访客群体后进行网站整体结构及栏目设计。信息结构的设置能否符合访客的使用习惯将在很大程度上影响网站的实际功效。整体架构要合理，要从设计与功能方面加以考虑，要考虑以后的可扩展性、可升级性。

（1）网站栏目规划

网站栏目结构与导航奠定了网站的基本框架，决定了用户是否可以通过网站方便地获取信息，也决定了搜索引擎是否可以顺利地为网站的每个网页建立索引，因此网站栏目结构被认为是网站优化的基本要素之一，网站栏目结构对网站推广运营将发挥至关重要的作用。网站结构要求结构简单、层次清晰、导航明晰、方便浏览。

网站栏目须兼具以下两个功能，两者不可或缺。

① 提纲挈领，点题明义　网速越来越快，网络的信息越来越丰富，浏览者却越来越缺乏浏览耐心。打开网站如果超过 10s，用户还找不到自己所需的信息，网站就有可能被浏览者毫不客气地关掉。要让浏览者停下匆匆的脚步，就要清晰地给他们网站内容的"提纲"，也就是网站的栏目。

网站栏目的规划，其实也是对网站内容的高度提炼。即使是文字再优美的书籍，如果缺乏清晰的纲要和结构，恐怕也会被淹没在书本的海洋中。网站也是如此，不管网站的内容有多精彩，缺乏准确的栏目提炼，也难以引起浏览者的关注。

因此，网站的栏目规划首先要做到"提纲挈领，点题明义"，用最简练的语言提炼出网站中每一个部分的内容，清晰地告诉浏览者网站在说什么，有哪些信息和功能。记住：主题栏目个数在总栏目中要占绝对优势，这样的网站可显出专业化，主题突出，容易给人留下深刻的印象。

② 指引迷途，清晰导航　网站的内容越多，浏览者也越容易迷失。除了"提纲"的作用之外，网站栏目还应该为浏览者提供清晰直观的指引，帮助浏览者方便地到达网站的所有页面。

网站栏目的导航作用，通常包括以下四种情况（图 5-13）。

a. 全局导航。全局导航可以帮助用户随时到网站的任何一个栏目，并可以轻松跳转到另一个栏目。通常来说，全局导航的位置是固定的，以减少浏览者查找的时间。

b. 路径导航。路径导航显示了用户浏览页面的所属栏目及路径，帮助用户访问该页面的上下级栏目，从而更完整地了解网站信息。

c. 快捷导航。对于网站的老用户而言，需要快捷地到达所需栏目，快捷导航为这些用户提供直观的栏目链接，减少用户的点击次数和时间，提升浏览效率。

d. 相关导航　为了增加用户的停留时间，网站策划者需要充分考虑浏览者的需求，为页面设置相关导航，让浏览者可以方便地去到所关注的相关页面，从而增加对企业的了解，提升合作概率。

图 5-13　中国制造网导航系统

1—全局导航；2—路径导航；3—快捷导航；4—相关导航

版块比栏目的概念要大一些，每个版块都有自己的栏目。例如，网易的站点分新闻、体育、财经、娱乐、教育等版块，每个版块下面有各自的主栏目。一般的中小企业站点就没太多必要设置多个版块，有主栏目（主菜单）就够了。如果觉得的确有必要设置版块的，需要注意的是：

● 各版块要有相对独立性；

● 各版块要相互关联；

● 版块的内容要围绕站点主题。

如上面所说，栏目的内容与功能往往决定网站的质量以及受欢迎程度。网站的题材确定后，相信设计者已经收集和组织了许多相关的资料，并且认为这些都是最好的，肯定能吸引网友们来浏览网站。但是有没有将最好的、最吸引人的内容放在最突出的位置呢？有没有让好的内容在版面分布上占绝对优势呢？因此，当网站的栏目设计出来时，还需要反问自己下列几个问题：

● 网站的栏目是否满足了用户的需要？

● 网站的栏目是否可以让用户很快了解信息并且方便与网站的交流？

● 假设你是用户，你如何评价这个网站？

● 我有足够的能力及时组织网站的信息资料吗？

弄清楚了上述问题，网站的结构就应该非常清晰明确了。

一个网站的建设是一项长期的工作，是需要分阶段、按步骤进行的。根据网站的目标和用户需要，有针对性地设计栏目，按步骤地实施计划，这是网站建设的基本原则。一般的网站栏目安排还要注意以下几个方面。

a. 设计一个最近更新或网站指南栏目。如果网站首页没有安排版面放置最近更新的内容信息，就有必要设计一个"最近更新"的栏目。这样做是为了照顾常来的访问客，让网站主页更具人性化。如果网站主页内容过于庞大、层次较多，而又没有站内的搜索引擎，建议该网站设置"本站指南"栏目，这样可以帮助初访者快速找到他们想要的内容。

b. 设定一个可以双向交流的栏目。双向交流的栏目不需要很多，但一定要有，如论坛、留言本、邮件列表等，可以让浏览者留下他们的信息。有调查表明，提供双向交流的站点比简单地留一个电子邮件的站点更具有亲和力。

c. 设计一个下载或常见问题回答栏目。网络的特点是信息共享。如果读者看到一个站点有大量优秀的、有价值的资料，肯定希望能一次性下载，而不是一页一页浏览存盘。因此，如果在网站主页上设置一个资料下载栏目，肯定会得到大家的喜欢。

另外，如果站点经常收到网友关于某方面的问题来信，最好设立一个常见问题回答的栏目，这样既方便了网友，又节约了自己的时间。至于其他的辅助内容，如关于本站、版权信息等可以不放在主栏目里，以免冲淡主题。

归根结底，成功的栏目规划，还是基于对用户需求的理解。对于用户和需求理解得越准确、越深入，网站的栏目也就越具吸引力，能够留住越多的潜在客户。

（2）目录设计

为了实现信息的有效传递，也为了便于网站的更新和维护，站点的目录设计结构十分重要。主次分明、脉络清晰的站点结构使访问者对网站内容一目了然，便于获取所需信息。同时，规划合理的目录结构对于网站所有者来说，可以在以后的内容更新和维护中，节省大量时间和精力。

网站的目录结构指建立网站时创建的路径，它们通常是一个个的文件夹。大部分初学者在刚接触网页开发的时候，并不太了解合理的目录结构的重要性，可能把所有的网页都放在了根目录下面，然后在经过一段时间的学习和实践之后，会发现这种方式给后期的网站维护造成了不便，当然网页命名也是很重要的一部分。先来看看一个好的网站目录设计应该是什么样的，见图5-14。

图5-14 网站目录设计

在建立目录结构的过程中，应注意下面几个问题。

① 合理安排文件的目录，不要将所有文件都应放在根目录下。有的网站为了方便，将所有文件都放在根目录下。这样做造成的不利影响有以下两点。

a. 文件管理混乱。常常搞不清楚哪些文件需要编辑和更新，哪些无用的文件可以删除，哪些是相关联的文件，这会影响工作效率。

b. 上传速度慢。服务器一般都会为根目录建立一个文件索引。如果将所有文件都放在根目录下，那么即使只上传更新一个文件，服务器也需要将所有文件再检索一遍，建立新的索引文件。很明显，文件量越大，等待的时间也越长。

所以，建立尽可能减少根目录的文件存放数。

② 按栏目内容建立子目录　子目录的建立应首先按主菜单栏目建立。例如，网页教程类站点可以根据技术类别分别建立相应的目录，像 Flash、Dhtml、JavaScript 等。企业站点可以按公司简介、产品介绍、价格、在线订单、反馈联系等建立相应的目录。其他的次要栏目，如类似新闻、友情链接等内容较多，需要经常更新，可以建立独立的子目录；而一些相关性强、不需要经常更新的栏目，如关于本站、关于站长、站点经历等，可以合并放在一个统一的目录下。

所有程序一般都存放在特定的目录下，例如 CSS 样式表放在 CSS 目录。为便于维护管理，所有需要下载的内容也最好放在一个目录下。

③ 在每个一级目录或二级目录下都创建独立的 images 目录　每个站点根目录下都有一个 images 目录。初期进行主页制作时，人们习惯将所有图片都存放在这个目录里。可是后来发现很不方便，当需要将某个栏目打包供网友下载或者将某个栏目删除时，图片的管理相当麻烦。经过一段时间发现，为每个主栏目建立一个独立的 images 目录是最方便管理的，而根目录下的 images 目录只是用于放首页和一些次要栏目的图片。

④ 目录的层次不要太多，一般目录的层次不超过 3 层。原因很简单，为了维护管理方便。

⑤ 不要使用中文目录　网络无国界，使用中文目录可能对网址的正确显示造成困难。也不要使用过长的目录名，尽管服务器支持长文件名，但是太长的目录名不便于记忆。尽量使用意义明确的目录，如可以用 Flash、Dhtml、JavaScript 来建立目录，也可以用 1、2、3 来建立目录，但是哪一个更明确、更便于记忆和管理呢？显然是前者。

下面可以尝试着设计一个比较通用的目录结构。

a. 首先需要建立一个网站目录，它用来存放所有的网页文件，命名尽量能体现它的内容，例如可以用域名（如 kuaibigou）来命名，这样在你拥有多个网站的时候，比较容易地区分他们。

b. 有了网站根目录，接下来可以根据网站需要的功能来建立子目录。

● 需要一个用来存放网页图片的文件夹，那么创建一个新目录 images，当然你也可以用其他的名字命名，如 Pics、Img 等。

● 需要一个用来存放网页 CSS 文件的目录，可能你现在还不太了解 CSS 样式的使用，不过这没关系，因为它并不难，你只需要花上一两天的时间，就可以了解个大概。CSS 样式目录可以创建名为 CSS 的子目录。

● 需要一个用来存放所有网页 JavaScript 文件的目录，如果你现在还不太熟悉 JavaScript 也没关系，它是一种非常成熟、在多种浏览器（如 IE、FireFox 等）中都支持的客户端脚本语言，关于它的学习，需要长时间的实践和积累。可以将它命名为 JS 或者 Script 等。

● 可能还需要一个用来存放数据库文件的目录（如 Database），当然可能会觉得这只是针对采用 Access 做数据库的情况，其实不然。如果采用的是 MSSQL 数据库，而且网站可能需要多个人来开发或者会共享给别人使用，就可能需要将数据库文件公用，那么可以将数据库导出成 SQL 脚本或者备份成文件，然后就可以把这些数据存放在 Database 文件夹中。

● 刚开始接触动态网站开发的时候，可能对网页的重复利用有点茫然，可以通过建立自己的函数库来提高代码的重用性，例如可以建立一个 Include 或者 Inc 目录来存放网页的被包含文件，也就是写有通用函数或者重要函数和代码的文件。

● 如果网站提供了文件上传功能，那么需要建立一个 Upload 文件夹存放上传的文件。

● 网站通常还需要一个后台管理的目录，例如 Admin 文件夹，可以将后台文件存放在里面。当然，如果网站的后台功能非常简单，那么直接存放在根目录下面也可以，但尽量使用文件前缀名或者后缀名加以区分，如 admin_login.asp。

随着网页技术的不断发展，利用数据库和其他后台程序自动生成静态网页越来越普遍，网站的目录结构也将升级到一个新的结构层次。

5.2.4 导航设计

在页面中，网站导航条的位置一般在接近顶部或网页左侧的地方，它为用户提供一个直观的指示，让用户知道现在所在网站的位置。

导航条所占的位置大多是被用户第一眼所关注到的，它的样式设计往往也代表了整个页面的设计风格。一个网站导航设计对提供丰富友好的用户体验有至关重要的作用，简单直观的导航不仅能提高网站易用性，而且方便用户找到所需要的信息，可有助提高用户转化率。

（1）导航设计易用性问题

网站的导航，包括顶部、底部和侧面的导航都应该尽可能地对用户友好、易用，保证用户想看到的在尽可能的显眼位置，导航里的各要素应该反映出各个目录和子目录，以及各个主题之间的逻辑性、相关性，帮助用户找到主要相关内容。

① 辅助导航 为用户提供一个直观的指示，让用户知道现在所在网站的位置，每一级位置的名称都有链接可返回，在每一个网页都必须包括辅助导航以及左上角的网站 Logo 标识。

② 网站 Logo 链接 每一个出现的网站 Logo 都要加上回到网站首页的链接，用户已经习惯了点击网站 Logo 作为回到网站首页的方法。

③ 导航条的位置 主导航条应该在接近顶部或网页左侧的位置，如果因为内容过多需要子导航时，要让用户容易地分辨出哪个是主导航条，哪个是某主题的子导航条。

④ 联系信息 进入"联系我们"网页的链接或者直接呈现详细的联系方式都必须在网站的任何一个网页中可以找到。

⑤ 导航使用的简单性 导航的使用必须尽可能的简单，避免使用下拉或弹出式菜单导航。而事实上，站在搜索引擎的角度来看，下拉菜单、弹出式菜单以及用 Flash 制作的菜单都很难被搜索引擎的"爬虫"识别出来，也不利于网站的搜索推广。如果没办法一定得用，那么菜单的层次不要超过两层。

⑥ 网页指示 应该让用户知道现在所看的网页是什么和与现在所看网页的相关网页是

什么，例如通过辅助导航"首页 > 新闻频道 >新闻全名"里的对所在网页位置的文字说明，同时配合导航的颜色高亮，可以达到视觉直观指示的效果。

⑦ 已浏览网页的指示　最简单的可以通过已点击超链后的变色，如果不在同一网页的超链接网页，可以在其他位置显示用户已浏览过的内容。

⑧ 登录退出口　登录入口和退出登录出口要在全网站的每一个网页都可以找到，让用户进入任一网页都可以登录和退出。

（2）导航设计功能性问题

导航的功能设计可以提高或降低整个网站的表现，功能完善的导航可以让用户快速地找到他们想要的东西，否则就会"赶走"用户。

① 导航内容明显的区别　导航的目录或主题种类必须清晰，不要让用户困惑，而且如果有需要突出主要网页的区域，则应该与一般网页在视觉上有所区别。

② 导航的链接必须全是有效链接　无论是一般导航还是有下拉菜单的导航，里面的所有文字都应该是有效的链接。

③ 准确的导航文字描述　用户在点击导航链接前对他们所找的东西有一个大概的了解，链接上的文字必须能准确描述链接所到达的网页内容。

④ 搜索导航结果　搜索的结果一定不要出现"无法找到"，这是很让用户失望的，如果无法精确找出结果，搜索功能应该实现对错字、类似产品或相关产品给出一个相近的模糊结果。

以一个有关营销茶叶的网站为例来说明问题。通常，主页中的导航条大致可描述成这样：

主页　公司介绍　产品介绍　我们的服务　与我们联系

访问者通过点击进入相关页面。在最主要页面的最显眼位置滔滔不绝地介绍公司的规模如何大、实力雄厚、技术先进，并配以办公楼、厂房等图片，总裁坐在老板椅上向大家说，"我代表我们茶叶生产基地全体同仁欢迎各位光临，并竭诚为大家提供优质的产品和服务……"

有些人喜欢与小公司打交道。为什么？因为很多时候，小公司所提供的服务更具个性化，更人性化，更能体贴客户。

对互联网营销而言，如上有关营销茶叶网站的导航条是在自说自话，在向访问者说教，绝对不利于站点的在线营销。企业应非常尊重每一位来访者，来访者的需求理所当然地成为站点的中心议题。

网站中好的内容不应埋藏太深，不应让访问者在站点中来回寻找所需信息。对比上边例子和"天悠茗茶"网站的导航（图 5-15），看看效果会如何？

图 5-15　天悠茗茶导航条

在这个网站中，将了解到：

a. 天悠茶叶的特点，你为什么要选择天悠茶叶；

b. 如何在此网站订购我们的茶叶；

  c. 茶叶文化知识、技术、功效等茶文化你知道多少；

  d. 你可以批发我们的茶叶；

  e. 你可以加盟我们公司的茶叶销售；

  f. 买了我们的茶叶后，你会得到什么样的售后服务；

  g. 我们的公司；

  h. 如何联系我们；

  i. 网站的地图。

  不难看出，天悠茗茶网站的导航条从内容覆盖面、主题突出、简单明了等方面都比较出色，这也是其电子商务网站网络营销比较好的一个因素。

  （3）导航设计的测试

  一个测试导航的方法就是去竞争对手以及其他一些网站，使用它们网站的导航记录下哪些是你喜欢的，哪些是你不喜欢的，并对任何的异常现象进行简单记录。做完这些工作后再回到自己的网站走同样的流程对比一下，这样就会找到一些提高网站导航的方法。

  上面的方法当然还不够全面，不能只依赖个人用户经验，可以发动身边不同年龄和不同互联网应用水平的用户，了解和不了解你网站的用户，到网站"独自走一下"，并回访或让他们记下一些问题或意见。完成以上工作后相信你可以很好地优化网站导航，改善用户体验。

5.2.5　链接设计

  一个好网站的基本要素是用户进入后，与本网站相关的信息都可以方便快捷地找到，其中要借助于相关的站点，所以做好引导工作是很重要的。超文本这种结构使全球所有接入Internet 的计算机成为超大规模的信息库，链接到其他网站轻而易举。在设计网页的导引组织时，应该给出多个相关网站的链接。

  网站的链接结构是指页面之间相互链接的关系，它建立在目录结构基础上，但可以跨越目录。形象地说，每个页面都是一个固定点，链接则是在两个固定点之间的连线。一个点可以和一个点连接，也可以和多个点连接。更重要的是，这些点并不是分布在同一个平面上，而是存在于一个立体的空间中。如果将其画成示意图表，就好像一个拓扑结构图。

  研究网站链接结构的目的在于：用最少的链接，使得浏览最有效率。一个电子商务网站，内容丰富，容量巨大，就必须设计合理的链接关系，否则，有些内容就可能与浏览者见面的机会很少。要想设计一个比较好的电子商务网站的链接，则先必须清楚常见的链接有哪些。

  ① 根据链接载体的特点，一般把链接分为文本链接与图像链接两大类。

  a. 文本链接：用文本作链接载体，简单实用。

  b. 图像链接：用图像作为链接载体能使网页美观、生动活泼，它既可以指向单个的链接，也可以根据图像不同的区域建立多个链接。

  ② 如果按链接目标分类，可以将超级链接分为以下几种类型。

  a. 内部链接：同一网站文档之间的链接。内部链接一般使用相对路径或根目录路径。

  b. 外部链接：不同网站文档之间的链接。外部链接一般使用绝对路径。

  c. 锚点链接：同一网页或不同网页中指定位置的链接。

  d. E-mail 链接：发送电子邮件的链接。

  通常，建立网站的链接有两种基本方式。

  ① 树状链接结构（一对一）　该结构类似 DOS 的目录结构，首页指向一级链接，一级

指向二级链接。这样的链接结构浏览时，由一级级进入，一级级退出。其优点是条理清晰，访问者明确知道自己在什么位置，不易迷路；缺点是浏览效率低，一个栏目下的子页面到另一个栏目的子页面，必须绕经栏目页，见图 5-16（a）。

② 星状链接结构（一对多） 该类结构类似网络服务器链接，每个页面相互之间都建立有链接。立体结构像电视塔上的钢球。在不同网络服务器链接，在每个网页设置一个共同的链接枢纽，使所有的网面都可以通过枢纽保持链接。这种链接结构的优点是浏览方便，随时可以到达自己喜欢的页面；缺点是链接太多，容易使浏览者迷路，搞不清自己在什么位置、看了多少内容。另外，这种链接要求每次翻页都会将页面全屏刷新，在显示速度上会稍微慢一点，见图 5-16（b）。

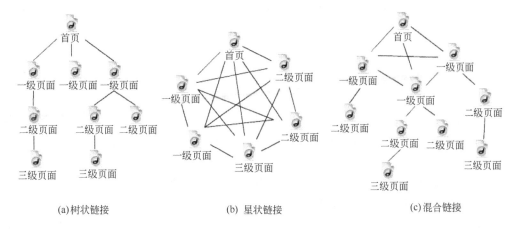

(a)树状链接　　　　　(b) 星状链接　　　　　(c) 混合链接

图 5-16　链接结构

这两种基本结构都只是理想方式，在实际的网站设计中，总是将这两种结构混合起来使用。希望浏览者既可以方便快速地达到自己需要的页面，又可以清晰地知道自己的位置。所以最好的办法是首页和一链接之间用星状链接结构，一级和二级之间用树状结构，见图 5-16（c）。

如果站点内容庞大、分类明细，需要超过三级页面，那么建议在页面里显示导航栏，这样可以帮助浏览者明确自己所处的位置。许多网站顶部可看到类似的表示：

"您现在的位置：首页>财经新闻>股市信息>深圳股>深发展"

关于链接结构的设计，在实际的网页制作中是非常重要的一环。采用什么样的链接结构直接影响到版面的布局。例如，主菜单放在什么位置，是否每页都需要放置，是否需要用分帧框架，是否需要加入返回首页的链接。在链接结构确定后，再开始考虑链接的效果和形式，是采用下拉菜单，还是用 DHTML 动态菜单等。

随着电子商务的推广，网站之间的竞争越来越激烈，对链接结构设计的要求已经不仅仅局限于可以方便快速地浏览，而更加注重个性化和相关性。例如，在爱婴主题网站里，在 8 个月婴儿的营养问题页面上，需要加入 8 个月婴儿的健康问题链接、智力培养链接，或者是有关奶粉宣传的链接，以及图书和玩具的链接。因为服务不可能到每个栏目下去寻找关于 8 个月婴儿的信息，来访者可能在找到需要的问题后就离开网站了。如何能留住访问者，是网站设计者必须考虑的问题。

了解了链接的大体分类与一些基本方式后，再来看看在网络营销或者说电子商务时期，链接设计过程中一些必须注意的事项。

① 让搜索引擎更容易找到通过链接收录站内网页　当今越来越多的用户更热衷于利用Baidu、Google、Yahoo等搜索引擎寻找信息。那么各类搜索引擎收录网站的信息记录越多，就意味着会有更多的用户会通过搜索来访问网站。鉴于当前各搜索引擎的特点，除了收费提高搜索排名外，网站内合理的链接结构设计也会提高搜索排名。先来看看Google对网站页面链接设计的一些建议。

a. 让网站有着清晰的结构和文本链接，所有的页面至少要有一个静态文本链接入口，尽量不要用图片和JavaScript。

b. 为用户提供一个站点地图：转向网站的重要部分。如果站点地图页面超过 100 个链接，则需要将页面分成多个页面。索引页不要超过 100 个链接，搜索引擎的机器人只考虑页面中头 100 个链接。

c. 用一些有用的、信息量丰富的站点，清晰并正确地描述你的信息。

d. 用户可能用来找到你的关键词，并保证这些关键词在网站中出现。少用"最大""最好"之类的形容词。用户最关心的词一般都会是动词或名词，比如下载、空调、MP3 等，而不是一些抽象名词。

e. 尽可能使用文本，而不是图片显示重要的名称、内容和链接。Google 的机器人不认识图片中的文字。

f. 保证页面链接标签<a>中属性 title 和 alt 正确的精确描述。

g. 检查坏链接并修正这些 HTML 错误。

h. 如果打算使用动态页面链接中包含"?"，则必须了解，并非所有的搜索引擎的机器人能向对待静态页面一样对待动态页面，保持动态页面的参数尽可能少也会很有帮助。

② 链接外观禁忌

a. 看上去链接不像链接。网站设计有一个一般的设计原则：一眼看上去用户就应该知道交互式系统中什么是可操作的，什么是不可操作的。

b. 文本链接。所有的 Web 用户和设计人员都知道文本链接的习惯：带下划线，最好是蓝色或类似颜色。

c. 图片链接。图片链接和文本链接一样，可以伪装成非链接。在默认情况下，图片链接周围有蓝色边框，许多网站设计者认为影响可视化设计都去掉了蓝色边框，但没考虑到去掉边框会使用户失去图片链接的线索。

d. 按钮。网页上显示的大多数按钮实际上是图片链接，或者是分割成链接区域的映射图。只有一小部分是真正的按钮，如标准浏览器表单的提交按钮。因此，Web 按钮容易设计不好，使它们看起来不像按钮。

解决方法：通常最好的方法是遵照下列惯例：带下划线的文本链接，最好是蓝色字体；没点击过的链接和点过的链接颜色要不同；图片按钮看上去应像按钮，其他图片链接应该做链接标记。如照片，一种方法是显示图片时带有默认的蓝色边框，另一种方法是将他们标注为链接。

③ 尽量使用相对链接　在制作图像或文本链接时，尽可能地使用相对链接，这是因为这样制作的网页可移植性比较强。例如把一组源文件移到另一个地方时，相对路径名仍然有效，而不会需要重新修改链接的目标地址。另外，使用相对链接时输入量也比较少，在同一页的链接项应该使用相对地址，因为使用绝对地址后可能会每次选择一个链接都要把该页重

新装载一次。

5.3　网页可视化设计

网页可视化设计包括网页版面设计、网页色彩设计等方面的内容。现在比较流行使用 Dreamweaver 等软件来进行网页的可视化设计。但无论是网页版面设计还是网页色彩设计，都应该要遵守以下几个设计原则。

① 网页命名要简洁　由于一个网站不可能就是由一个网页组成，它有许多子页面，为了能使这些页面有效地被连接起来，网页设计者最好给这些页面起一些有代表性的而且简洁易记的网页名称。这样既有助于以后方便管理网页，又会在向搜索引擎提交网页时更容易被别人索引到。在给网页命名时，最好使用自己常用的或符合页面内容的小写英文字母，这直接关系到页面上的链接。

② 确保页面的导览性好　不要主观地认为用户和网站开发人员一样了解该企业网站，所有的用户在寻找信息方面总会存在困难，因此他们需要所浏览的企业网站的支持，以便有很强的结构感和方位感。一般来说，网站应提供一个关于本站点的地图，让用户知道在哪里以及能去哪里。具体已经在本章的导航设计和链接设计里学习过，这里不再详说。

③ 网页要易读　这就意味着需要规划文字与背景颜色的搭配方案。注意不要使背景的颜色冲淡了文字的视觉效果。也不应该用太复杂的色彩组合，让用户很费劲地浏览网页。此外，网页的字体、大小也是需要考虑的因素。

④ 合理设计视觉效果　视觉效果对于网页来说是相当重要的成分，它主要体现在网页结构和排版上。要善用表格来布局网页，不要把一个网站的内容像作报告似的一二三四地罗列出来，要注意多用表格把网站内容的层次性和空间性突出显示出来，使人一眼就能看出网站的重点所在。不要在页面上填满图像来增加视觉趣味，应尽可能多地使用彩色圆点，它们较小并能为列表项增加色彩活力，此外，彩色分隔条也能在不扰乱带宽的情况下增强图像感。

⑤ 为图片添加文字说明　给每幅图像加上文字说明，在图像出现之前就可以看到相关的内容，尤其是导航按钮和大图片更应该如此。这样一来，当网络速度很慢不能把图像下载下来时或者用户在使用文本类型的浏览器时，照样能阅读网页的内容。

⑥ 不宜使用太多的动画和静态图片　要确定在进行网页设计时是否必须要用 Gif 或 Flash 动画，如果可以不用，就选择静止的图片，因为它的容量要小很多。如果不得不在网站上放置大量的图像，最好使用图像缩微图，把图像的缩小版本的预览效果显示出来（图 5-17），这样用户就不必浪费时间去下载他们根本不想看的大图像。不要使用横跨整个屏幕的图像，要避免用户横向滚动屏幕。此外，还要确保动画、静态图片和网页内容有关联，它们应和网页浑然一体，要表现出一定的网页内容，而不是空洞的。

⑦ 页面长度要适中　一个长的页面的传输时间要比较短的页面的传输时间长，太长的页面传输会使用户在等待中失去耐心，而且为了阅读这些长文本，浏览者不得不使用滚动条。虽说现实中网页中绝大部分都使用上了垂直滚动条，但太长的滚动条仍然不受用户的喜欢。如果有大量基于文本的文档，比如产品的使用说明书、产品的增值软件、企业的合同等，可以下载的形式提供出来，以便企业用户能离线阅读，从而节省宝贵的时间，或将所有关键的内容和导航选项置于网页的顶部。

SDR & EDR Series Inserts L/C,T/T Min. Order: 100 pcs

Tower Crane (QTZ80) US$82,200 Min. Order: 1 set

I. C. E Forklift US$8,000 Min. Order: 1 pc

Crane Tyre US$2,000 Min. Order: 30 pcs

Pipe Spanner US$0.50 Min. Order: 2,000 sets

Pocket Knife US$2.77 Min. Order: 1,200 pcs

▶ View all SuperDeal Promotions

图 5-17　缩微图片显示

⑧ 整个页面风格要一致　网站上所有网页中的图像、文字，包括背景颜色、区分线、字体、标题、注脚等，要统一表现风格，这样用户在浏览网页时会觉得舒服、流畅，会对该网站留下深刻的印象。

⑨ 不要滥用尖端技术　在网页开发中，要适当地使用新技术，但不要过多地使用最新的网站开发技术，因为企业电子商务网站的主流用户关注更多的是网站有无有用的内容和企业提供优质服务的能力。使用最新和最棒的技术可能会打击企业部分用户访问网站的兴趣和积极性，因为如果用户缺乏合理使用新技术的经验，加上用户系统太慢而导致在访问网站期间崩溃，那么他们将不会再来。另外，最新的网站开发技术还存在用户浏览器的版本支持问题，有些较低版本的浏览器还不能支持当前最新的网站开发技术。

5.3.1　网页版面设计

版面指的是用户在浏览器中看到一个完整的页面（可以包含框架和层）。因为每个用户所使用的显示器分辨率不同，所以用一个页面的大小可能出现 800×600 像素、1024×768 像素，以及最近流行的宽屏显示器的 1280×800 像素、1600×1200 像素等不同尺寸。布局，就是以最适合用户浏览的方式将图片和文字排放在页面的不同位置。鉴于当前显示器技术的发展和显示器价格的降低，用户使用 800×600 像素分辨率的已经比较少，一般以 1024×768 像素的居多，所以一般页面的横向设计最好不要超过 1180 个像素（预留右边滚动条的宽度）。如果是为了要照顾使用 800×600 像素显示器的用户，则页面横向不要超过 775 个像素。

设计版面就像传统的报刊编辑一样，将网页看做一张报纸、一本杂志来进行排版布局。虽然动态网页技术的发展使得人们开始趋向于学习场景编剧，但是固定的网页版面设计基础依然是必须学习和掌握的。它们的基本原理是互通的，读者可以领会其要点，举一反三。

（1）版面布局的步骤

① 草案　属于创造阶段，不讲究细腻工整，也不必考虑细节功能，只以粗陋的线条勾画出创意的轮廓即可。尽可能多画几张，最后选定一张满意的作为继续创作的脚本（图 5-18）。

图 5-18　网页设计草图

② 粗略布局　在草案的基础上，将需要放置的功能模块安排到页面上。功能模块主要包含网站标志、主菜单、新闻、搜索、友情链接、广告条、邮件列表和版权信息等（图 5-19）。注意，这里必须遵循突出重点、平衡协调的原则，将网站标志、主菜单等最重要的模块放在最显眼、最突出的位置，然后再考虑次要模块的排放。

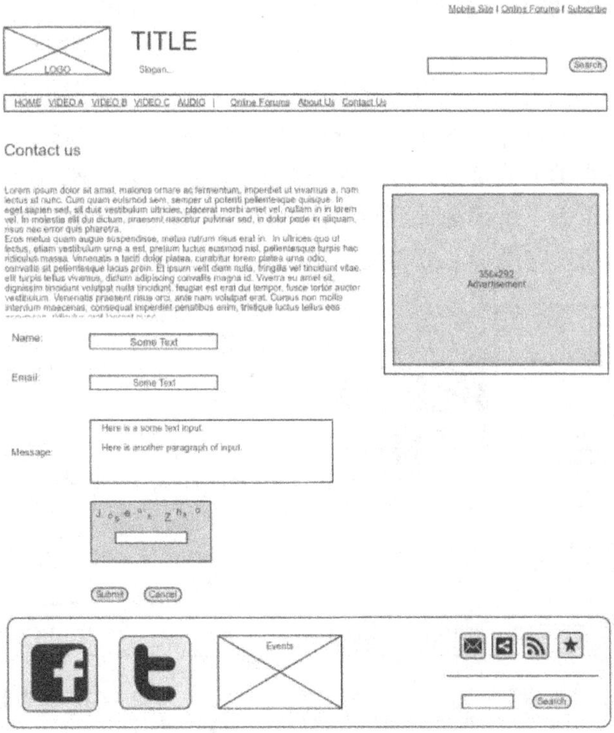

图 5-19　网页设计粗略布局

③ 定案　将粗略布局精细化、具体化，最后达到满意定案。对于版面布局的设计，应当重视以下原则：加强视觉效果；加强文案的可视度和可读性；同意感的视觉；新鲜和个性是布局的最高境界。网页设计作为一种视觉语言，当然要讲究编排和布局，虽然网页设计不等同于平面设计，但它们有许多相近之处，应充分加以利用和借鉴。

版式设计通过文字及图形的空间组合，表达出和谐与美。一个优秀的网页设计者应该知道哪一段文字及某个图形该落于何处，才能使整个网页生辉。网页设计者应努力做到整体布局合理化、有序化、整体化。优秀之作善于以巧妙、合理的视觉方式使一些语言无法表达的思想得以阐述，做到既丰富多样，又简洁明了。

多页面站点的编排设计要求从页面之间的有机联系反映出来，这里主要的问题是页面之间和页面内的秩序与内容的关系。为了达到最佳的视觉表现效果，应讲究整体布局的合理性。特别是关系十分紧密的有上下文关系的页面，一定要设计有向前和向后的按钮，便于浏览者可以来回仔细研读。

（2）常用版面布局的形式

制作网页常用的版式有单页和分栏（分帧或多框架）两种，在制作网页时要根据网页内容选择版式。但因为浏览器的宽幅有限，一般不宜设计成三栏以上的布局。目前流行的网页布局有井字形、T字形、梯形、"口"形、POP型等。

① 井字形　该版面布局的好处是可以使网页的结构非常清晰，常用于栏目多、内容多的介绍性或综合性网站，因为栏目较多，放在导航菜单里会显得很挤，所以将网页中的信息内容全部布置在网页上。井字形结构示例网站如图5-20所示。

② T字形　该版面布局的好处是所设计的网页功能一目了然。顶部为网站信息，如站标、站名以及导航栏；底下两块中较窄的一块（通常在左边）为辅助区域，即功能区；另外较宽的那块（通常在右边）为主要区域，放入功能所对应的内容。T字形网页具有普适性、容易扩展。它的规则结构可以方便地拉伸和收缩，专业的商业站点一般不会只使用单一模版，而是根据每页具体的内容来设计，这样做的好处也是明显的，用户每打开一页都可以感觉到设计者的思维以及达到视觉上的享受。但T字形结构简洁的特点，刚好是它最大的不足，简洁的外观必然带来美感上的不足，这种结构使得可以用来美化的区域变得非常狭小。人们通常使用平面与立体相结合的方法加上改善页面层次感来改进其不足。T字形结构如图5-21所示。

图5-20　井字形网页版面

图5-21　T字形网页版面

③ 梯形结构　该版面的设计常见于国外站点，国内用得不多。特点是页面上横向两条色块，将页面整体分割为四部分，色块中大多放广告条。其主要优点是页面上放置的内容相

对较多。

④ "口"形结构 该版面是 T 字形和梯形结构的结合，因整体轮廓类似于中文的"口"字而得名，如图 5-22 所示。

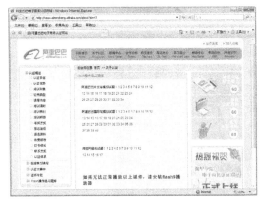
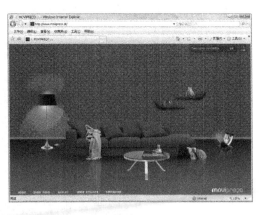

图 5-22 "口"形结构网页版面   图 5-23 POP 型网页版面

⑤ POP 型 POP 引自广告术语，就是指页面布局像一张宣传海报，以一张精美图片或一个 Flash 动画作为页面的设计中心，常用于时尚类站点。优点显而易见：漂亮动人；缺点就是速度慢。如图 5-23 所示。

以上总结了目前网页上常见的几种布局，其实在现实的应用中基本上都是经过一定变化的，所以网站才能呈现出丰富多彩、别具一格的布局形式。网页设计人员在了解这些布局的基本优劣之后，适当地利用其优点，结合一些富有形式美感的因素进行设计，就能设计出非常漂亮的网页。比如：如果网页中的内容非常多，就要考虑用井字形或 T 字形；而如果内容不算太多，而一些说明性的东西比较多，则可以考虑梯形；而如果一个企业网站想展示一下企业形象或个人主页想展示个人风采，封面可首选 Flash。但要注意，好的 Flash 大大丰富了网页，可是它不能表达过多的文字信息。

5.3.2 网页色彩设计

色彩是艺术表现的要素之一，在网页设计中，根据和谐、均衡和重点突出的原则，将不同的色彩进行组合、搭配来构成美丽的页面。色彩在网页设计中占有非常重要的地位，它是调节浏览者视觉心理、引起人们注意的主要手段。由于网页设计是通过计算机来实现的，就要考虑计算机色彩系统的功能。计算机色彩系统中提供的三原色为红、绿、蓝，通过这三色光的混合，创造出千变万化的富有情趣、而又能引起视觉兴奋的色彩，以达到网页能够吸引注意力、传达信息、赢得客户的目的。

色彩会对人们的心理产生影响，应合理地加以运用。按照色彩的记忆性原则，一般暖色较冷色的记忆性强。另外，色彩还具有联想与象征的特制，例如，红色象征火、血、太阳；蓝色象征大海、天空和水面等。设计出售冷食的虚拟店面，可使用淡雅而沉静的颜色，使人心理上会感觉凉爽一些。

（1）216 网页安全颜色

在网络中，即使是一模一样的颜色也会由于显示设备、操作系统、显示卡以及浏览器的不同而有不尽相同的显示效果。最早使用 Internet 的国家花费了很长的时间探索如何解决网页中的颜色会受到各种不同环境影响的问题，并最终找到了解决方法——发现了216网页安全颜色。216 网页安全颜色是指在不同的硬件环境、不同的操作系统、不同浏览器中都能正常显示的颜色集合（调色板），也就是说，这些颜色在任何终端的显示设备上的显示效果都是相同的，所以使用216网页安全颜色进行网页色彩的设计可以避免原有的颜色失真问题。

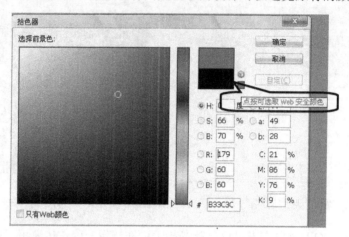

图5-24　Photoshop中216网页安全颜色的选取

网页安全颜色是指当红色、绿色和蓝色的数字值为0、51、102、153、204、255时构成的颜色组合，一共有6×6×6=216种颜色，其中210种彩色，6种非彩色。用户可以到网上下载216网页安全颜色的调色板；或者在使用Photoshop图像处理工具的时候，利用其附带的功能将颜色选择为相对应的216网页安全颜色，如图5-24所示。

（2）配色印象空间

网页设计师策划一个网站需要经过反复思考，而在决定网页配色方案时同样需要经过再三的思量，必须根据一定的判断标准对配色方案进行判断才能做出科学性、理论性较强的网页配色方案。目前科学的判断依据是配色印象空间，其主要依赖于色彩的色相和色调来进行判断。

配色印象空间中的色相和色调体系是结合颜色的三种属性（色相、亮度和对比度），并根据人类心理的角度对颜色进行分类的科学体系，它在很大程度上方便了网页设计师对颜色的分类和使用。研究人员通过SD方法（Semantic Differential Method）对颜色进行打分，并给出一定的形容词，最终得到了配色印象空间。结果表明：

① 给人静态柔和感觉的通常是隐约柔和颜色之间的搭配；

② 给人动态柔和感觉的通常都是鲜亮颜色间的搭配；

③ 给人生硬感觉的通常都是鲜亮颜色和浑浊暗淡色之间的搭配；

④ 给人静态生硬感觉的通常都是灰冷颜色之间的搭配。

各种颜色代表的意义如下。

① 红色　代表热情、活泼、热闹、温暖、幸福、吉祥。

② 橙色　代表光明、华丽、兴奋、甜蜜、快乐。

③ 黄色　代表明朗、愉快、高贵、希望。

④ 绿色　代表新鲜、平静、和平、柔和、安逸、青春。

⑤ 蓝色　代表深远、永恒、沉静、理智、诚实、寒冷。

⑥ 紫色 代表优雅、高贵、魅力、自傲。

⑦ 白色 代表纯洁、纯真、朴素、神圣、明快。

⑧ 灰色 代表忧郁、消极、谦虚、平凡、沉默、中庸、寂寞。

⑨ 黑色 代表崇高、坚实、严肃、刚健、粗莽。

⑩ 红色（暖调） 兴奋、幸运、小心、忠心、火热、洁净、感恩。

⑪ 橙色（暖调） 自由、光亮、希望、富同情心、容易受感动、乐于助人、乐于牺牲奉献。

⑫ 黄色（暖调） 温暖、光明、富有、稳健独立、自动自发、有正义感、完美主义者。

⑬ 绿色（冷调） 健康、清新、幼细、生命、恩惠、盼望、培育、自然、和谐。

⑭ 蓝色（冷调） 悲伤、冷漠、忍耐、自由、动感、活力。

⑮ 靛色（冷调） 冷静、沉稳、聪明、敏感、锐利、识人能力强。

⑯ 紫色（冷调） 豪华、美丽、忧心、平安、爱、悔改、谦卑、仰望、热情、热忱。

⑰ 黑色（暗调） 死亡、罪行、恐怖、严重、严肃、苦难。

⑱ 白色（光调） 纯洁、正直、光明、梦想、胜利、欢喜、能力。

⑲ 灰色（暗调）：阴暗、悲哀、孤寂、不洁、沉默。

例如，要设计一个著名药店的网站，首先要收集一些与健康、医药有关的站点，对每一个站点的风格和特点进行分析，得出：医院站点的背景主要采用白色和高对比的彩色，辅助色彩和主题色主要使用绿色、蓝色以及黄绿色，突出颜色使用红色和橙色；医药相关站点使用白色和蓝色、绿色等颜色为主颜色，搭配一些灰色为主题色，突出高科技含量产品的感觉，使用较浅的黄绿色和绿色为辅助颜色，突出颜色使用红色和蓝色系列中的鲜明色调和阴暗色调；健康站点则使用白色、蓝色、绿色、红色、紫色等多种颜色，使人在访问过程中可以保持轻松愉快的心态。经过分析确定该药店的配色方案应采用医药站点和健康站点的过渡阶段的配色方案，即在不失医药站点端庄祥和的氛围的同时得到健康网站生动亲切的效果，然后根据方案在配色印象空间中找到相应的配色。

（3）网页色彩搭配的技巧

下面的一些方法是众多的网页设计人员在实践中的体会，希望能够对网页设计人员进行网页的可视化设计起到一定的参考作用。

① 基于色相进行配色 该方法能够获得稳定的变化效果，补色与相反色相配色能够获得强烈而鲜明的效果，而类似色相配色则能获得沉静而稳重的感觉。

② 基于色调进行配色 该方法着重于色调的变化，主要通过对同一色相或类似色相设置不同的色调得到不同的颜色效果。通过使用多种不同的亮色调，可以制造出具有鲜明对比感的效果，而使用多种不同的暗色调，可以制造出沉静温和的效果。

③ 进行渐变配色 这是以颜色的排列为主的配色方案，如雨后的彩虹，按照一定规律逐渐变化的颜色，会给人一种富有较强韵律的感觉。渐变分为色相渐变和色调渐变。

④ 进行强弱对比配色 该方法是通过在颜色与颜色之间插入一个分离色来得到强弱分明的配色效果，通常分离色使用白色或黑色等非彩色，常用于需要分辨开但颜色差异本身不太明显的配色环境中，还可以通过插入到两个对比过于强烈的颜色之间来达到缓冲效果。

⑤ 重点突出颜色 该方法是只使用一个颜色强调突出效果的配色方案，一般使用与整体颜色截然不同的特殊颜色来实现。

⑥ 利用形容词确定适当的配色方案 一般网页设计师会利用一定的形容词来确定网页

的风格，并通过这些表达颜色感受的形容词在配色印象空间中确定相应的颜色。

（4）网页色彩设计的建议

人常常感受到色彩对自己心理的影响，这些影响总是在不知不觉中发挥作用，左右人的情绪。色彩的心理效应发生在不同层次中。有些属直接的刺激，有些要通过间接的联想，更高层次则涉及人的观念、信仰，对于艺术家和设计者来说，无论哪一层次的作用都是不能忽视的。

对于网页设计者来说，色彩的心理作用尤其重要，因为网络是在一种特定的历史与社会条件的环境下，即高效率、快节奏的现代生活方式的条件，这就需要做网页时把握人们在这种生活方式下应用网络的一种心理需求。

作为网页设计者来说，做到有针对性的用色是相当重要的，因为网站往往是各种各样的，大公司、政府组织、体育组织、聊天、新闻、个人主页等，不同内容的网页的用色应有较大的区别，所以要合理地使用色彩来体现出网站的特色，这是高明的做法。

例如：做公司的网页，就不能仅仅使用一些不着边际的颜色来吸引人，而要让人一看到这个网站的用色就立即明确该公司的主题。

举个实际的例子，IBM 的深蓝色，肯德基的红色条形，Windows 视窗标志上的红蓝黄绿色块，都使人们觉得很贴切，很和谐。标准色彩是指能体现网站形象和延伸内涵的色彩。一般来说，一个网站的标准色彩不超过 3 种，太多则让人眼花缭乱。标准色彩要用于网站的标志、标题、主菜单和主色块，给人以整体统一的感觉。至于其他色彩也可以使用，只是作为点缀和衬托，绝不能喧宾夺主。适合于网页标准色的颜色有蓝色、黄/橙色、黑/灰/白色三大系列色，要注意色彩的合理搭配。怎么能做到这一步呢？这里建议从公司的标准色入手。

一个公司的企业视觉形象识别系统（CI）是灵魂，做网站往往是为了提升公司的形象。因此把表现企业主题的标准色应用到网页中去，一定会给浏览者留下深刻的印象。这就牵涉到标准色的组合应用，要有一个色彩的基调问题，抓住自己的主色来配以不同的辅色，这样既突出了公司主页的特色，又能使页面丰富多彩（这里要切忌多种色彩并重的"花"的情况）。这只是一种用色的参考，版面设计和内容也能体现出企业的形象，只是色彩更加容易达到引人注目的效果。

做到用色有的放矢之后，再回到平面设计上来，因为网页设计实际上就是平面设计，只不过目的性、时效性更强而已。所以要把每一次网页设计都看做平面设计。不过也有一些不同，如网页的外框是受电脑屏幕所限制的，具有特定的比例。同时也有一个与电脑屏幕的颜色搭配问题，这与普通的平面设计不会受到任何限制有所不同。但是用色上要求与规律网页设计是一样的，即色彩的明暗、轻重、冷暖等，以及调和色和对比色的应用等。

针对不同的主题来布置色彩，如健康类的网站就不能采用较为刺激的大红色和黄色、橙色以及象征死亡和神秘的黑色和紫色，这样会造成一种紧张和某种程度的恐慌，以及一些不利于健康的联想。

用色往往不是非常单纯的运用，还要考虑诸多因素，例如，访问者的类别、社会背景、心理需求和场合的差异等，这就要求网页设计者要认真地分析网站受众的不同，并且要多听取反馈信息，总结他们满意或者是不满意的原因，综合考虑。社会背景不同的人，各人的目的不同，他们对色彩的感受也不同，所以网站的用色就要考虑到多方面的需求，尽可能地吸引各种注意力。访问者如果大多是素质较高的人，就应该考虑用色考究，要有一定的品位，有所偏向。

网页设计的用色也要特别关注流行色的发展。每年日本或者欧美都要发布一批流行色，这是从大量的人们的喜好中挑选出来的，关注它，并有心地研究它，而且努力地将这种观念应用到自己的设计中去，做一个色彩方面的有心人，就会使自己的网页富有朝气，更受欢迎。同时多研究别人的用色，多看一些对网站的网友的评价是相当重要的。做到这一点，能提高自己的色彩品位，多用一些受人喜爱的颜色，这样才能吸引人。作为一名网页设计师需要有自己的特色，如自己钟爱的颜色，用色的一些独特方面，这种是不要轻易舍弃的。因为没有一点自己特色的设计师就如同一台机器一样毫无生气。用别人喜欢的色彩是不会掩盖设计师特色的，因为设计师用色往往是在保留自己的用色方式上才去采用一些比较让人接受的颜色。

【 实战案例 】

下面运用本章学习的知识，设计一个简单的网上女性商品专卖店——随缘网上商店。本例采用自顶向下的信息构建操作方法，在理解网站功能的需求和商务活动的需求基础上，首先确定网站的信息内容的范围，并用设计蓝图的方法进行操作，然后详细、具体地建立网站的组织系统和导航系统等。

一、网站内容结构

首先根据女性商品的特点，需要建立一个集企业形象宣传、信息发布、电子商务（B2C）、客户资源管理为一体的网络商店。在电子交易上，可实现多种价格策略、付款方式、配送方法，并允许远程维护更新。网站系统要具有高度的开放性、扩展性和安全性。该网站的信息内容结构如表 5-1 所示。

表 5-1 网站信息结构的内容设计

网站形象宣传	网站简介、营业成绩 网站动态/新闻
商品展示	商品目录/分类、商品性能简介 商品查询与智能检索 促销商品
信息发布	搜索引擎、新推出的产品与服务项目
商店在线服务	意见反馈、技术支持、产品技术咨询、销售信箱 论坛管理、专题发言、售后服务
网上销售	产品目录/分类管理 交易策略管理（热卖、促销……） 订单管理（订单生成、订单分析、订单跟踪）
客户资源管理	客户注册管理 客户咨询、反馈、投诉

从表 5-3 可以看出，该网站在构建时不仅注重网站内容的完整性，更重要的是注重网站管理及有关系统模块的设计和开发，目的是要尽可能地减少网站维护和内容更新的工作量，方便网站管理，提高工作效率。从网站经营的角度看，网站设计首先能迅速、准确地支持业务的调整和最新信息的发布，使企业能将主要的精力放在电子商务的业务经营和创造效益上。

二、网站风格策划

针对女性商品的特点和主要销售对象，本网站的风格设计原则如下。

① 在网站内容上注重突出商店商品和服务特色。

② 网站必须具备一定的特色，应体现在与用户进行信息交流、交互的方便性和快捷上，还应该体现在网站内容的动态上。

③ 网站以基于形容词简单、时尚、高雅的配色印象取色，简洁明快。

④ 充分考虑网页的传输速度。

⑤ 尽可能地方便用户访问和进行商品的购买。

⑥ 合理运用网页设计技术。

三、网站组织系统的设计

根据表 5-3 确定的网站信息结构，将整个网站分为两大部分——前台用户系统和后台远程管理系统，下面是这两个部分的结构组成框图，图 5-25 为网站的后台管理系统结构图，图 5-26 为网站的前台用户系统结构图。

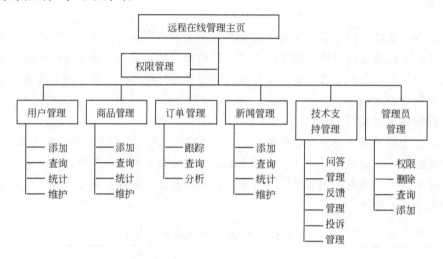

图 5-25　网站的后台管理系统结构图

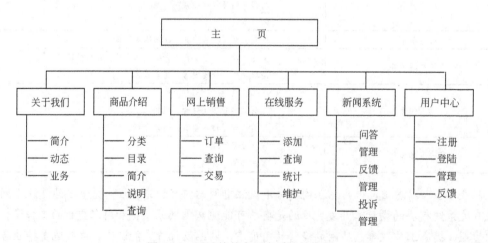

图 5-26　网站的前台用户系统结构图

四、网站导航系统设计

网站中设计了 3 种导航系统（图 5-27），其中全局导航系统指引用户在整个网络商店一级栏目之间进行跳转，局部导航系统则详细地列出了所有产品的分类以及一级栏目的子栏目，路径导航在用户进行浏览时起一个补充说明的作用（首页一般不需要），使用户不至于迷失在众多的栏目中。

五、网页的可视化设计

综合以上各步骤，利用相应工具设计网站的首页，见图 5-27。

图 5-27　网站导航系统

1—局部导航/子栏目导航；2—全局导航

本章小结

本章提出了电子商务网站内容设计的基本流程，并根据这个流程分层次分析了电子商务网站的信息内容及其功能模块。结合网站 IA 的体系结构设计思想，讨论了网站的导航系统、链接设计、可视化设计等方面。

本章重点讨论了电子商务网站中的主要资源——网页的可视化设计，并提出了电子商务网站中首页的具体结构和组成部分。在实战案例里更以一个实际的网上商店的设计运用本章所学知识。

习题

一、思考题

1. 电子商务网站内容设计的基本原则是什么？
2. 请举例说明一个电子商务网站的信息内容应包括哪些方面。

3. 请举例说明如何进行电子商务导航系统设计和整体风格的设计。

4. 请举例说明典型的电子商务网站中首页的设计思路。

二、实训题

1. 请对比以下两个网站，回答相关的问题：

联合利华　　http://www.unilever.com.cn

真功夫　　　http://www.zkungfu.com/

① 这两个网站的页面风格给你什么样的感受？你觉得符合它们各自公司的形象定位吗？

② 你觉得这两个网站在页面设计上采用了哪些措施来突出自己的风格？

③ 你觉得这两个网站在导航系统的设计上有什么不足之处吗？

④ 这两个网站有没有让你觉得做得特别好的地方？

2. 假设现在要你规划一个网站的栏目、风格，网站的类型从下面的列表中选择一个：

① XX 童装销售网站

② XX 创意礼品销售网站

③ XX 影视文化公司

④ XX 科技有限公司

然后请你从以下几个方面来设计规划该网站。

网站规划

a. 网站风格定位（可以从色彩、排版来描述设计）；

b. 网站栏目划分（提示：包括一级栏目、二级栏目，可以用结构图的形式来描述）。

3. 分析下列企业网站，请你对他们网站的导航栏目设置、导航的设计给予点评，指出优点和缺点，以及改进意见，必要的时候可以截图辅助说明。

① http://www.chinazqjx.com/cn/index.asp

② http://www.epoint.com.cn/EpointWeb/

③ http://www.bjsdkj.com/

④ http://www.eventer.cn/

4. 写出下列类型的网站页面适合采用哪些色彩来表现网页风格，并列举 1~2 个有代表性的网站（网址）及首页截图。

① 餐饮服务类网站

② IT 类网站

③ 女装销售网站

④ 旅游服务类网站

⑤ 女性资讯类网站

第6章 电子商务网站创建实例

学习目标
- 掌握制作网页设计稿的步骤
- 掌握切图输出、制作静态网页的步骤
- 熟练网站功能设计的方法
- 掌握网站的发布流程

【引入】经过前两章的学习，已经对当前电子商务网站常用的开发技术和工具，以及其内容、信息结构、可视化设计等都有了一个初步的认识。在本章中，将综合运用以上知识完成一个简单的电子商务网站创建。下面继续以随缘网上商店为例，逐步完成网站的制作、发布、测试等操作。

6.1 制作网页设计稿

在网站网页实际开始制作之前，需要先设计网页。网页设计通常会用到平面设计的相关工具和知识。网页设计可以使用 Photoshop、Firework 或者 CorelDraw 等平面设计工具。下面以随缘网上商店首页为例介绍一下制作网页设计稿的步骤和需要注意的事项。

（1）规划网页版面布局

按照本书第 5 章实战案例之中设计的网页版面，将其大致划分为以下几个区域（图 6-1），其中页面总宽度为 760 像素。

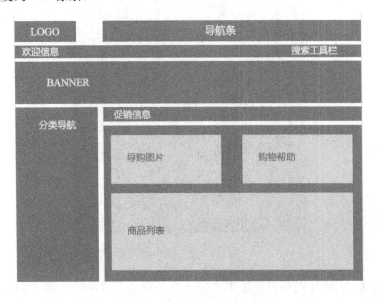

图 6-1 网页版面布局图

（2）PSD 文件制作

按照版面布局的划分，制作 PSD 图稿。打开 Photoshop 软件，选择"文件"→"新建"命令，弹出"新建"文件对话框，在"名称"文本框中输入"随缘网上商店首页效果图"，在"宽度"文本框中输入"760"，单位为"像素"，在"高度"文本框中输入"800"，单位为"像素"，在"分辨率"文本框中输入"72"，单位为"像素/英寸"，参数设置如图 6-2 所示。

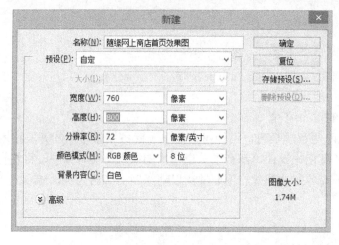

图 6-2 "新建"文件对话框

接着在 Photoshop 中为网页的每一部分分别建立一个对应的图层组，再逐步完成各个图层组的设计制作，如图 6-3 所示。

图 6-3 建立图层组

在 Photoshop 中设计图稿制作出来之后，需要经过多方审核，统一意见之后再进入下一步。

（3）设计稿制作注意事项

网页设计稿的制作是否精美，会直接影响到后续静态网页的制作是否顺利。网页设计稿的制作不一定要用 Photoshop 软件，使用 Firework 等其他平面设计软件也可以，但一般都建议在设计制作时注意以下事项。

① 确保每个页面的设计稿都能精确无误　一个网站中多个页面可能都分别需要制作相应的设计稿，但这些页面中往往会有很多相同的元素，必须保证这些相同的元素在不同的设计稿中完全一致。例如，同一模块的标题文字，使用相同的文字大小、颜色；每个段落的行高、同一类型的弹出框的尺寸，都应保持一致。

② 添加必要的设计稿标注　很多时候设计稿的制作人员和网页重构人员是分别开展工作的。在设计稿里边对文字间距、宽度、特殊字体、特殊字色等添加一些标注，可以减少设计人员与网页制作人员的沟通成本。这与程序编写中的注释原理是一样的。

③ 特殊样式的制作　网页上有些对象只有在被选择或者激活的时候才会显示出一些特殊效果，比如鼠标放在链接的文本上会改变文本颜色、弹出下拉菜单、显示内容的方框等。这些特殊效果可以在 Photoshop 中用单独一个图层将其制作出来，然后通过隐藏和显示图层的方式表现，必要的时候还可以加上一些标注。

6.2　制作静态页面

6.2.1　设计图稿切片

制作出网页设计稿之后，接下来就要将其制作成静态页面。首先要将设计稿切片。切片操作实际上就是将设计稿中所用到的图片单独保存出来。网页中所使用的图片大致可以划分为两类：一类是装饰性图片，另一类是展示性图片。这两种图片的切割方法和保存格式稍微有点不同。

（1）装饰性图片

装饰性图片，顾名思义就是为了网页显示更美观使用的图片，一般都是背景图、线条、标题图片、列表图片、按钮等。

装饰性图片一般都使用 gif 格式保存，如果是有特殊阴影或透明、半透明效果的装饰性图片则可以保存为 png 格式。对于一些纯色的背景、纯色的线条则不需要裁剪保存，而是在网页中使用 CSS 样式表实现其效果。

例如图 6-4 中用数字 1~5 标出的图片就属于装饰性图片，当然这个页面中的装饰性图片不止这 5 张，但其处理方法是一样的。

第 1 张：购物车链接的小图标，需要单独裁剪出来保存。右侧的会员中心、帮助中心等链接的小图标处理方法一样。

第 2 张：导航链接图片，这种图片是要作为一个链接对象的，需要将其整张切片保存。

第 3 张：属于背景装饰的图片，其特点是从左到右没有颜色、效果的变化，所以切片保存的时候不需要将其整个切片保存，只需要截取其中一小部分。通常是保留其图像高度，宽度截取 1 个像素即可，如图 6-5 所示（放大 500%的显示效果）。

图 6-4　设计图稿中图片的划分

图 6-5　放大后的背景切片图

第 4 张：命令按钮图片，需要整张切片保存。

第 5 张：属于装饰线条图片，有颜色渐变效果，所以不能使用第 3 张同样的处理办法，应该完整切片保存。

（2）展示性图片

展示性图片一般是指大幅的广告促销图片、商品实物图片。为了更好地还原出其图片的真实效果，一般将其保存为 jpg 格式的图片。在切片保存操作上将其整张图片保存即可，如图 6-6 中标识的 2 张图片就属于展示性图片。

图 6-6　设计图稿中的展示性图片

6.2.2　静态页面的制作

在切完图片之后，就要开始进行静态网页的制作。不过在开始制作页面之前，需要先创建一个网站根目录。可以先用网站名创建一个根文件夹，接着在根文件夹里边创建"images""include""css"等专门用来存储各类文档的文件夹，如图 6-7 所示。

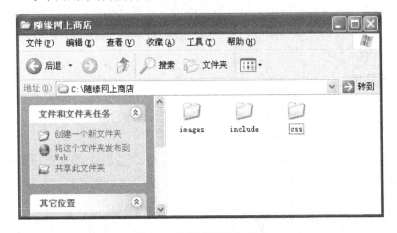

图 6-7　站点根目录文件夹

一般来说，Images 文件夹是必需的，其他文件夹则可以根据需要建立。这一步也可以在切图之前完成，那样裁剪的图片就可以直接保存到 Images 文件夹里面了。

接下来就可以利用 Dreamweaver 等软件建立网页和 CSS 样式表文件制作网页了。

6.2.3 网页设计的几个原则

（1）字体的选择

中文网页的字体推荐使用宋体、微软雅黑。不建议使用其他字体，否则有可能某些操作系统会不支持或者无法在用户的浏览器中正常显示。

（2）文字内容的处理

网页设计用到文字的地方尽量采用纯文本，而不采用图片。尽量使用纯文本有两个好处，一是纯文本方便修改，二是纯文本有利于 SEO（搜索引擎优化）。

（3）屏幕分辨率的选择

平面设计师通常考虑更多的是分辨率对印刷效果的影响，但在网页上不需要考虑印刷效果，只需要符合常规电脑屏幕的分辨率即可。一般建议网页分辨率的宽度在 1000 像素以内。

（4）页面之间的连贯性

网站的每个页面之间都有连贯性，例如页面顶部的导航条，页面的按钮、文字、图片点击之后都可能需要跳转到别的页面，一定要保持网站每个页面设计风格的连贯性。

6.3 网站功能设计

静态网页制作的主要目的是为了确认网站的前端显示效果，包括文字的颜色、大小，页面整体风格，JavaScript 制作的前端效果等。待静态网页制作完毕确认之后，就开始进入网站程序开发、代码编写的环节。

网站程序开发的语言有 ASP、ASP.NET、PHP、JSP 等，不同的开发语言需要搭配相应的数据库。这里以使用 ASP 开发为例，介绍"随缘网上商店"网站功能的设计过程。

网站功能设计就是根据网站目前所需要达到的目的和未来发展的需要来设定其相应的功能。因为网站各项功能的实现均与后台数据库的设计紧密相连，所以前期对功能的考虑越周全，则后期对数据库的修改就越简单。同时，在网站建立初期，还要多方面权衡功能设定与资金投入之间的关系。

6.3.1 搭建服务器

ASP 是在 Windows 服务器上运行的，对应的操作系统通常是 Windows Server 系列，例如 Windows Server 2003/2008/2012。

IIS 安装之后，会在 Windows 所在的磁盘（通常是 C 盘）建立一个 Inetpub 目录，其中还有一个 wwwroot 子目录，这是发布 Web 网页的目录。如果把所有网页程序都放在这个目录之下，就可以不设置虚拟目录，但实际上，设置虚拟目录常常是需要的，如下面几种情况。

① 把系统文件和待发布的网页等分开存放到不同的逻辑盘，维护管理和备份会比较方便。

② 有多个物理硬盘，第二（或第三）硬盘上也有要发布的 Web 网页。

③ 有些要发布的 Web 网页在另一台计算机（服务器）上。

下面以 Windows XP Professional 为例，介绍设置虚拟目录的方法。在设置虚拟目录之前，应先在硬盘上建立好发布 Web 网页的目录。

从"开始"菜单进入"控制面板",调出"管理工具"界面,双击"管理工具",然后双击"Internet 信息服务",打开"Internet 信息服务"面板。

进入"Internet 信息服务"后,鼠标右击网站下的"默认网站",弹出它的快捷菜单,选择"新建"→"虚拟目录"(图 6-8)。

图 6-8 选择"虚拟目录"界面

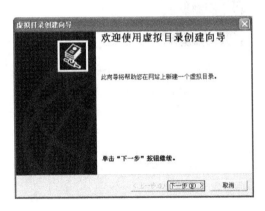

图 6-9 "虚拟目录创建向导"界面

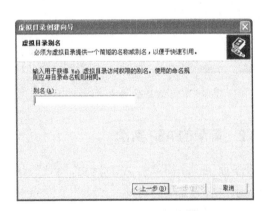

图 6-10 输入虚拟目录别名界面

这时弹出"虚拟目录创建向导"(图 6-9)。

单击"下一步"后,输入虚拟目录别名。虚拟目录别名仅仅是一个目录名,不要输入盘符和斜线。虚拟目录别名可以与真实目录名相同,也可以不相同。当然与真实目录名相同会比较方便(图 6-10)。

输入虚拟目录别名后再单击"下一步"按钮,调出一个对话框。单击该对话框中的"浏览"按钮,调出"浏览文件夹"对话框,选择真实目录名(图 6-11)。

下面是设置虚拟目录的访问权限,一般选"读取"和"运行脚本"(图 6-12)。

然后,单击"下一步",进入如图 6-13 所示界面,选择"完成"即可。

图 6-11 选择真实目录名界面

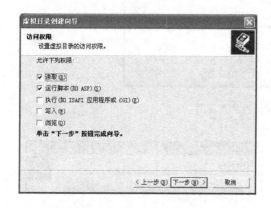

图 6-12 设置虚拟目录的访问权限

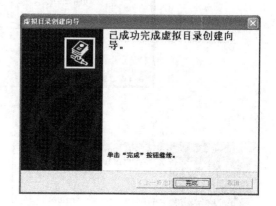

图 6-13 完成虚拟目录创建界面

6.3.2 简单的 ASP 实例

下面用一个简单的 ASP 网页，测试 ASP 运行环境。该网页的功能是在客户端的浏览器上显示出服务器端的时间。

（1）制作过程

① 新建文件 在 Dreamweaver 编辑界面内，单击菜单栏的"文件"→"新建"命令，调出"新建文档"对话框，按照图 6-14 所示进行选择，然后单击"创建"按钮，在编辑界面内，新建了一个名称为"Untitled-1"的文件。

② 保存文件 单击菜单栏的"文件"→"保存"命令，调出"另存为"对话框，在该对话框中，把文件保存在目前要编辑的站点路径下，文件名称的后缀必须为 ASP，此时在"文件"面板中可以看到文件的名称。

③ 制作界面 在 Dreamweaver 编辑界面内，单击文档工具栏的"显示设计视图"按钮，然后输入"简单的 ASP 例子"和"显示当前的日期和时间"文字，如图 6-15 所示。

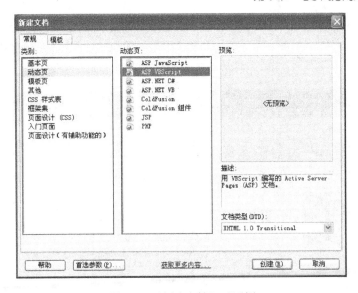

图 6-14　"新建文档"对话框

图 6-15　显示日期和时间网页的编辑界面

④ 插入 ASP 脚本　单击"插入"栏内的"ASP"→"输出"按钮（图 6-16），显示出源代码，如图 6-17 所示。

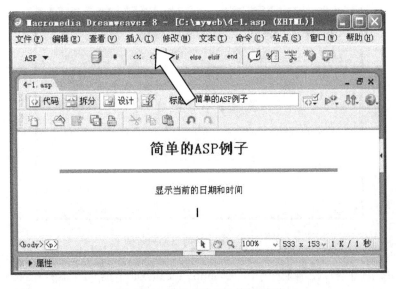

图 6-16　单击"输出"按钮界面

在鼠标闪烁的位置输入"NOW"，在编辑界面内，单击文档工具栏内的"显示设计视图"按钮，再单击菜单栏的"文件"→"保存"命令，把网页保存一下，自此简单的 ASP 网页制作完毕。

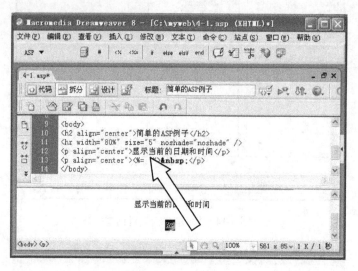

图 6-17　显示源代码

（2）运行方法及显示效果

简单的 ASP 也含有程序，通过浏览器可看到 ASP 运行结果。浏览器可以是 Microsoft 公司的 IE（Internet Explorer），也可以是其他的浏览器软件。这里以 IE 为例，运行方法有以下两种。

① 在 Dreamweaver 编辑界面内，单击菜单栏的"文件"→"在浏览器中预览"→"iexplore"命令，或者按键盘上的【F12】键，调出 IE 浏览器，可以看到浏览器中显示出当前日期和时间，如图 6-18 所示。

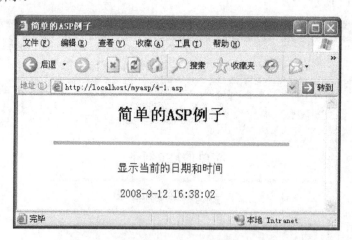

图 6-18　显示当前日期和时间

② 打开 IE 浏览器，在地址栏中输入"http://localhost/myasp/4-1.asp"后按回车，显示如图 6-18 所示。按键盘上的【F5】键刷新屏幕（或用"查看"菜单中的"刷新命令"），可看到

显示的时间每刷新一次变化一次。

6.3.3 网站功能的设计

下面继续以随缘网上商店为例，分析和实现一个电子商务网站前台、后台代码的编写以及网站的发布。

（1）建立站点

如何利用 Dreamweaver 建立一个站点，已经在前面详细介绍过了，站点的文件目录规划也已经介绍过，这里不再重复。下面给出站点的目录规划，如图 6-19 所示。

图 6-19 站点目录设计

a. data 文件夹：存放本站点数据库；

b. goodpic 文件夹：存放商品图片；

c. images 文件夹：存放网页所使用到图片；

d. inc 文件夹：存放部分模块化文件或代码等。

（2）首页设计实现（index.asp）

在首页可视化已经设计好的基础上，需要将其大部分功能模块化（图 6-20），并独立出来。例如：全局导航、Logo、底部版权等部分在一个网站的所有网页中都需要显示出来，那么可以将其各自独立出来成为一个网页文件，在需要的时候通过调用的方法显示出来，这样就能能大大减少工作量，而且后期修改起来非常方便，不会对其他网页文件造成影响，用户浏览网页的速度也有很大的提高。因此，将网页功能和代码模块化设计，是网站开发中一个很重要的思想。

首页（index.asp）的结构如图 6-20 所示，其中包含了 WebTop.asp、Guid.asp、SortInfo.asp、Rank.asp、WebButtom.asp 等若干个页面程序。

首页包含的页面和对应的功能大致如下。

① Guide.asp 页面用于显示最新加入的前 12 种商品信息。

② SortInfo.asp 页面用于查询数据库商品分类表（Goodssort）中商品分类信息，并按商品分类的 sort_order 值的降序排列。

③ Rank.asp 页面主要实现商品的按浏览排行、按交易次数排行，以及商品带图片的概况预览。

④ WebButtom.asp 页面放置企业基本信息、版权信息等。

图 6-20　首页模块化设计

（3）商品详细信息页面（GoodsInfo.asp）

一般来说，商品详细信息页面除了详细列出商品的各项信息外，还应该列出一些其他的辅助信息，比如提示用户购买前要登录、商品销售排行、购物技巧等内容，以方便用户在产品对比和引起用户对其他商品的关注等。本页设计效果如图 6-21 所示。

图 6-21　商品详细信息页面

（4）购买商品页面（订单查看）

购买商品页面主要实现用户对准备购买的商品的确认，包括确认商品、数量、价格等。一般情况下用户不会只买一种商品,那么就需要使用订单来管理用户准备购买的商品信息(在一些大型系统中普遍使用购物车系统管理，确认后再生成订单)。实现思路如下。

① 用户点击购买商品，传递商品 ID 编号。

② 检测用户是否已经登录（尚未登录就跳转到登录页面）。

③ 查找订单表，即属于该用户的处于"未确认"状态的订单。如果不存在则生成一个新的订单，并设置其 init 状态。这里需要为订单（OrderForm）的订单状态 （Order_State）设置几个值表示不同的状态。

a. 未确认：初始状态，用户还没确认下单，还可以继续添加和修改商品。

b. 已下单：用户已确认，不可以再继续添加、修改商品。

c. 已发货：已发货。

d. 已完成：商店已收款，交易完成。

④ 将商品添加到订单。

⑤ 确认商品数量、价格等→确认。

界面设计效果图如图 6-22 所示。

⑥ 所有与数据库的连接均由 Conn.asp 页面完成。

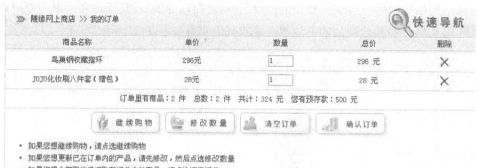

图 6-22　购买商品页面

⑦ 添加新商品页面（Admin_addgppds.asp）。

（5）用户管理功能设计

任何一个电子商务网站的功能设计中都不能少了用户管理功能的设计。一个好的用户管理系统不仅可以提高用户使用网站所提供功能的方便性，还可以方便管理员进行用户的各种统计、管理、预测等工作，以更好地规划、改进和发展电子商务业务。

① 用户管理系统的功能和分类

a．用户管理系统的功能。用户管理系统的应用目的主要是用户数据信息的收集和整理工作、基于用户数据信息的各类分析处理、用户向企业方的反馈工作以及有关交易行为的各类规范、说明书、文档和图片的发布和管理工作。因此，基于应用目的的用户管理系统功能主要包括用户登记注册管理、用户群分析、用户信用分析、用户消费倾向分析，以及用户咨询、投诉和反馈管理等。

b．用户管理系统的分类。从系统运行方式来看，用户管理系统主要分为 Web 方式和非 Web 方式，即"网上"方式和"网下"方式。Web 方式是指以 Web 页面为用户界面的运行方式，数据信息的往来通过 Web 页面进行，其优点是开放性强，基于 Internet 平台，世界各地的用户都可以访问，适合进行用户数据信息的收集和登记，并通过 Web 后台程序存入数据库中；非 Web 方式是指不通过 Web 页面的运行方式，这种方式的用户管理系统大多是后台管理与分析程序，由 PB、VB、Delphi 等开发工具开发的用户管理系统由企业内部职员负责运行，可进行复杂的、大容量的数据处理和计算，分析的结果保存于企业内部供企业经营决策所用，不必要也不应该呈现给企业外部人员。

此外，企业与用户之间的数据信息交流方式是多样的，可通过文件传输如文件上传与下载、发送电子邮件等途径进行，因此，建立和运行用户管理系统应注意与其他相关系统的协调及相互补充。

② 系统实现——会员登录注册与管理系统　一个基本的会员登录注册与管理系统，应具有以下功能。

a．接受新用户的注册，引导新用户填写必要的个人资料。

b．实现会员的登录操作。

c．在会员登录操作成功后，为会员提供查看、修改个人资料的界面。

d．用户需求信息登记处理。

e. 网站管理员专用的会员管理页面。在会员注册并登录系统后需要存储和调用会员的个人资料，这就需要设计和操作数据库。

首先从用户的角度来考虑：当连接到系统所在的页面时，如果是新用户，应选择注册成为新会员；如果已经是会员了，就会输入会员账号和密码执行登录操作，进入会员登录注册系统，管理自己的个人资料或是转到该网站提供的其他服务。

③ 注册页面（Reg.asp）　设计界面如图 6-23 所示。

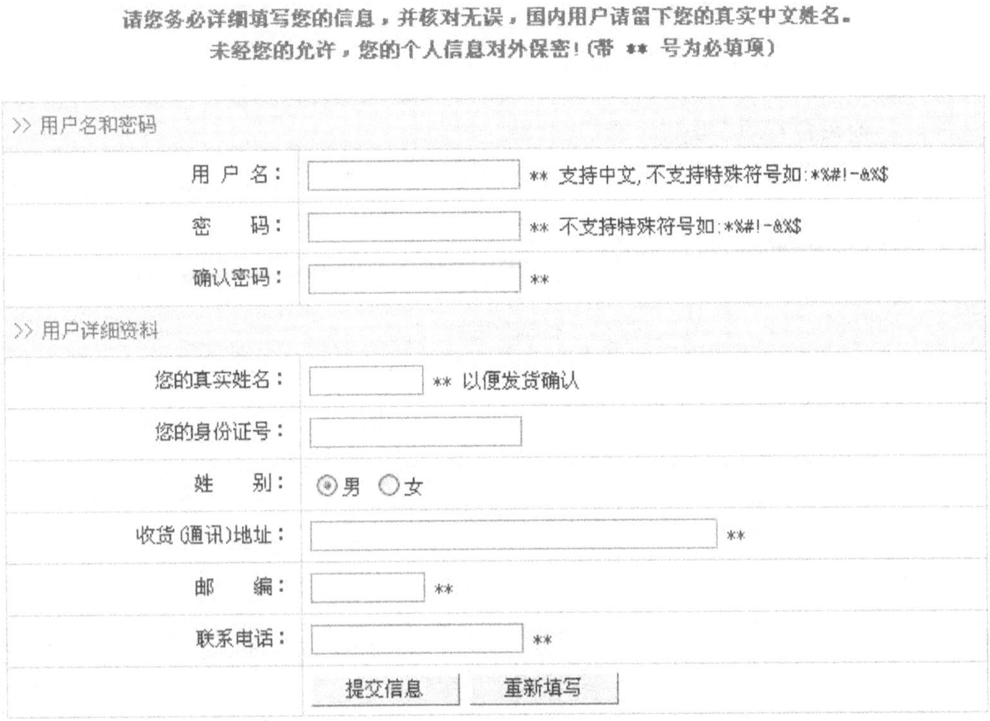

请您务必详细填写您的信息，并核对无误，国内用户请留下您的真实中文姓名。
未经您的允许，您的个人信息对外保密!(带 ** 号为必填项)

图 6-23　注册页面

④ 登录页面（Login.asp）　用户的登录页面比较简单，通常都是实现用户登录用户名和密码的信息输入，此外一般还包含两个链接，分别指向注册页面和当用户忘记密码时的处理页面。有些网站为了防止用户的恶意登录，还会设置一个登录（或注册时）验证码，有关验证码的实现，本例中将不做探讨，请读者另外找相应的专业书籍学习。登录页面的实现界面如图 6-24 所示。

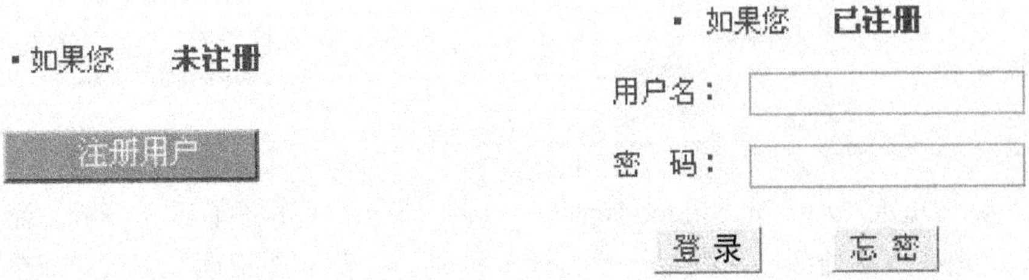

图 6-24　登录页面

跟注册页面一样，登录页面除了要设计好版面外，还要注意用户名和密码两个文本框的命名，以及表单动作（Action）的目标页面文件为 checklogin.asp。

⑤ 管理员登录页面　管理员登录页面代码编写与用户登录基本一样，读者可参考完成。不过需要注意的是，一般网站都不提供管理员注册功能。

（6）商品管理功能设计

电子商务网站的商品管理模块一般要包括以下功能：管理员可以通过浏览器在线增加、修改和删除产品信息；产品数据可以即时更新，保证用户浏览到最新的产品信息。商品管理模块从技术上来说不算很难，但最重要的是要考虑到其权限问题。也就是说，通常只有管理员用户才能进行商品的后台管理，如果不对商品管理模块进行权限检测，则势必给整个系统带来灾难，其他后台管理模块也一样。

所以，商品管理功能等模块都属于管理员后台远程管理网上商店部分，只有管理员才有权限浏览和操作，所以在界面设计方面花的时间不需要太多，简单明了地能实现其功能即可。商品管理模块框架图见图 6-25。

图 6-25　商品管理模块框架图

① 商品管理总页界面设计（Admin_Goods.asp），见图 6-26。

商品查看与修改					
序号	商品名称	单位	单价	分类	操　作
12	新光-施华洛世奇水晶材质手镯-图腾	只	￥38	首饰	修改 删除
11	JOJO化妆刷八件套（赠包）	套	￥28	美容工具	修改 删除
10	鸟巢钢收藏指环	只	￥296	首饰	修改 删除
9	M.F时尚/环保/休闲单肩购物包	只	￥23.8	箱包	修改 删除
8	Blove碧蕾小白鲨瘦脸冰纯60g	瓶	￥99	美容工具	修改 删除
7	lux-women-超值18K金吊坠	只	￥1700	首饰	修改 删除
6	贝罗咖啡因纤体按摩霜300m1	支	￥155	减肥/美体	修改 删除
5	千禧之星18K白镶钻石吊坠	只	￥1198	首饰	修改 删除
4	L.N.S.N时尚炫彩女士单肩	个	￥40	箱包	修改 删除
3	Charmzone婵真银杏天然护肤二件套	套	￥225	化妆品	修改 删除

首页 上一页 下一页 尾页 页次：1/2页 共有12种商品

图 6-26　商品管理

② 商品修改页面（Admin_editgoods.asp）　商品修改页面的版面设计一般与添加商品页面差不多，只是在数据处理（代码编写）方面有差别。商品修改页面功能实现流程如下：

获取待修改商品编号→查询数据库中该商品的信息→修改→保存修改

其界面设计如图 6-27 所示。

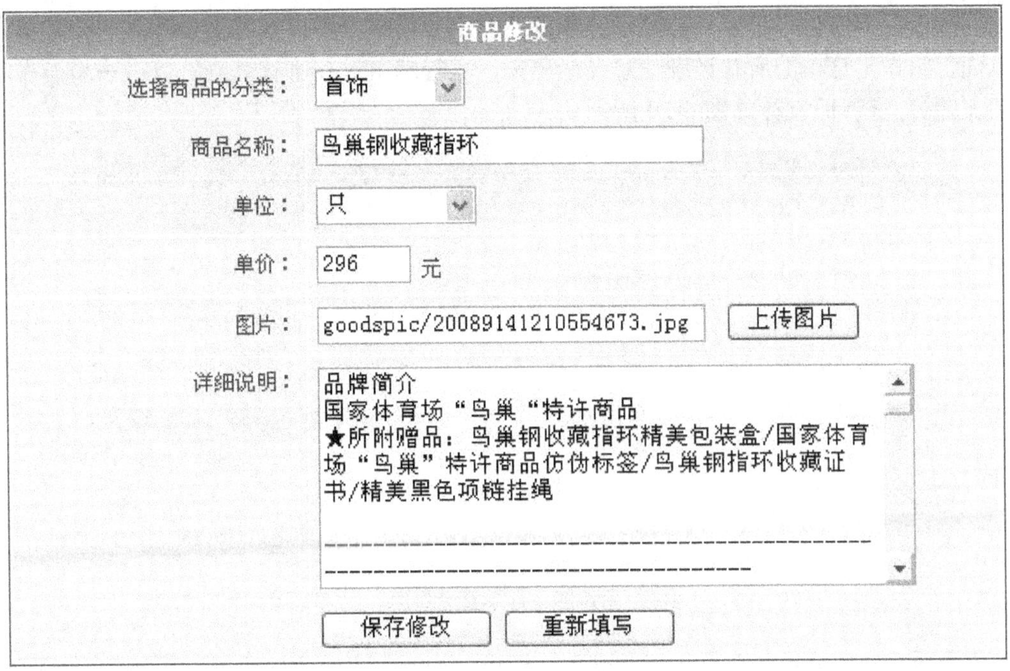

图 6-27 商品修改页面

③ 保存商品修改信息（Admin_saveeditgoods.asp） 保存商品修改信息页面与保存添加商品信息页一样，均不用设计其可视化界面，只需要实现保存操作功能即可。

④ 实现商品删除（Admin_delgoods.asp） 商品删除页面只要实现删除指定编号的商品即可，不需要设计其可视化界面。

（7）订单处理功能设计

订单处理功能指的是对全部交易产生的订单进行跟踪管理。管理员可以浏览、查询、修改订单，对订单进行分析，追踪从订单发生到订单完成的全过程。其功能和操作类似于产品管理。

① 订单管理页面（Admin_orderform.asp） 界面设计效果图见图 6-28。本页界面设计与商品管理页面相似，不同之处在于页面的顶端增加了几个链接，目的在于方面管理员对各种状态的订单进行管理。

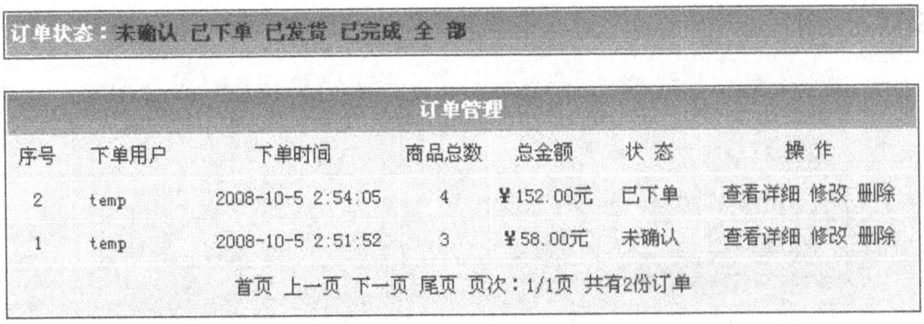

图 6-28 订单管理页面

② 订单查看页面（Admin_scanorderform.asp） 一般订单的管理页面以列表的形式显示

出来，限于篇幅每份订单也只能显示其中的几个主要信息，所以很有必要建立一个订单的查看页面，将指定订单的所有详细信息显示出来，供管理员对其进行查看，以进一步操作（修改或删除）。其界面设计如图6-29所示。

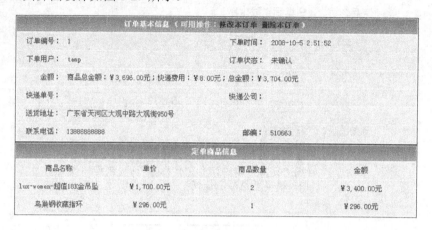

图6-29 订单查看页面

本页面在实现订单的查看功能基础上，还可以加一些人性化的设置。比如"下单用户"名字上可以添加一个链接，点击过去可以查看该用户的一些详细信息；"商品名称"上也可以添加一个链接，点击可以查看该商品的一些详细信息等。这样可以让管理员能更方便地对订单的各方面情况进行了解与管理。

③ 订单修改（编辑）页面（Admin_editorderform.asp） 订单的生成、确认的操作一般由用户完成，所以管理员对订单的修改则只完成以下几个基本功能即可，订单中的其他基本信息则由用户去修改（针对本网上商店系统）。

a. 设置订单的状态。由之前的设计可知订单的状态分为"未确定""已下单""已送货"、"已完成"四个。管理员需要将订单设置为四个状态中的任何一个，以更有效的管理。

b. 修改运费。一般来说，商品数量的多少决定着运费的多少，所以管理员需要根据实际的情况设定订单的运费价格。

c. 输入订单号与快递公司。当公司将商品通过快递公司运送出去后，就可以输入订单的编号与快递公司的名称，用户就可以随时通过这两个信息查询商品的运送情况，做到心中有数，也可以增加用户对商店的信任。

针对以上分析，本页面界面设计见图6-30。

图6-30 订单修改页面

④ 保存订单修改信息（Admin_saveorderform.asp）　保存修改订单页面与保存修改商品页面类似，不需要设置其可视化界面，只需要完成其保存功能即可。执行保存功能后，页面即跳转到订单的查看页面（Admin_scanorderform.asp），让管理员可以看到修改后的结果。

⑤ 订单删除（Admin_delorderform.asp）　订单的删除代码实现原理与流程和商品的删除大致相同，不一样的是订单的删除不仅要删除订单信息表（OrderForm）中指定的订单记录，还需要删除订单商品信息表（Orderdetail）中的商品记录。

6.4　网页发布

站点制作完成，就需要把它放到万维网（www）上，让全世界的网络浏览者都能够访问该站点。目前，许多 ISP 提供了存放主页的服务，对于准备通过电子商务网站开展业务的企业来说，拥有自己的域名、自己的主页是非常必要的。

有关域名的选择、注册与购买请参考本书第 3 章的内容。这里为本章例子随缘网上商店选择域名：www.suiyuan.com。

6.4.1　选择网站服务器

（1）网站服务器的选择

如本书第 3 章所介绍，针对不同层次的用户，架构企业网站可以通过不同的方式进行，主要有以下几种。

① 虚拟主机　对于一些刚起步的小型企业，构架企业网站的目的仅仅是将公司信息发布到网络上，介绍公司业务、产品等信息，以使公司具有更高的知名度，并不需要网站提供更多的功能，如论坛互动、电子商务等。这种企业网站包含的信息量不多，访问量也不高，网页基本为静态内容，所以针对这样的网站没必要架构一台独立的服务器，可以通过虚拟主机的方案来解决。一年的租用费用相当低廉，根据空间需求不同价格在几十至上千元不等，对于刚起步的小企业是个物美价廉的解决方案。

② 主机租用　随着企业规模的扩大，网站包含内容的不断增多，比如包含一些动态互动的内容，访问量增加，对于网站速度的要求也不断提高，这时候虚拟主机无论从性能还是价格上都不再是最佳解决方案，通过主机租用可以很好地解决这个问题，企业可以租用服务运营商专门定制的 Web 服务器，可以通过独享或者共享的方式进行租用，网站的性能、安全性以及带宽都会有大幅提升，但是每年要花费数千甚至万元以上的租用费用。并且运营商的服务器质量、软件配置不一定会符合企业的需求。

③ 主机托管　自购服务器然后交给 IDC 托管可以弥补主机租用的不足，虽然需要一定的服务器托管费用，但是服务器品质可以保证，可以根据企业需求量身采购。主机托管也免去了自建机房的麻烦，也可以享受服务商提供的稳定可靠的带宽。

④ 自建机房　除此之外，企业如果发展到一定规模，需要自建机房，则对企业提出了更高的要求，首先需要稳定可靠的骨干网络，并且需要独立的恒温、防尘、防火、防潮、防静电以及具备不间断电源的机房环境，还要求具有专业 IT 技能的维护人员。这里不再详细学习。

对于本章要实现的随缘网上商店系统，这里以购买域名、虚拟主机、FTP 上传的方式来完成系统网页的发布。

（2）购买虚拟主机

在众多提供虚拟主机服务的商家中，有的商家收费低廉，但连接速度可能较慢；有的商家收费偏高，但连接速度较快。因此，企业在选择虚拟主机服务时，应该综合考虑所提供的各种服务。

当前提供服务器租用服务的服务商非常多，用户可以使用 www.google.com 搜索，在关键词对话框中输入"租用服务器"等，即可查找到提供该服务的网站列表。下面以某一服务提供商为例，为制作好的网站——随缘网上商店购买虚拟主机。

① 登录提供商网站主页，根据企业本身要求与特点在其提供的虚拟主机型号列表中选择合适的产品。建议对多个商家以及多个型号之间作个详细的对比，如图 6-31 所示。

图 6-31　虚拟主机产品列表

② 选择好产品之后，就可以点击"购买"进行付费等操作。具体的步骤可按照提供商网站的提示去操作。

6.4.2　上传网页

网页的发布就是将网站的网页等文件上传到远程服务器上，可以通过 Dreamweaver 软件来完成，也可以通过 CuteFtp、FlahFXP 等 FTP 软件完成。这里以 CuteFtp 软件为例，将本章所完成的网站文件通过 FTP 方式上传到远程服务器上。

① 打开 CuteFtp 软件，如图 6-32 所示。点击菜单"文件"→"新建"→"FTP 站点（P）…"

命令，打开"站点属性"对话框。

图 6-32　新建 FTP 站点

② 在"站点属性"对话框中填写好购买空间时提供的 FTP 地址与设置好的用户名和密码，然后点击"连接"按钮，见图 6-33。

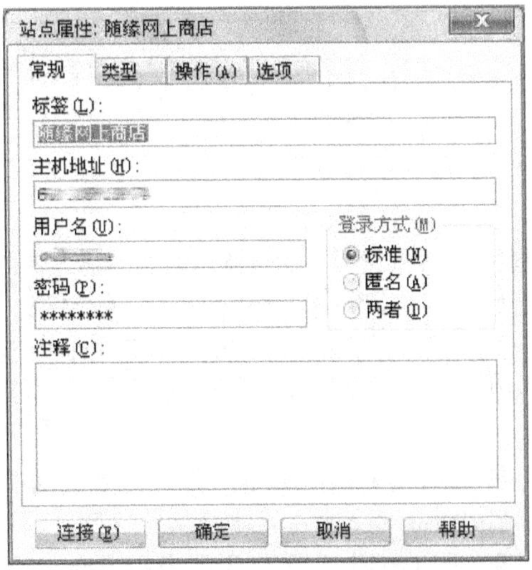

图 6-33　站点属性设置

③ 待 FTP 连接成功后，在左侧本地文件窗口中选择好待上传的网站文件，点击鼠标右键，选择"上传"命令，见图 6-34。

需要说明的是，在右侧文件视图中，如果有出现类似图 6-29 的"database""logfiles""wwwroot"等的文件夹时，则务必先双击"wwwroot"文件夹图标，进入该目录后再上传网页文件。有关于该三个文件夹的作用如下。

a．database：供存放网站数据库文件夹。将数据库存放到该文件夹下，将能进一步提高数据库的安全性。

b. logfiles：日志记录文件夹。日志记录的作用请参考前面"远程设置"章节的内容。

c. wwwroot：网站根目录。网站中所有的网页、图片等文件都必须放在此目录下，用户才能正常浏览。

以上三个文件夹在不同的虚拟主机提供商服务器上所表现的形式不完全一样，但功能上大致相同。

④ 网页文件发布完成后，再绑定域名就可以通过域名来访问网站，进而开展电子商务的各项业务。

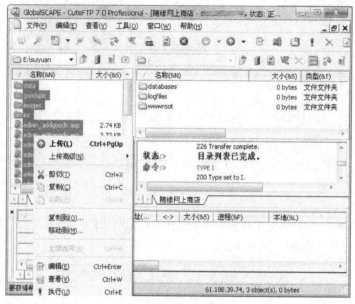

图 6-34　文件上传

6.4.3　远程设置

在购买好虚拟主机，测试好站点之后，在上传网站之前，都需要对购买的虚拟主机进行一些必要设置的操作，以更好地保证网站的正常运行。一般来说，一些服务好的虚拟主机服务提供商都会有专门的技术人员会事先为客户设置好。但在很多情况下，需要企业根据自身情况进行一些设置。由于这些设置一般都是需要通过服务商网站进行，所以一般称之为远程设置。

虚拟主机的远程设置一般包括以下几项基本内容（对于不同的虚拟主机提供商设置办法不完全相同）。

① 租用空间与购买域名之间的绑定　凭购买虚拟主机时申请的用户名和密码登录服务商网站后，在虚拟主机管理页中，选择"绑定域名"选项，可以看到图 6-35 设置选项。

图 6-35　绑定域名

域名绑定的注意事项有以下几点。

a. 首先你必须注册这个域名。

b. 在你注册域名时，需要指定一个 DNS 服务器，这个服务器负责把域名翻译成你的 IP（租用的空间所对应的 IP 地址）。最好在同一提供商处注册域名和购买空间。

② 默认文档，就是设置主页　IIS 的默认起始文档是 Default.htm 及 Default.asp，如果你不喜欢或者对于本站例子来说，主页为 index.asp，就需要进行主页的设置，见图 6-36。

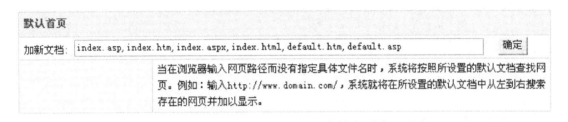

图 6-36　设置默认首页

③ 配置日志文件　日志文件是站点被访问的记录，通过设置可以记录来访问者的各种信息，其重要性不言而喻。目前大部分空间提供商都免费提供这个服务，也就是说日志文件所占用空间并不会计算在租用的空间里边。所以也有部分提供商网站不提供此项设置。

④ 设置向客户端发送代码错误信息的方式　默认情况下，当编写网站的 ASP 或者 JSP 等代码出现错误的时候会将详细的错误信息发送到客户端。这样，会给用户一个不好的印象，也会给一些别有用心的人提供一些攻击网站的机会。所以一般都建议设置为只发送默认预定文本错误信息，如"本页正在维护"等。其设置见图 6-37。

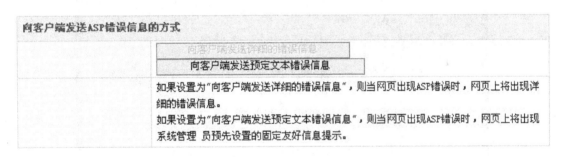

图 6-37　设置发送错误信息的方式

⑤ 自定义 404 错误提示页面　404 错误表示用户指定浏览的网页找不到时，将返回 404 错误页面。通过自定义将会使错误页面更具亲和力。也有些提供商提供自定义更多类型的错误页面。

⑥ 更改上传 FTP 的密码　当前网页比较好的上传方式是通过 FTP 上传。FTP 上传的服务器地址在购买虚拟主机时由提供商提供。而上传用户名一旦确定下来，一般都不允许再作更改，能更改的只有上传的密码。为了保证站点的安全，建议上传密码应该不定时修改。其修改面板参考图 6-38。

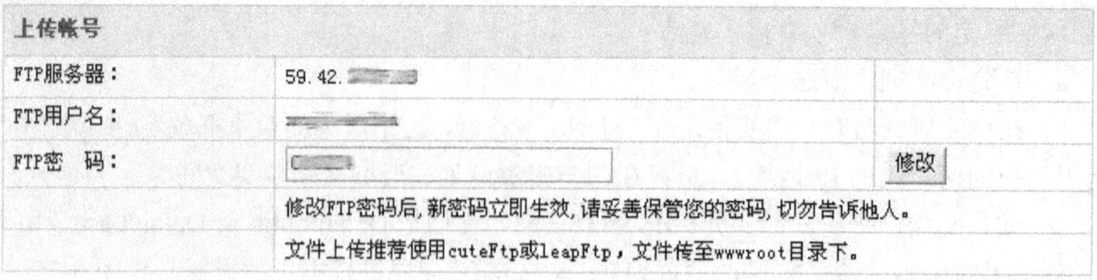

上传帐号		
FTP服务器：	59.42.	
FTP用户名：		
FTP密 码：		修改
	修改FTP密码后，新密码立即生效，请妥善保管您的密码，切勿告诉他人。	
	文件上传推荐使用cuteFtp或leapFtp，文件传至wwwroot目录下。	

图 6-38 更改 FTP 上传密码

6.4.4 网站测试

网站制作完成后，在上传到服务器前，还要进行非常重要的测试工作，减少可能发生的错误。本地测试包括不同浏览器的测试、不同分辨率的测试、不同操作系统的测试和链接测试、性能测试、安全测试等。在 Dreamweaver 中，可以通过结果面板完成大多数的测试。执行"窗口"→"结果"命令，即可打开结果面板。

（1）浏览器的测试

浏览器的测试，是指测试网页在不同的浏览器（包括其不同的版本）下的运行和显示状况。实际工作中，用户会使用不同的浏览器登录因特网。通过此项测试和修改，可以保证网页在大多数的浏览器中都能正确显示。测试和修改的方法如下。

① 打开目标网页，点击"窗口"→"结果"，打开如图 6-39 所示的结果面板。

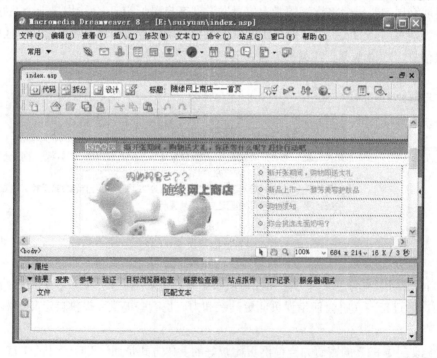

图 6-39 "结果"面板

② 如图 6-40 所示，点击结果面板中的"目标浏览器检查"标签，点击右上角的菜单按钮，在弹出的菜单中点击"设置"，打开目标浏览器对话框。

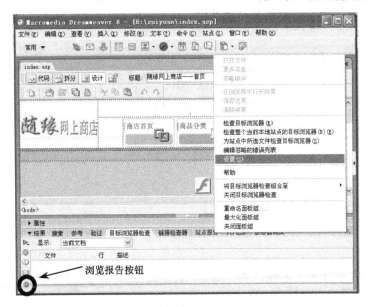

图 6-40 "结果"面板"设置"选项

③ 如图 6-41 所示,在打开的目标浏览器对话框中设置需要检测的浏览器,点击"确定"按钮,完成检测浏览器的设置。

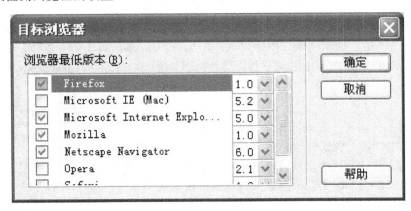

图 6-41 目标浏览器对话框

④ 点击图 6-40 菜单中的"检测目标浏览器"选项,在结果面板中会列出整个站点中的网页不兼容信息。

⑤ 点击图 6-40 中所示的浏览器报告按钮,会弹出一个关于网页中与浏览器不兼容的报表,报表详细列出了检测的浏览器及不兼容网页信息的位置,设计人员则可以根据报表修改网页,如图 6-42 所示。

(2)不同分辨率和不同操作系统的测试

不同操作系统和不同分辨率的测试基本相同,就是在不同操作系统和不同分辨率的计算机下运行需要测试的网页。

设置计算机为不同显示分辨率,然后在不同分辨率下使用浏览器查看网页,检查网页能否正确显示。设置计算机分辨率的操作如下。

① 在系统桌面上点击鼠标右键,在弹出的菜单中选择"属性",打开属性窗口。如果系

统正在运行其他程序，可以关闭该程序，或者最小化运行该程序的窗口。

图 6-42　检查报告

② 如图 6-43 所示，点击属性窗口中的设置按钮，拖曳"屏幕分辨率"栏中的滑杆，即可设置显示器的分辨率。

③ 点击"确定"按钮完成分辨率设置。

然后可以在该分辨率下使用浏览器查看该网页。重复①至③步操作，设置不同的分辨率，查看网页显示状态。

测试时显示分辨率一般最低设为 800×600 像素，最高设为 1280×1024 像素即可。大多数用户计算机的显示分辨率均在这一范围内。目前也有些液晶屏最高分辨率可达到 1920×1200 像素，测试人员则需要根据实际情况进行测试。

（3）链接测试

测试链接的方法如下。

① 点击结果面板中的"链接检查器"标签。

② 在显示栏中选择需要查看的检测内容。

图 6-43　设置显示器分辨率

③ 如图 6-44 所示，点击"检查链接"按钮，在弹出的菜单中选择"检查当前文件中的链接"或"检查整个当前本地站点的链接"。

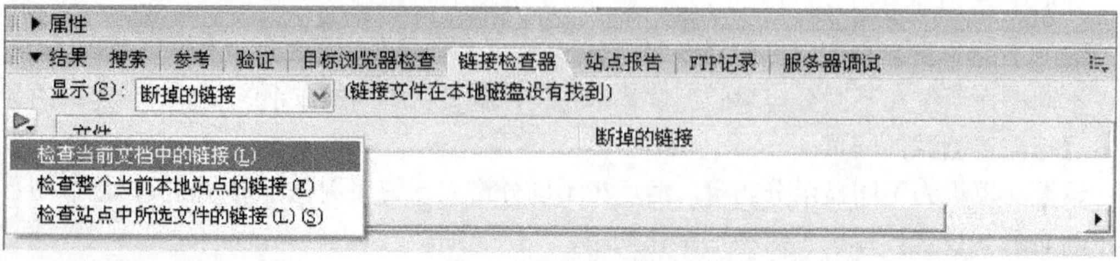

图 6-44　链接测试

④ 在结果面板中查看检查结果。

（4）性能测试

一般性能测试包括基准测试、配置测试、负载测试、压力测试，可以借助专门的测试工具进行，例如 Microsoft Web Application Stress Tool、HP LoadRunner。基准测试是指把新服务器或者未知服务器的性能和已知的参考标准进行比较。配置测试是指通过测试找到系统各资源的最优分配原则。负载测试是指在被测试系统上不断地增加压力，直到性能指标达到极限，响应时间超过预定指标或者某种资源已达到饱和状态。这种测试可以找到系统的处理极限，为系统测试提供依据。压力测试是指确定一个系统的瓶颈或者不能接收用户请求的性能点，来获得系统能提供的最大服务器级别的测试，检查什么条件下服务器会崩溃。

（5）安全测试

网站的安全性一般可以通过对用户登录验证测试、安全套接字测试、服务器脚本测试、数据库安全测试来进行。除了常规的程序功能测试外，还可以借助各种漏洞测试工具来检验网站的安全性。这类工具比较多，如 AppScan、EeSafe、Acunetix Web Vulnerability Scanner 等。

【实战案例】

一个规模不大的企业如果要独立开发一个 B2C 型的网站，时间、资金、人力的成本都不低。现在互联网上有一些开源的商城或者 CMS（Content Management System 的缩写，内容管理系统）系统源码，中小企业可以不花钱或者花较少的钱就快速建立自己的网站，节省大量的人力物力。例如商城系统中比较出名的有 ECShop、ShopEx、Xpshop、lodoeshop等，CMS系统比较出名的有织梦 CMS、帝国 CMS、动易 CMS 等，它们都经过市场多年的检验，程序功能比较完善，也可以提供较好的售后服务。下面以 B2C 商城系统 ECShop 为例，介绍一下这套系统的安装和配置步骤。

一、安装前的准备

先到 ECShop 的官方网站http://www.ecshop.com/下载最新的 ECShop 版本的程序文件。将下载 ECShop 软件包解压，如图 6-45 所示。

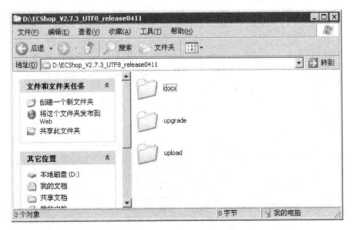

图 6-45　软件包内容

docs 目录下存放有 ECShop 的简介和安装使用说明。

upgrade 目录是升级包，如需要升级需要将此目录上传到网站根目录下执行升级。

upload 这个目录最重要，目录下的文件就是 ECShop 系统的安装程序文件。安装 ECShop 系统时要把这个目录下的所有文件上传到主机空间。

二、上传网站程序

这里使用的是 FTP 工具 FlashFXP 上传网站程序。点击菜单栏里的连接按钮来连接主机空间，填写连接空间的账号信息（如果是独立主机直接填写自己设置的账号信息，如果是虚拟空间会由空间商提供服务器的账号信息），如图 6-46 所示。

图 6-46　连接主机空间

点击连接按钮后便可以连接上空间了，如果空间上已经有了其他网站的程序，需要新建立一个目录来存放 ECShop 的安装程序文件。这里举例新建一个 ECShop 目录，如图 6-47 所示。注意：上传文件请一定使用二进制方式上传。

图 6-47　新建 ECShop 目录

双击 ECShop 目录，进入 ECShop 目录下。将本地解压好的 upload 目录下的程序文件全部上传到空间上 ECShop 目录下面。该目录要求在浏览器中能够访问，如图 6-48 所示。

图 6-48　上传网站程序

三、安装网站程序

全部文件上传完成后开始安装。在浏览器中访问 http://你的网址/install，进入开始安装界面（图 6-49）。

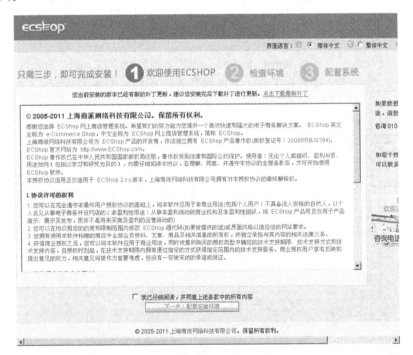

图 6-49　开始安装界面

点击"下一步：配置安装环境"按钮，进入检测系统环境页面（图 6-50），此页面检测系统环境和目录权限。如文件上传到服务器后，如果在安装时检测特定目录权限不可修改时，需要更改 cert、data、images、includes、temp、themes 这几个目录权限及其所有子目录的权限设置为 777 才能保证 ECShop 的正常运行。

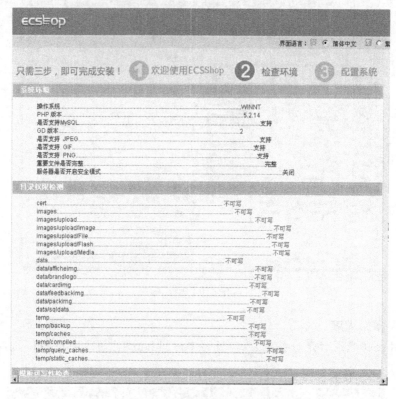

图 6-50　检测系统环境页面

在 FTP 中选择这些目录后点击鼠标右键，选择属性将所有权、组、公共下面的可读、可写、执行的多选框都选中后点击确定。具体操作如图 6-51、图 6-52 所示。

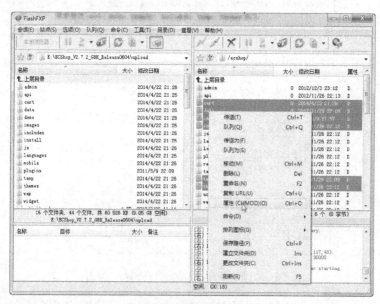

图 6-51　设置目录属性

图 6-52　设置目录访问权限

图 6-53　安装环境检测页面

环境和目录权限都满足条件（图 6-53），点击"下一步：配置系统"，进入配置系统页（图 6-54）。其中"数据库账号"内容一般根据空间提供商提供的信息填写即可。

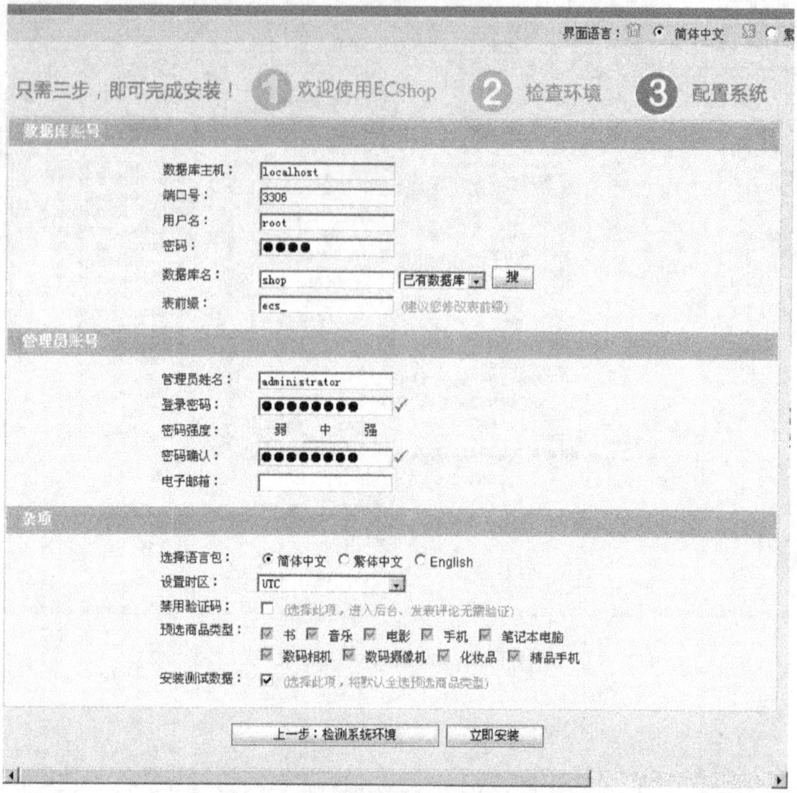

图 6-54　系统配置页面

安装时建议更改数据库表前缀，并设置字母加数字较复杂的密码，提高系统的安全性。目前 gbk 版本只有简体中文语言，utf8 版本有简体中文、繁体中文、英文三种语言选择。

添加完数据库信息和管理员账号后就可以点击"立即安装"。安装过程包括创建配置文件、创建数据库、创建数据、创建管理员账号等。这些操作完成后，如图 6-55 所示。

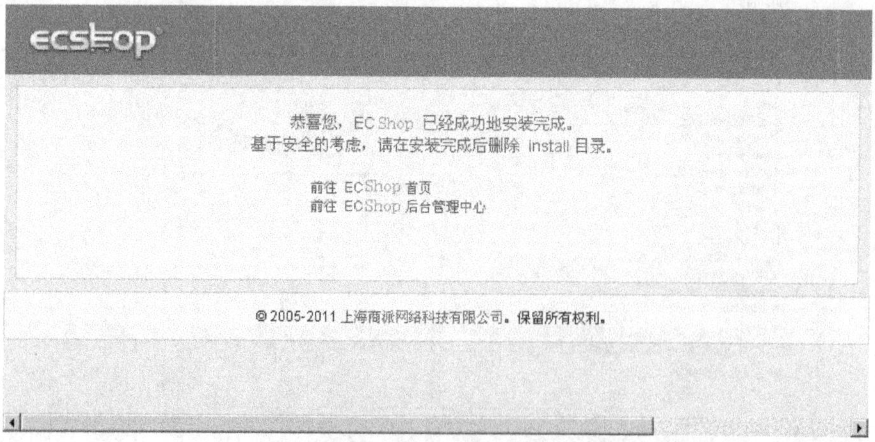

图 6-55　安装完成页面

到这步说明网店系统已经安装成功，接下来就可以访问网站了（图 6-56）。访问网店前台页面的网址为：http://你的网店域名。例如 http://www.kuaibigou.com。

图 6-56 网店首页

网店后台网址为：http://你的网店域名/admin/（管理员账号信息就是在安装系统时所设置的管理员信息）。例如 http://www.kuaibigou.com/admin/，登录成功后就可进入管理页面（图 6-57、图 6-58）。

图 6-57 后台登录页面

由于 ECShop 是开源系统，所以能在网上找到很多精美的模板资源，即使企业没有实力自己设计网站模板，也可以轻松更改网页的整体风格和布局。具体的操作可以参考 ECShop 的帮助文档。

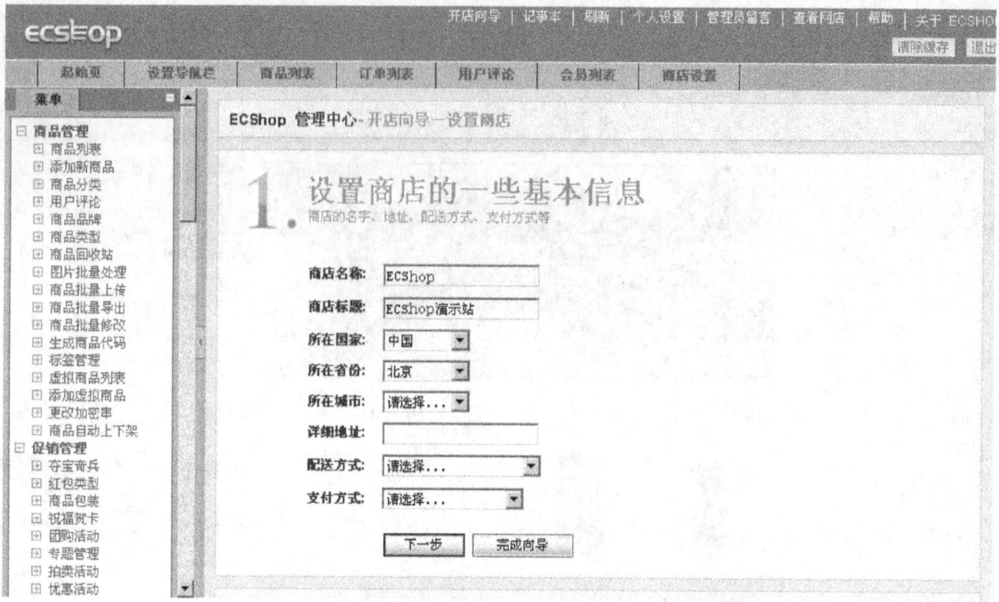

图 6-58　后台管理页面

本章小结

本章针对随缘网上商店电子商务网站，从网站建设策划的实现到主要代码的编写以及其网页的发布进行了详细的介绍。

读者在学习过程要重点理解其策划，以及代码的编写思路，就很容易为不同的需要，使用不用的编程语言来策划、编写实现其他不同类型的电子商务网站。

习题

1. 网页图片素材优化练习

① 安装 Firefox 浏览器，然后添加 Firebug 扩展插件，使用 Firebug 插件查看下列网站首页的打开速度，并找出最影响首页打开速度的因素。

网站	加载时间最长的网页元素以及加载时间	首页加载时间
www.tmall.com		
www.pcpop.com		
www.zkungfu.com		
www.gzlibang.acshoes.com		

② 在查看过程中，注意观察网站的各种素材图片一般是多大容量？

③ 把提供的两张素材图片分别保存为 gif、png8、png24、jpeg（50%）、jpeg（100%），图片容量小于 200K。然后对比一下，几种不同格式的图片在图像质量、图片占用空间大小上

有什么不同？如果要在网页中使用该素材图片，采用哪种格式比较合适？

图片大小及质量 图片名	gif	png8	png24	jpeg（50%）	jpeg（100%）	最佳格式选择
范例：图片8	8K，较差	20K，好	40K，很好	15K，差	35K，好	png8
素材图片1						
素材图片2						

2. 下载安装一种网站性能测试软件，对你搭建好的商城网站系统进行负载测试和压力测试。

第7章 电子商务网站管理

【学习目标】
- 了解网站建设中管理工作的重要性
- 掌握网站日常管理的方法与流程
- 掌握网站安全管理的基本方法

【引入】 当一个电子商务网站创建后，意味着网站管理工作的开始。一方面由于企业的情况在不断地变化，网站的内容也需要随之调整，给人常新的感觉，公司的网站才会更加吸引访问者，并且给访问者留下很好的印象。另一方面网站会面临着大量的用户访问、非正常的访问、恶意的破坏、高标准的功能需求、海量数据的汇聚、信息的快速更新、自身系统的升级等问题。这就要求我们对站点进行长期不间断的管理、维护和更新。

7.1 网站管理概述

网站管理是网站正常运营的前提。网站管理的最终目的是使网站能够高效、稳定地运行。网站管理不只是对网站内容的管理，还包括网站的功能、性能、安全等各个方面。涉及的内容也非常多，主要包括网站的日常管理、网站的更新与升级、网站的备份等。

7.1.1 网站管理的目标

网站管理的目标是使网站正常高效地运行，及时更新网站的内容和改进网站的性能，并针对网站的评估结果对网站进行升级，具体有以下几个方面。

（1）网站的安全正常运行

保证网站运行的系统安全，防止黑客、恶意代码以及竞争对手的恶意攻击，及时修复系统漏洞，清除病毒。检测网站域名是否过期，提前做好网站域名的续费工作，防止域名到期后被其他人抢注。监测网站空间及网站代码，防止网站被他人挂马，继而使浏览者的本地计算机感染病毒。定期对网站数据库进行备份，严防误操作或其他软硬件故障造成网站数据丢失，以便及时恢复，避免带来不必要的损失；评估整个网站系统的安全性，及时解决网站的一些安全隐患，保证网站的正常运行。

（2）通过网站管理定期更新网站内容

在保障网站正常安全运行的前提下，定期更新网站内容，保证网站对本企业形象的良好宣传效果。通过制度杜绝网站的长时间不更新，定期聘请专业网页美工负责排版，保障页面显示效果，充分体现企业网站的专业性、规范性。定期更新网站的形象 Banner 条、Flash 动画，更换相关图片的设计，增加网站效果。

（3）减少网站停止运行的时间，改进响应时间，提高设备利用率

网站在正常运行期间，原则上是全天候工作的，永不停机的，但由于网站运行环境等原

因，如服务器性能不够稳定、网络质量欠佳等问题，造成网站不能正常运行或网站响应时间过长。在网站管理时，应充分考虑到这些因素，尽量采用性能稳定、网络质量好的网站空间提供商，最大限度地减少网站停止运行的时间。

7.1.2　网站管理的内容

网站管理内容十分广泛，主要是进行网站服务器的日常维护、网站访问性能的检测、网站的日常维护、网站数据的定期备份及清理、网站内容的更新等，并通过管理评测确定网站的性能，提出网站的修改建议，提高网站的访问率和影响力。网站管理的内容主要包括以下几个方面。

（1）网站的统计与分析

网站管理中应对网站的访问率、日独立 IP 访问量、日最高访问量等记录进行评测和分析，作为网站运营的重要指标。

（2）网站用户管理

网站管理员应对网站的各类用户进行定期管理和审核，保证用户权限的规范性和网站后台管理系统的安全性。

（3）网站内容的管理和维护

网站内容是网站的主要数据，必须对数据进行及时管理和更新，并针对信息提供的内容作搜索优化。

（4）网站模板的更新

网站的模板是定义网站风格的重要依据。网站的模板不应该是单一和单调的，应该根据网站的变动和外部社会文化进行适当的调整，从而提升网站的活力。

（5）网站域名解析的管理和维护

域名是网站的重要战略资源，对域名的解析情况定期进行测试，确保域名解析的有效性和稳定性。

（6）网站程序和数据库备份

为确保网站在被病毒或木马破坏后能及时恢复，网站管理者需对网站进行定期的网站程序备份。网站数据库是网站所有数据的所在，是网站最重要的信息资源。为保障网站数据信息的安全性，应定期对网站数据库进行备份。为提高数据库的性能，应定期对数据库进行清理。

7.2　网站日常管理

7.2.1　网站服务器的日常管理

（1）网站的日志管理

操作系统的日志文件可以记录系统中硬件、软件和系统问题的信息，同时还可以监视系统中发生的事件。用户可以通过它来检查错误发生的原因，或者寻找受到攻击时攻击者留下的痕迹，如图 7-1 所示。

图 7-1　网站服务器系统日志信息

网站日志是记录 Web 服务器接收处理请求以及运行时错误等各种原始信息的。Windows 平台的网站日志文件的扩展名为.log。

通过网站日志可以清楚地知道用户是什么 IP、什么时间、用什么操作系统、什么浏览器、什么分辨率显示器的情况下访问了网站的哪个页面，是否访问成功。

网站日志一般存放在虚拟主机的 logfiles 文件夹下，可以通过 FTP 工具将网站日志下载下来，通过 txt 文档方式查看。

对于从事搜索引擎优化的工作者而言，网站日志可以记录各搜索引擎蜘蛛机器人爬行网站的详细情况。例如，哪个 IP 的百度蜘蛛机器人在哪天访问了网站多少次，访问了哪些页面，以及访问页面时返回的 HTTP 状态码。

网站日志还可以给管理员提供建议。例如，用 Apache 来构建一个商务网站，在投入运行前用测试工具模拟上万个客户端对服务器进行测试，如果呈现的性能曲线令人非常失望，这时别忘了查一下网站日志。Apache 的错误日志会提出警告："服务器用来处理页面请求的线程已经用光了，请考虑增大每个子进程下的线程数目。"依提示而行，如果没有同时存在其他瓶颈，性能问题就解决了。日志提示信息的详细程度，用户是可以通过 Apache 配置文件中的 LogLevel 关键字进行定制的。如果有专用工具来分析网站日志，那么不妨让日志提供尽可能多的信息，分析工具生成的报告可以让你更充分地了解网站的工作过程。

日志在实际的 Web 系统中有更多的用途。比较典型的是进行网站的流量统计和安全分析。如图 7-2 所示就是逆火网站日志分析器对日志文件作出的统计分析报告。

在 Web 日志中找出攻击 Web 服务器的蛛丝马迹并不是非常直接的一件事，因为日志中条目繁多，哪些记录的背后隐藏着危机呢？这需要分析访问者的源 IP 地址和请求的页面，猜测访问者的企图，他是在进行站点镜像还是漏洞扫描，进而做有针对性的查漏补缺（图 7-3）。

直接去读日志文件仅适用于查找某一特定内容的情况，更多时候需要借助专用的日志分析工具。比较著名的工具有 AWStats、Webalizer、Analog、逆火网站日志分析器等。它们不仅可以进行简单的基于访问时间和 IP 地址来源的分析，还可以发现自己的网站与搜索引擎的关系。从汇总统计结果中，就可以发现用户搜索的关键词以及搜索次数，并且还可以看到用户最感兴趣的是哪些关键词等，使用这些工具，还可以将统计结果做成 CSV（逗号分隔值）

格式，便于以后导入数据库进行历史统计，做更深层次的数据挖掘。

图 7-2　网站的流量统计分析

图 7-3　访问路径统计分析

（2）网站的数据备份

① **数据备份的意义**　目前，从国际上来看，以美国为首的发达国家都非常重视数据存储备份技术，而且将其充分利用，服务器与磁带机的连接已经达到 60%以上。而在国内，据专业调查机构的调查数据显示，只有不到 15%的服务器连有备份设备，这就意味着 85%以上的服务器中的数据面临着随时遭到全部破坏的危险。而且这 15%中绝大部分属于金融、电信、证券等大型企业领域或事业单位。由此可见，国内用户对备份的认识与国外相比存在着相当

大的差距。这种巨大的差距，体现了国内与国外在经济实力和观念上的巨大差距。一方面，因为国内的企业规模比较小，信息化程度比较低，因此对网络的依赖程度也较小。另一方面，国内的企业大多数属于刚起步的中小企业，它们还没有像国内一些著名企业那样丰富的经历，更少有国外公司那样因数据丢失或毁坏而遭受重大损失的体验。但是在现在的社会网络大环境中，即使是小型企业也可能有许多的工作通过网络来完成，也必将有许多企业信息以数据的形式保存在服务器或计算机上，它们对计算机和网络的依赖程度必将逐渐加大。由此可见，无论是国内的大型企业，还是占有绝大多数的中小型企业，都必须从现在起重视数据备份这一项以前总认为"无用"的工作。

② 数据破坏的主要原因　目前造成网络数据破坏的原因主要有以下几个方面。

a. 自然灾害。如水灾、火灾、雷击、地震等造成计算机系统的破坏，导致存储数据被破坏或丢失，这属于客观因素，无能为力。

b. 计算机设备故障。其中包括存储介质的老化、失效，这也属于客观原因，但可以提前预防，只需做到经常管理，就可以及时发现问题，避免灾难的发生。

c. 系统管理员及管理人员的误操作。这属于主观因素，虽然不可能完全避免，但至少可以尽量减少。

d. 病毒感染造成的数据破坏和网络上的"黑客"攻击。这虽然也可归属于客观因素，但其实还是可以做好预防的，而且还有可能完全避免这类灾难的发生。

③ 常见网站数据备份方法

a. 固定数据的备份和还原。固定数据是指除生成静态文件外的网页程序，这些网页程序一般改动不大，对这样的程序的备份，一般是通过 Cuteftp、FlashFXP 等上传下载工具，把修改过的程序页面下载到本机上。当这些网站程序丢失或者中毒后，直接把这些程序上传到网站空间即可，如图 7-4 所示。

图 7-4　使用 FlashFXP 上传网站程序

　　还有一种方法就是通过网站主机空间提供的备份功能进行数据备份，这种方法通常会对整个网站空间或硬盘进行完全备份。如图 7-5 所示是西部数码云主机空间的备份功能页面，该主机空间本身会每天自动进行备份，用户也可根据需要自己进行备份，然后随时可以恢复最近备份过的数据。

图 7-5　云主机空间的备份功能界面

　　b. 数据库数据的备份和还原。数据库的数据一般随着网站内容的更新而变化，所以更新比较频繁，也是日常备份工作的重点。数据库的备份根据不同的数据库类型来进行，网站中常用的数据库有 MySQL 和 SQL Server。

　　Ⅰ. MySQL。MySQL 是一个开源数据库，其备份比较复杂，主要有以下几种方式。

　　● 使用 mysqldump 工具进行备份。mysqldump 是采用 SQL 级别的备份机制，它将数据表导成 SQL 脚本文件，在不同的 MySQL 版本升级时相对比较合适，这也是最平常的备份方法。用 mysqldump 备份出来的文件是一个可以直接导入的 SQL 脚本，直接运行该脚本就可以实现数据的还原。

　　● SQL 语法备份。使用 BACKUP 或者 SELECT INTO 语法进行数据库备份。BACKUP 语法其实和 mysqlhotcopy 的工作原理差不多，都是锁表后复制数据文件。它能实现在线备份，但是效果不理想，因此不推荐使用。它只复制表结构文件和数据文件，不同时复制索引文件，因此恢复时比较慢。图 7-6 是利用 SQL 语法 MySQL 数据库进行备份的界面。

　　Ⅱ. SQL Server。SQL Server 2008 备份数据库主要分为以下几个步骤。

　　● 打开 SQL 企业管理器，在控制台根目录中依次单击 Microsoft SQL Server。

　　● 选择 SQL Server 组，双击打开服务器，然后双击打开数据库目录。

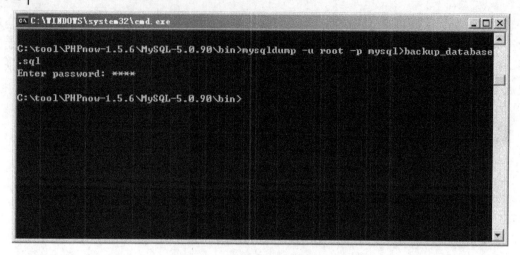

图 7-6 通过 SQL 语法备份数据库

● 选择数据库名称，然后执行"工具"|"备份数据库"命令，如图 7-7 所示。

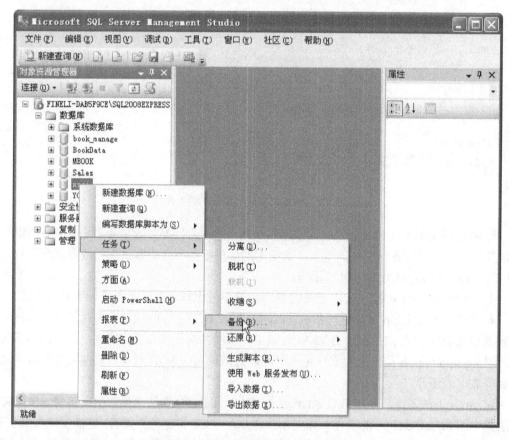

图 7-7 SQL Server 2008 管理界面

● 在备份选项中选择完全备份，如果原来有路径和名称，则选中名称并单击"删除"按钮，然后单击"添加"按钮；如果原来没有路径和名称则直接选择添加，接着指定路径和文件名，然后单击"确定"按钮返回备份窗口，接着单击"确定"按钮进行备份（图 7-8）。

图 7-8　SQL Server 2008 数据库备份界面

SQL 数据库的还原主要分为以下几个步骤。

● 打开 SQL Server Management Studio，在对象资源管理器目录中依次单击展开数据库。

● 找到需要备份的数据库名称，然后单击鼠标右键选择"任务"→"还原"→"数据库"命令。

● 在弹出的窗口中按照还原数据库的需要选择"还原的目标""还原的源"，如图 7-9所示。

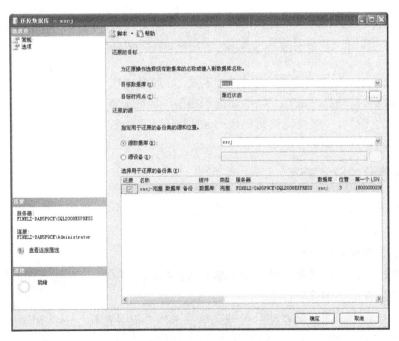

图 7-9　SQL Server 2008 数据库还原界面

● 单击窗口左上方的"选项",在弹出的窗口中根据还原数据库的需要进行选择,是否要"覆盖现有数据库",是否"还原每个备份之前进行提示"等,如图 7-10 所示。

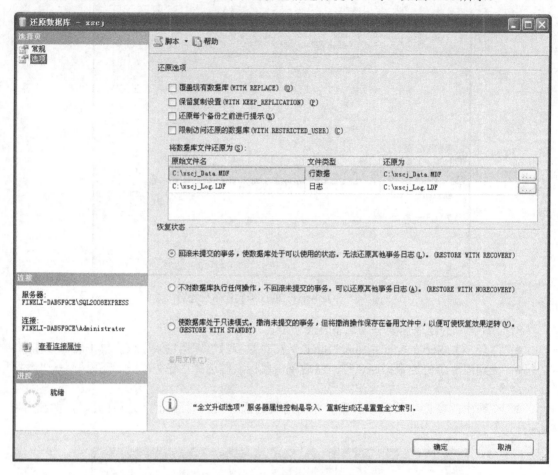

图 7-10　SQL Server 2008 数据库还原选项界面

● 修改完成后,单击"确定"按钮进行恢复,这时会出现一个进度条,提示恢复的进度,恢复完成后系统会自动提示成功,如中间提示报错,请记录下相关的错误内容并询问对 SQL 操作比较熟悉的人员。一般的错误无非是:目录错误、文件名重复、文件名错误、空间不够、数据库正在使用中的错误等。

7.2.2　网站后台的日常管理

大多数中小型 B2C 网站,在后台的管理功能上大同小异,因此下面以开源网站系统 ECShop 为例,介绍一下网站后台的日常管理操作。

（1）后台管理权限的设置

登录网站后台,从权限管理可以添加编辑网店的管理员,并可对这些管理员的管理权限进行设置。添加管理员的程序如下。

进入网站后台后,在页面左侧的管理菜单中选择"权限管理"→"管理员列表",可以看到图 7-11 所示的界面。

图 7-11　管理员列表页面

然后点击右上角的"添加管理员"按钮，即进入添加管理员页面，如图 7-12 所示。

图 7-12　添加管理员页面

添加管理员时，邮件地址不能重复，否则会有邮件地址已存在的提示信息。资料填写完整后，点击"提交"按钮，会提示管理员添加成功，然后自动跳转到分派管理员权限页面，如图 7-13 所示。

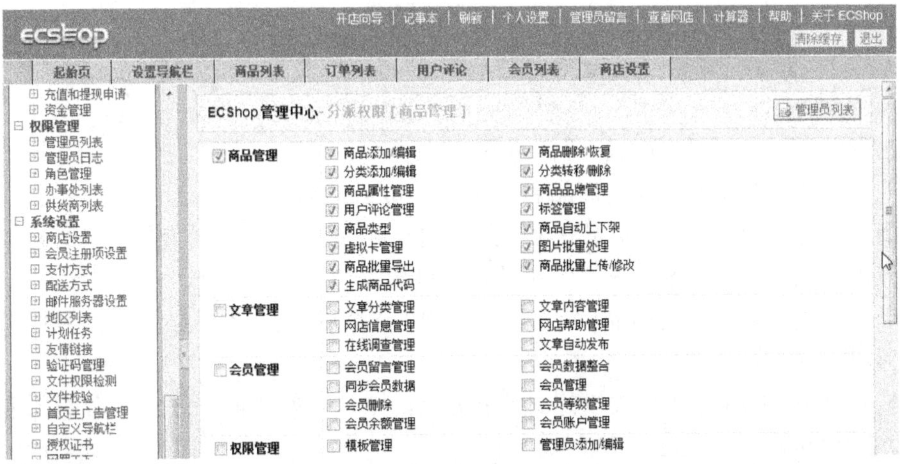

图 7-13　分配管理员权限页面

在这个页面，可以勾选某个项目前的复选框（例如勾选"商品管理"前面的复选框），系统会自动把该选项中包含的管理权限全选；也可单独勾选每个选项中的单个管理权限。如果点击页面下方的"全选"按钮，该管理员将拥有全部管理权限。

（2）后台发布商品

进入后台，在页面左侧的管理菜单中选择"商品管理"→"添加新商品"。界面如图 7-14 所示。

图 7-14　添加新商品页面

添加新商品页面中的各项内容解释如下。

① 商品名称　是指要发布的商品名，如苹果 iphone 5s。

② 商品货号　如果不输入商品货号，系统将自动生成一个唯一的货号，例如 ECS000018。（商品货号可以在"系统设置"→"商品设置"里配置。）

③ 商品分类　需要填写商品属于哪一个类别。注意：这一项是必填项，另外在填这一项之前必须建立商品的分类。

④ 扩展分类　指除了主分类以外的扩展分类。比如：苹果 iphone 5s 主分类为手机，扩展分类为电子产品。

⑤ 商品品牌　指选择商品的品牌。注意这是必填项，另外在填这一项之前必须建立商品的品牌。

⑥ 本店售价　是指这款商品要出售的价格。

⑦ 会员价格　会员价格为-1 时表示会员价格按会员等级折扣率计算。也可以为每个等

级指定一个固定价格，如果选择按市场价计算那么会员的价格就没有优惠，直接按本店的实际售价来计算。

⑧ 市场售价　是指其他市场上的价格。

⑨ 赠送积分数　是指会员购买这款商品时赠送的积分。

⑩ 积分购买额度　是指购买该商品时最多可以使用多少钱的积分。例如一款商品会员售价是 100 元，如果在积分购买额度里填入的是 10，那么会员可以用 90 元现金+10 积分来购买该款商品。

⑪ 促销价　是指在某一个促销日期间的销售价格。

⑫ 上传商品图片　从本地上传商品的图片。

⑬ 上传商品缩略图　可以上传缩略图，也可以选择自动生成缩略图。这里默认是自动生成缩略图。

⑭ 填写商品的详细介绍，界面如图 7-15 所示。填写完提交后商品页面中的效果如图 7-16 所示。

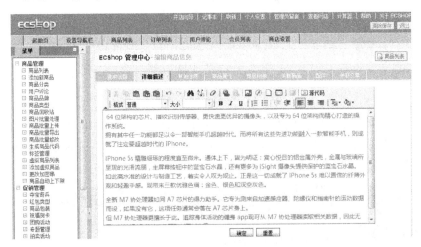

图 7-15　填写商品详细描述页面

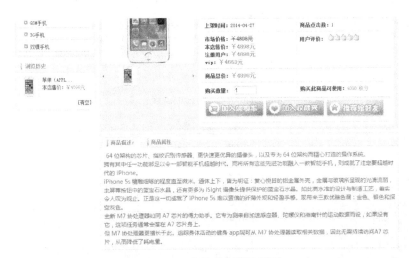

图 7-16　商品详细描述页面

⑮ 其他信息　如图 7-17 所示，可以按照自己的要求选择需要填写的信息。这里需要说

明的是：能作为普通商品销售，打钩表示能作为普通商品销售，否则只能作为配件或赠品销售。

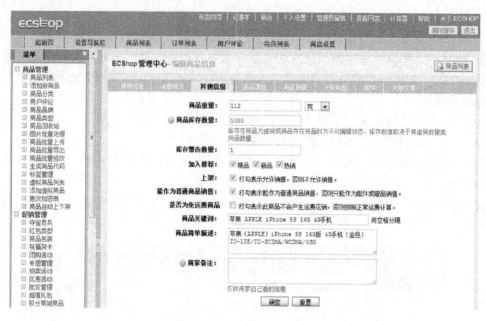

图 7-17　编辑商品信息页面

⑯ 商品属性　通过选择商品的类型来填写商品属性，如图 7-18 所示。可以按照自己的要求选择需要填写的信息。提交后在商品页面中的显示效果如图 7-19 所示。说明：商品属性可以在商品类型的属性列表里添加或者删除。

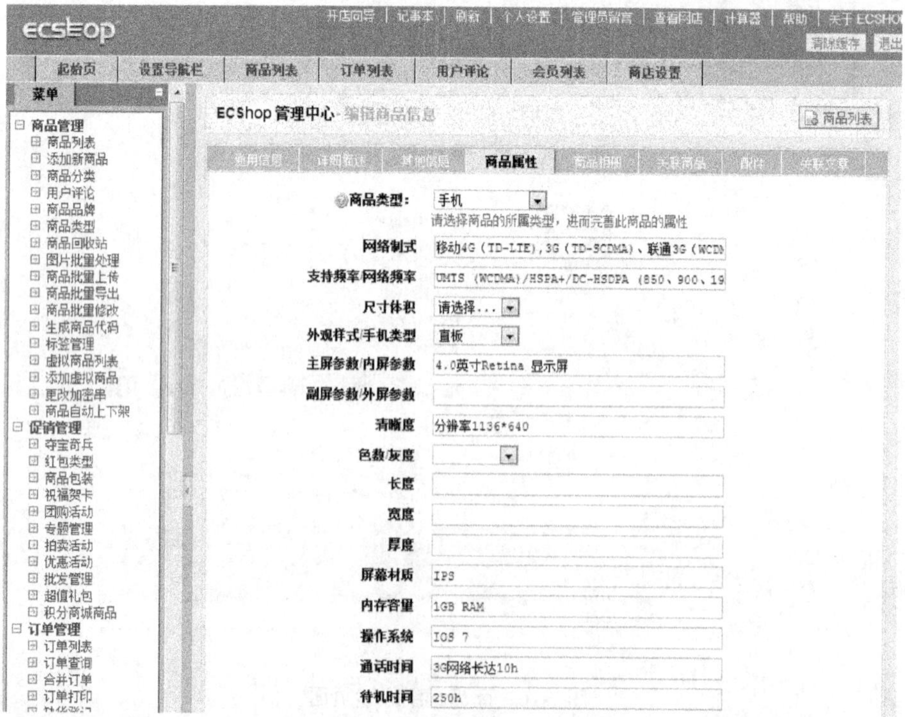

图 7-18　填写商品属性页面

图 7-19　商品属性页面

⑰ 商品相册　可以上传多张关于这个商品的图片。

⑱ 关联商品　是指和这个商品有关联关系的商品，如果在这里增加关联商品的话那么在前台页显示这个商品相关信息的同时还会把关联的商品也显示出来。"单向关联"是指单方面的关联，在查看被关联商品的时候不会关联显示主商品。"双向关联"是指双方面的关联，在查看被关联商品的时候也会关联显示主商品。

（3）订单管理

一个正常实际运行过程中的商城，每天会有很多会员通过提交订单来购买商品。因此如何做到对各种会员提交的、不同产品的订单进行有效、即时的处理会对会员产生很重要的影响。ECShop 后台专门集成了一个模块进行订单方面的管理，主要包括订单列表、订单查询、合并订单、订单打印、缺货登记、添加订单等，基本上包括了订单管理应有的所有功能。

① 管理订单列表　进入网站后台后，在页面左侧的管理菜单中选择"订单管理"→"订单列表"。订单列表主要是将商城系统里的用户的所有订单进行罗列，如图 7-20 所示。

图 7-20　订单列表页面

订单列表主要包括订单号、下单时间、收货人、总金额、应付金额、订单状态等信息。如果想进一步查看某一个订单的详细信息，点击每个订单操作栏的"查看"链接，出现该订单的详细信息，如图 7-21 所示。

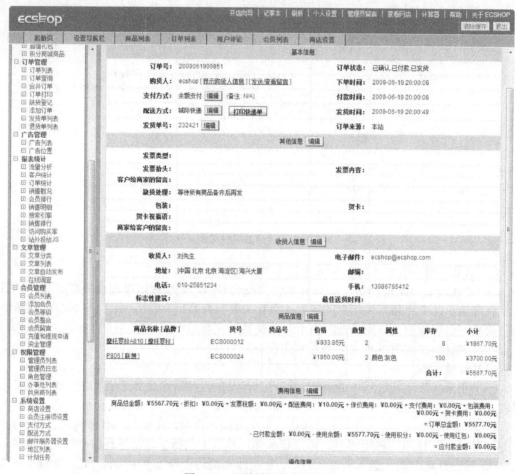

图 7-21　订单详细信息页面

管理员在查看订单详细信息的同时，可以对该订单的状态进行修改。例如在对方签收货物后把订单状态改成"已收货"，如图 7-22 所示。

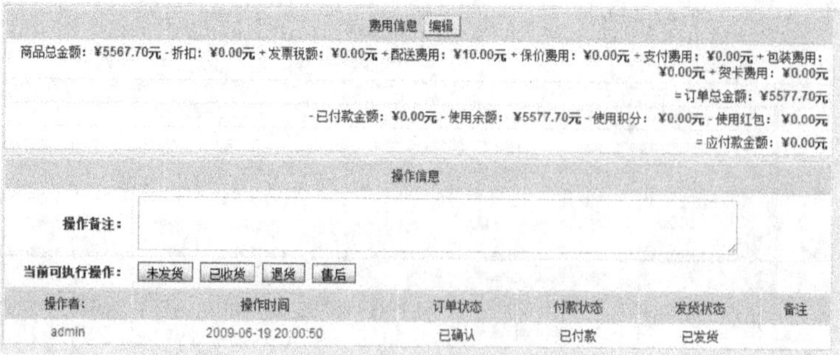

图 7-22　订单操作页面

② 订单查询　进入网站后台后，在页面左侧的管理菜单中选择"订单管理"→"订单查询"。对于一个访问量很大的系统，每天进出的订单很多，所以订单查询必不可少，如图

7-23 所示就是商城的订单查询功能页面。

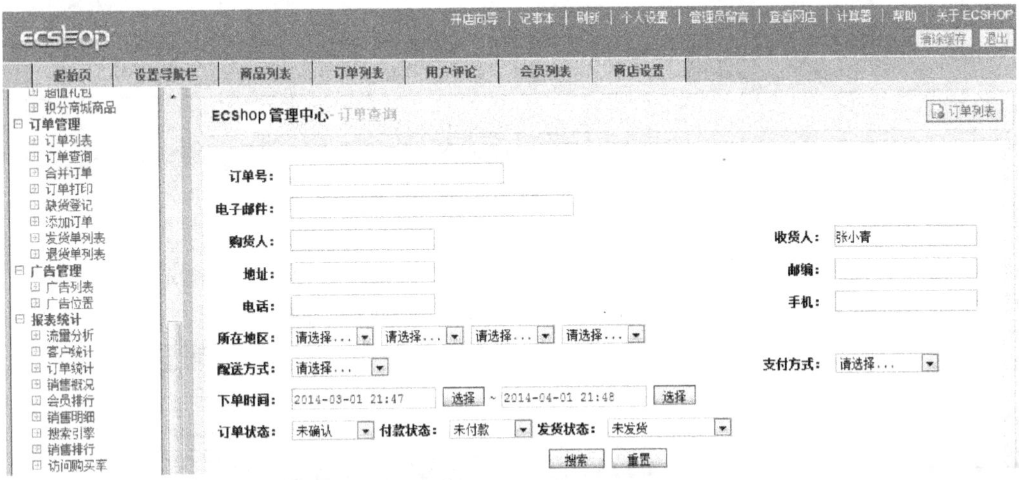

图 7-23　订单查询页面

该页面将订单里的几乎可能作为搜索的条件都进行了罗列，所以其查询准确性很高。填写好搜索条件之后，点击"搜索"按钮，就可以看到属于该搜索条件下的订单列表。

③ 合并订单　进入网站后台后，在页面左侧的管理菜单中选择"订单管理"→"合并订单"。有些用户可能买完东西提交好订单之后发现又有东西需要买，或者管理员在后台发现一个用户在很短的时间内提交了两个订单，并且都没有发货而且收款人的地址都一样，这样就可以将这两个订单进行合并，这样做的好处就是东西可以一次性寄送过去。合并的具体操作，如图 7-24 所示。只要将两个订单号写好，然后就可以将从订单合并到主订单。

图 7-24　合并订单页面

④ 订单打印　进入网站后台后，在页面左侧的管理菜单中选择"订单管理"→"订单列表"。选中需要打印的订单后，单击页面下方的"打印订单"按钮。在用户付款之后，作为店主，需要将一些信息打印出来，以方便邮寄，如图 7-25 所示。

这些信息已经包含了订单应该有的基本信息，所以不建议做过多的修改。

⑤ 缺货登记　进入网站后台后，在页面左侧的管理菜单中选择"订单管理"→"缺货登记"。用户在前台购买商品的时候，如果购买的数量超过了库存，此时用户可以在前台给店主进行缺货登记，这样在后台缺货登记的地方就有记录了。

（4）会员管理

进入网站后台后，在页面左侧的管理菜单中选择"会员管理"→"会员列表"，可以看到网店内注册的所有会员，如图 7-26 所示。

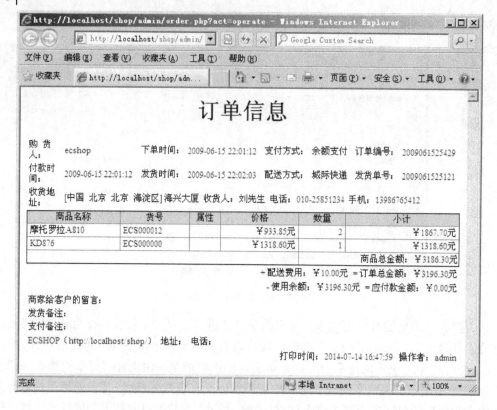

图 7-25 订单打印页面

图 7-26 会员管理页面

① 会员管理基本操作 列表页中分页列出所有的会员，可以通过填写"会员等级""会员积分""会员名称"等搜索条件快速地查找某一个会员。可以通过页面右侧的"操作"选项对某个会员进行操作。"操作"小图标对应的功能依次是"编辑会员资料""查看收货地址""查看订单""查看账目明细""删除会员"。

点击编辑会员资料，出现图 7-27 所示界面，在这里可以对会员的资料进行编辑。

点击"查看收货地址"，可以查看该用户设置的收货地址，如图 7-28 所示。如果该用户没有设置，将看到一个空白的页面。

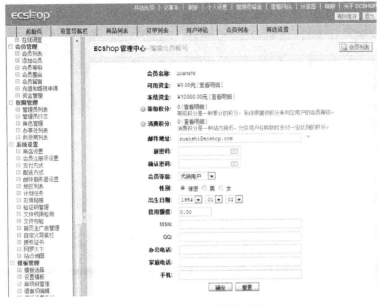

图 7-27　编辑会员资料页面

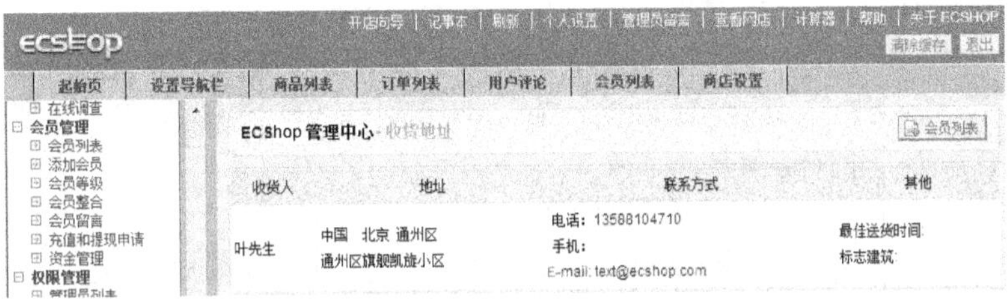

图 7-28　查看用户收货地址页面

点击查看订单，如果该用户在网店上有过消费，购买过商品，那么这里会显示该会员的订单资料。

点击查看账目明细，如果该用户的账户有交易等活动，则可以看到如图 7-29 所示的页面，在这里可以查看到该用户的详细消费记录。

图 7-29　查看会员账户变动页面

② 会员的等级设置　点击左面导航栏中的"会员等级"，出现如图 7-30 所示页面。

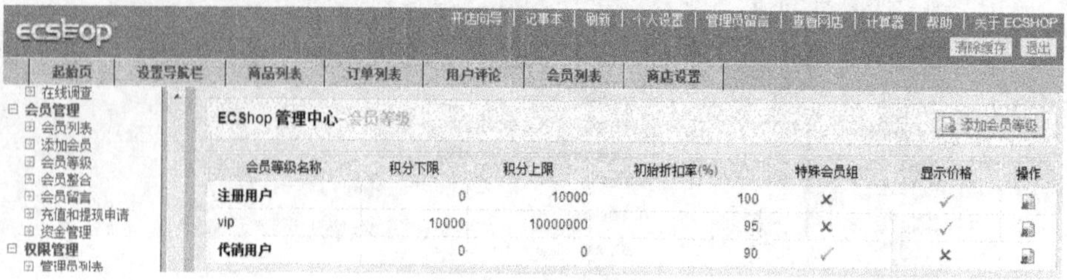

图 7-30　会员等级管理页面

如果需要添加更多的等级，可以点击右上角的"添加会员等级"按钮，进行等级的添加。

如果需要系统根据积分情况自动给会员划分等级，那么只需设置好等级名称和积分的上下限就可以了。如果想添加一个不受积分限制的等级，那么就要勾选上"特殊会员组"。

然后可以对所设置的等级进行折扣设置，设置完成后点击确定。这样，一个新的等级就设置完了。

③ 会员留言管理　点击左面导航栏中的"会员留言"，出现如图 7-31 所示界面。这里能看到用户在前台的留言，可以对留言进行恢复、查看、删除等操作。

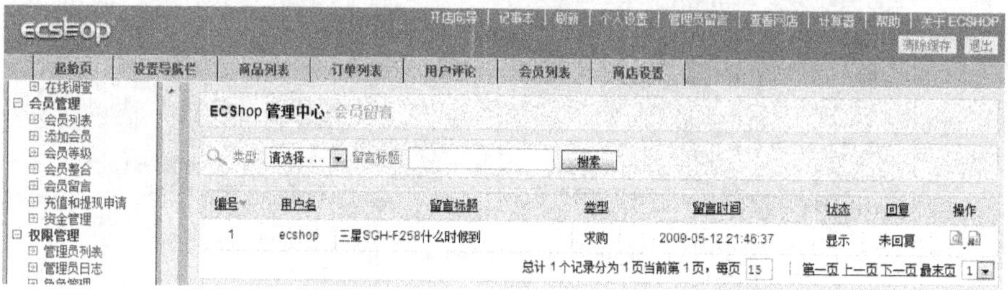

图 7-31　会员留言管理页面

B2C 型网站的后台日常管理操作大致如上所述，更多的管理操作请参考系统的帮助文档。

7.3　网络安全管理

在电子商务网站的建设和运营阶段，网站的安全问题是不能忽视的。电子商务网站的网站服务器必须接入 Internet 中，并开放最基本的 Web 服务，且电子商务网站都是需要有后台的数据库系统支持的，如果在网站程序或服务器设置中对某些方面考虑不周就会给攻击者留下可乘之机。

目前，我国的网站安全形势十分严峻。大量网站被黑客入侵和篡改，甚至被植入木马攻击程序，成为黑客的利用工具。利用网站操作系统的漏洞和 Web 服务程序的 SQL 注入漏洞等，黑客能够得到网站的修改权限甚至控制网站，轻则导致网页内容被篡改，重要内部资料被窃取，重则网页中被植入恶意代码（俗称"网页挂马"），使得更多网站的访问者受到侵害。网页挂马是黑客最喜欢的木马传播方式，随着网站的交互功能越来越强，随之而来的是针对这类交互式网站的攻击方法也在不断增多。

网站已成为攻击者攻击的主要目标，网页篡改、跨站脚本、命令插入、缓冲区溢出等各种 Web 安全漏洞都频繁发生。Web 应用安全问题也成为人们关注的网络安全核心问题。

7.3.1　网站面临的安全威胁

网站面临的安全威胁多种多样，依照网站访问结构，可将其分为对网站服务器的安全威胁和对网站服务器与客户机的通信信道的安全威胁。本节主要讨论对网站服务器的安全威胁，因为对通信信道的安全威胁可以采用 SSL 协议解决。

对于一个网站来说，从技术上来看其安全性取决于三方面。第一是网站开发采用的开发语言，目前常见的网站开发语言有 ASP、ASP.NET、PHP 和 JSP。其中 ASP 的安全性最低，PHP 的安全性也比较低，ASP.NET 的安全性稍好一点，相对来说 JSP 由于是一种编译后再执行的语言，其安全性最高。第二是网站采用了何种数据库系统。常见的网站后台数据库有 SQL Server 和 MySQL。相对来说，SQL Server 由于可以使用存储过程，并且数据库无法被下载，如果设置得当的话，安全性比其他两种数据库稍高些。第三是看网站被部署在何种操作系统平台上，一般来说，部署在 Windows 平台下的网站安全性较低，而部署在 Unix 或类 Unix 系统（如 Linux、Solaris 等）平台下的安全性高。

对于电子商务网站来说，其面临的安全威胁主要有：操作系统漏洞、SQL 注入攻击、绕过授权等。其中操作系统漏洞主要有：允许拒绝服务的漏洞；允许本地用户未经授权提高其权限的漏洞；允许远程用户未经授权提高其权限的漏洞。

黑客主要是利用这些安全漏洞进行攻击的。黑客攻击网站的一般过程如下。

① 扫描系统漏洞　主要是扫描有没有操作系统漏洞或 SQL 注入漏洞。扫描漏洞可以用专业的黑客工具扫描，也可以手工扫描。例如，扫描 SQL 注入漏洞一般可以通过 URL 测试法。这一步通常需要判断数据库的类型（是 Access 还是 SQL Server）和数据库的表名，以及获取关于操作系统的信息。

② 破解后台登录口令　黑客如果想要攻破一个网站，以便更改网站上的信息内容或在网站上挂马，一般得先进入网站管理后台，因此破解后台登录口令是攻击的第一步。常用的方法有：a. 使用工具软件对口令进行穷举破解；b. 构造特殊的 SQL 语句绕过登录验证，或捕获登录用户名和口令。

③ 利用后台的文件上传功能上传木马软件。如果黑客想在网页上挂木马，或者进一步控制被攻击服务器的系统，则需要上传功能强大的木马软件，利用后台一般能把文件上传到网站程序指定的目录中，如 "uppic" 目录。

为了防止黑客上传并运行木马程序，一种基本的方法是在 IIS 中把可以上传文件的目录的 "执行" 权限去掉，这样即使攻击者上传了一个木马，由于没有执行权限，其也不能通过输入木马 URL 地址的方式来执行。

具体的方法是在 IIS 某个站点中，找到要设置权限的子目录，在它的属性面板中，选择 "目录" 选项卡，将 "执行许可" 设置为 "无"，如图 7-32 所示。

提示："执行许可" 的设置选项中有三种选项，默认值是 "纯脚本"，它表示可以执行该目录中的服务器端脚本（如 ASP）；如果选择 "脚本和可执行程序"，就表示可以执行该目录中的服务器端脚本和.exe 等可执行文件；选择 "无" 就表示该目录中的文件不能在服务器中执行。对于存放网站图片的文件夹、数据库文件夹和用户上传文件的文件夹，以及只有静态网页、CSS 文件或纯客户端 JS 脚本的文件夹（静态网页等不需要在 Web 服务器中执行），都应设置为"无"以确保安全性。

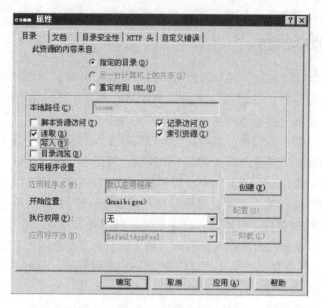

图 7-32   设置上传文件目录的执行权限为"无"

④ 转移上传的木马文件到网站的其他目录中，攻击者可以利用 SQL 执行 Webshell 命令，移动木马到其他文件夹中，以便使木马获得执行权限。

⑤ 完全控制服务器   ASP 木马刚上传后只有 User（用户）的权限，要想获取对系统的控制权，还要有系统管理员权限。黑客一般利用执行上传的木马提升自己的权限，或者使用 WScript.Shell 调用系统内核运行 Dos 基本命令来提升自己的权限，还可以利用 SQL Server 默认的数据库用户 sa 提升权限。如果攻击者通过某种方法获取了系统管理员的权限，就可以对服务器进行任何操作，甚至删除文件或格式化硬盘。

7.3.2   维护网站安全的对策

（1）密码安全

不要用弱密码，虚拟主机和域名控制面板上的 FTP 账号密码以及网站管理员密码不要使用同一个。不要用纯数字密码，不要用与自己信息相关的密码，更不能使用管理员的默认密码。设置密码，一定要设置一个强度高的密码，尽量多使用特殊字符。由于大多数网站系统使用 MD5 算法加密密码，所以确定安全的最好方法就是把密码加密后的 MD5 值在黑客们常去的破解 MD5 网站试一试。如果不能被破解，在一定程度上说明设置的密码是安全的。

（2）网站设置安全

为了网站的安全，最好将网站后台的一些设置做一些调整。有些提供上传功能的网站，为了安全起见最好取消上传功能。如果要保留，最好设置为.gif、.jpg、.png、.zip、.rar 等格式文件上传，且限制用户上传的文件大小。如果可以生成 HTML 页面的系统，那么最后生成 HTML，尽量避免使用 PHP 等动态页面。在设置管理员时不要将数据库操作和网站配置等版块的权限划分给其他管理员，除非他很值得信任。如果发现会员填写的记录中有<%%>、<SCRIPT>等符号，一定要清除它。

（3）修改脚本，确保安全

修改程序版权信息，这样可以杜绝黑客靠观察网站程序的版权信息来获取当前网站系统的版本，并通过搜索引擎来获取有利于入侵网站的信息。所以，一定要把版权信息改掉。

（4）目录安全

确保在每一个目录里都含有 index.html 文件。如果没有就新建一个不含有任何内容的 index.html，这样可以防范服务器 IIS 设置不严而出现的目录浏览。

（5）数据库安全

数据库对网站来说非常重要，为了数据库安全，主要从数据库的防下载处及防暴库入手。防暴库处理：网站脚本系统一般都会有一个数据库连接文件，而如果没有容错语句，就可能产生网站数据库被暴出物理路径的危险，所以检查一下数据库连接文件中有没有容错语句，如果没有就在出现数据库物理路径的脚本语句之前加上即可。

有时黑客可以通过几项功能获得 Webshell，从而任意增删修改数据库中的内容，为了解决这个问题，可以将网站后台的数据库备份、数据库恢复和执行 SQL 语句的相关功能页面删除，最好也将注册条约等管理页面的相关页面删除。这样做虽然对网站管理造成一定的不便，但是这样可以防止数据库被任意增删修改。

（6）后台安全

网站的后台管理登录页面是管理员进行管理网站的地方，该路径不能随便暴露给客户。如果黑客不知道网站登录路径，那么即使黑客知道了管理员用户名和密码也不知道从哪里登录，因此保护好网站后台登录界面，对网站安全具有非常重要的作用。

为了保护网站后台登录界面，只需要修改后台的 Admin 文件夹名或后台登录页面，然后在其余文件中查找原来路径并替换成新路径即可。修改后台页面标题信息，这样黑客就不能通过 Google 等搜索引擎查询到后台地址。

（7）robots.txt 文件

黑客通过构造关键字就可以在搜索引擎中查询出网站和一些敏感信息，如版权信息、后台地址等，这对网站安全很不利。为了不让搜索引擎的蜘蛛程序搜索到网站的某些较为敏感的目录，可以在网站的根目录上放置一个 robots.txt 文件（图 7-33），里面写上不让蜘蛛程序探测的目录，这样蜘蛛程序在搜索网站时，就不会访问 robots.txt 文件中指定不让访问的目录，敏感信息自然就不会出现在搜索引擎的搜索结果中了。

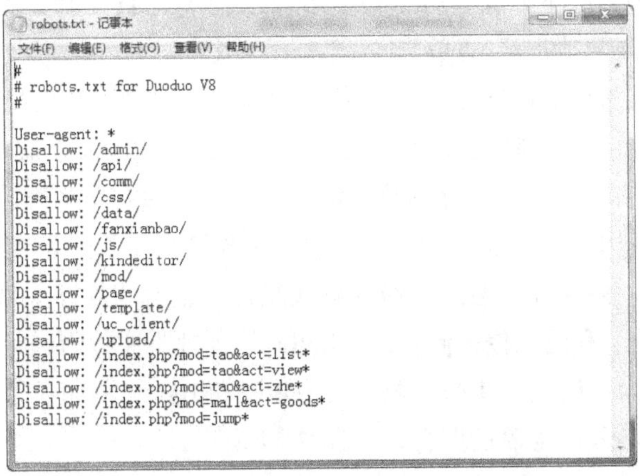


```
#
# robots.txt for Duoduo V8
#

User-agent: *
Disallow: /admin/
Disallow: /api/
Disallow: /comm/
Disallow: /css/
Disallow: /data/
Disallow: /fanxianbao/
Disallow: /js/
Disallow: /kindeditor/
Disallow: /mod/
Disallow: /page/
Disallow: /template/
Disallow: /uc_client/
Disallow: /upload/
Disallow: /index.php?mod=tao&act=list*
Disallow: /index.php?mod=tao&act=view*
Disallow: /index.php?mod=tao&act=zhe*
Disallow: /index.php?mod=mall&act=goods*
Disallow: /index.php?mod=jump*
```

图 7-33　robots.txt 文件内容

（8）SQL 注入威胁的防御

SQL 注入的产生是由于网站系统对用户的输入过滤不严格以至于用户可以执行 SQL 语句，黑客利用工具可以在几分钟内就可以发现注入漏洞，然后将网站管理员的信息从数据库中猜解出来，因此对网站的安全威胁很大。

SQL 注入可算是当今较为流行的网站入侵方式，如果网站存在 SQL 注入点的话，可能随时都会被黑客攻破。对于这些后果比较严重且比较流行的攻击方式不得不防，最根本的解决方式是完善脚本源代码，找到未过滤的或过滤不完全的变量。更简单的方法就是使用 SQL 防注入工具。将通用防注入工具的页面包含在数据库连接文件中，SQL 工具依然可以扫描到注入点，但是无法进行 SQL 注入来获取数据库内容。

但是这种方法也不是万能的，黑客同样可以用 cookies 注入在本地提交的 SQL 语句来完成注入，所以说要从根本处防止 SQL 注入，最好的办法还是完善网站源代码。

（9）脚本木马查杀

脚本木马其本质就是脚本管理程序，一般权限都很低，但是借助系统某些组件和权限设置不好便可以浏览服务器上的所有盘，任意更改其他服务器上的文件，上传文件甚至执行 CMD 命令，所以对网站安全的威胁也是不可小视的。杀毒软件虽然可以杀掉一部分木马，但是脚本文件可以进行复杂的加密变形及大小写互换，而不影响脚本木马本身的功能，所以现在很多的杀毒软件对大多数的脚本木马都没有很好的查杀能力。

（10）日常注意与管理

一个好的网站和虚拟主机服务商虽然对网站安全有一定的作用，但是也不能大意，往往名气越大的脚本越容易被发现漏洞。网站管理者们要经常到网上查看脚本，经常到后台查看管理记录，看是否有非法的记录等。如果黑客对网站一点办法都没有，他们往往会用 Whois 查询出在同一个服务器上的其他网站，然后对他们下手，获得 Webshell 或服务器权限后即可对网站进行破坏，这就是所谓的旁注。如果网站管理者和同一服务器的其他管理者一起做好服务器的安全，黑客就无计可施了。

（11）其他安全防护措施

① 安全配置　关闭不必要的服务，最好只提供 www 服务，安装操作系统的最新补丁，将 www 服务升级到最新版本并安装所有补丁，对根据 www 服务提供者的安全建议进行配置等，这些措施将极大限度地提高 www 服务器本身的安全。

② 防火墙　安装必要的防火墙，阻止各种扫描工具的试探和信息收集，甚至可以根据一些安全报告来阻止来自某些特定 IP 地址范围的机器连接，给 www 服务器增加一个防护层，同时需要对防火墙内的网络环境进行调整，消除内部网络的安全隐患。

③ 漏洞扫描　使用商用或免费的漏洞扫描和风险评估工具定期对服务器进行扫描，以发现潜在的安全问题，并确保不会给升级或修改配置等正常的管理工作带来安全隐患。

④ 入侵检测系统　利用入侵检测系统（IDS）的实时监控能力，发现正在进行的攻击行为及攻击前的试探行为，记录黑客的来源及攻击步骤和方法。例如阿里云的主机空间就免费提供了多种漏洞扫描、入侵检测的服务，如图 7-34 所示。

这些安全措施都将极大限度地提高网站服务器的安全，减少网站被攻击的可能性。

图 7-34　阿里云主机云盾安全检测界面

【实战案例】

一、网站数据库备份与恢复

网站数据库的备份、恢复，可以通过网站后台本身的管理功能实现，也可以直接通过数据库管理软件实现。下面以开源程序 ECShop 为例，介绍备份数据库的具体操作步骤。

以管理员身份登录后台，在左侧管理菜单中选择"数据备份"，然后选择备份的类型，点击"开始备份"按钮，系统即可自动完成数据库的备份。备份操作界面如图 7-35 所示。

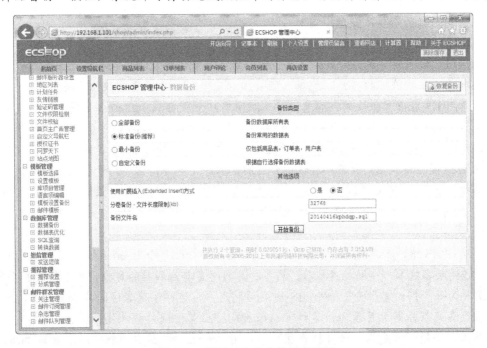

图 7-35　网站后台备份数据库界面

如果要恢复数据库备份，同样先以管理员身份登录后台，在左侧管理菜单中选择"数据备份"，然后按图 7-35 所示界面中点击右上角的"恢复备份"按钮，进入图 7-36 所示恢复备份界面。选择要恢复的备份数据后点击"导入"，系统即可自动完成数据库的恢复。

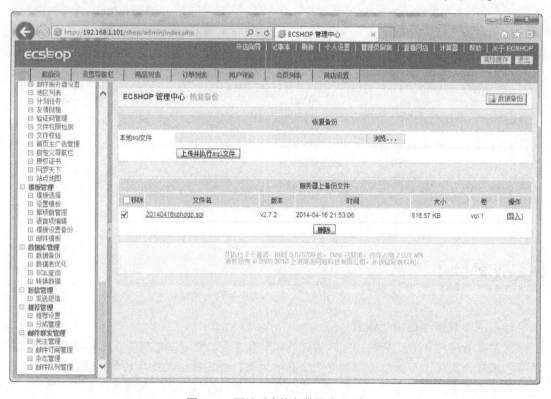

图 7-36　网站后台恢复数据库界面

二、网站服务器基本安全设置

1. IIS 匿名访问用户设置

远程用户访问服务器上的网站就相当于对服务器资源的访问，而要访问服务器（主机）必须具有操作系统许可的账户，就像人们必须以某个账号才能登录操作系统一样。

对于用 IIS 服务器架设的网站来说，互联网用户一般都以"Internet 来宾账户"的方式访问服务器上的网站（默认 IIS 来宾账户的用户名是"IUSR_计算机名"的形式），因此严格控制 Internet 来宾账户的访问权限是非常重要的。一般来说，Internet 来宾账户的访问权限应该限制在 Web 网站目录内，且只具有读取和运行的权限（网站内需要给予写入权限的文件、文件夹单独设置），而不应该给 Internet 来宾账户以网站目录外的其他目录访问权限。这样，即使 ASP 木马上传到了某个网站中，也无法访问各个分区中的其他目录，从而保护了其他文件的安全。

但是在 IIS 中，如果建立了多个网站，IIS 也只会分配一个 Internet 来宾账户给所有网站使用，这样黑客攻入一个网站目录后，就可以访问所有其他网站的目录，这是非常不安全的。因此需要为每个网站单独分配一个 IIS 匿名访问用户，这样浏览者访问某个网站时，所具有的权限最多只在该网站目录内，这样可以很好地防止其他网站被入侵。

具体方法是：首先在"计算机管理"→"用户和组"中创建一个用户，例如"user1"，然后在 IIS 中选择某个网站（虚拟主机）为其分配匿名访问用户，按右键选择"属性"，在网站属性对话框中选择"目录安全性"选项卡，在"身份验证和访问控制"中点"编辑"，将弹出如图 7-37 所示的对话框，单击"浏览"按钮，选择刚才创建的用户"user1"，再输入该用户的密码即可。

图 7-37　为网站分配单独的 IIS 匿名访问用户

接下来，将该网站原来使用的 IIS 匿名访问用户（"IUSR_计算机名"的形式）禁用，方法是在"用户"和"组"里将它和 Guest 账户禁用就可以了，如图 7-38 所示。

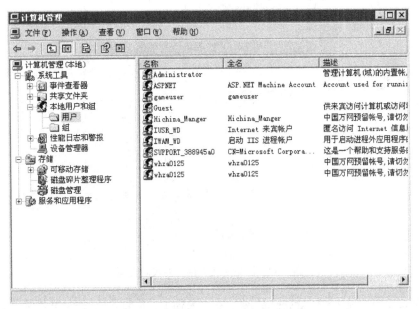

图 7-38　禁用匿名访问用户和 Guest 账户

2. IIS 网站目录访问权限的设置

对于 IIS Web 服务器来说，有两个地方可以对网站目录的访问权限进行设置，一是在 IIS

下的"网站"里，选择任意一个网站或网站的子目录，然后按鼠标右键选择"属性"，在属性面板中的"主目录"或"目录"选项卡中；另一个是 NTFS 文件系统本身的权限设置。这两个地方的设置是密切相关的。

在 IIS 网站属性面板的"主目录"或"目录"选项卡中有"脚本资源访问""读取""写入""目录浏览""记录访问"和"索引资源"6 个选项。

（1）在这六个选项中，"记录访问"和"索引资源"两项跟安全性关系不大，一般保持默认选中状态。"读取"权限一般也应保持选中状态，这样 IIS 才能读取网站中的资源文件。而另外三个选项："脚本资源访问""写入"和"目录浏览"则在一般情况下都不能选中。

这是因为，"脚本资源访问"不是指可以执行脚本的权限，而是指可以访问脚本源代码的权限。如果选中，用户将可以查看到 ASP 程序的源代码；"写入"权限是指对 HTTP PUT 指令的处理；如果选中"目录浏览"的话，浏览者将可以查看在该目录下存在的所有文件夹和文件的名称及各种属性，显然这是非常不安全的。

（2）网站目录所在的磁盘分区如果是 NTFS 格式，则可以对文件或文件夹设置"安全"属性。方法是在文件夹上按右键单击"属性"，在属性面板的"安全"选项卡中，只允许超级管理员组和为该网站创建的 IIS 匿名访问用户 user1 访问该目录，将其他用户和组一概删除。超级管理员组允许有"完全控制"权限，而 user1 用户只允许有"读取和运行"的权限，如图 7-39 所示。并限制 user1 用户只能访问该网站目录，而不能访问硬盘上的其他任何目录，这样就将黑客对系统的访问权限限制在该网站目录中，并且不能往该目录内写入文件。

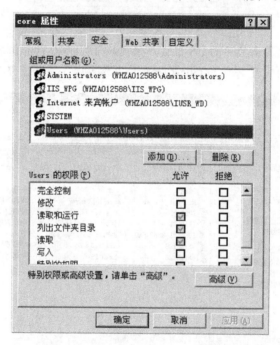

图 7-39　网站所在文件夹的权限设置

这样设置后会发现 ASP+Access 的网站不能运行了，原因是 Access 数据库在运行时必须创建一个后缀名为 ldb 的临时文件，如果网站目录没有写入权限，则无法创建临时文件。解决的方法是给数据库文件所在的子目录额外添加"写入"的权限，另外，供用户上传文件的文件夹也要照此添加"写入"权限。

这样，网站中只有少部分目录有"写入"权限，对于这些具有"写入"权限的目录，一定不能让其在 IIS 中再具有"执行"权限。也就是说，网站的任何目录都不能同时具有"写入"和"执行"权限，这样黑客攻击网站时，要么不能上传木马（没有写入权限），要么上传了木马程序也不能运行（没有执行权限）。

3. IIS 网站访问权限设置举例

某网站目录结构如图 7-40 所示，网站目录是"www"文件夹，网站目录下有一些子目录和文件，其中，images 用来存放图片文件，data 用来存放数据库文件，upload 用来存放用户上传的文件，admin 是包含动态网页的网站管理目录，themes 目录里是一些模板文件。

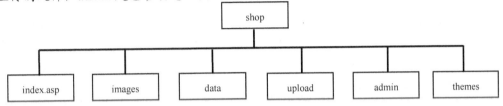

图 7-40　网站目录的结构

可按表 7-1 中的方式设置权限（其中继承表示继承父文件夹的权限，不需要单独设置）。

表 7-1　网站目录权限设置方案

子目录	文件夹访问权限	IIS 执行权限
www	读取和运行	纯脚本
Images	继承	无
data	继承、写入	无
upload	继承、写入	无
admin	继承	纯脚本
html	继承	无

可以看出，有写入权限的目录都没有执行权限了。但是这样网站管理员也不能用 FTP 上传或修改文件了（因为不能写入）。为了不影响 FTP 的使用，可以为每个网站的 FTP 服务专门新建一个用户，设置该用户有写入和修改的权限，再把该用户添加到网站目录的"安全"选项卡的用户组中。也可以为 FTP 服务设置访问控制，限定只有管理员的 IP 可以访问该 FTP 站点，并只能对站点目录进行读写操作。

4. Windows 系统目录的权限和端口设置

（1）磁盘权限设置

① 系统盘（假设为 C 盘）及所有磁盘只给 Administrators 组和 SYSTEM 用户完全控制权限；C:\Documents and Settings 目录只给 Administrators 组和 SYSTEM 用户完全控制权限；C:\Documents and Settings\All Users 目录只给 Administrators 组和 SYSTEM 用户完全控制权限。

② C:\Windows\System32\cacls.exe、cmd.exe、net.exe、net1.exe、ftp.exe、tftp.exe、telnet.exe、netstat.exe、regedit.exe、at.exe、attrib.exe、format.com、del 文件只给 Administrators 组和 SYSTEM 用户完全控制权限。

③ 另将<systemroot>\System32\cmd.exe、format.com、ftp.exe 转移到其他目录或更名。

④ 删除 c:\inetpub 目录，因为攻击者常常将木马文件上传到该目录中。

（2）端口设置　由于很多扫描器是通过 TCP 的 139 端口和 445 端口来获取计算机一些相关信息的，如计算机名称、管理员账号等，这样便可以通过相应的攻击工具入侵。139 端口是实现基于 TCP/IP 的 NetBIOS 的网际互联，根据上述分析，最好将其禁用，方法是在本地连接的"Internet 属性（TCP/IP）"中，单击"高级"，再选"WINS"选项卡，选择"禁用 TCP/IP 上的 NetBIOS"，接下来再在"本地连接"的属性对话框中取消"Microsoft 网络的文件和打印机共享"的选中状态，这样可禁止 SMB（Server Message Block）服务。

5. 卸载最不安全的组件防范 Webshell

Webshell 本来是网站管理员用于远程管理网站或服务器的一种工具，根据 FSO 权限的不同，它的作用有在线编辑网页脚本、上传下载文件、查看数据库、执行任意程序命令等。Webshell 最大的优点就是可以穿越防火墙，由于与被控制的服务器或远程主机交换的数据都是通过 80 端口传递的，因此不会被防火墙拦截。

由于 Webshell 可以让匿名用户通过网站端口对网站服务器取得某种程度操作的权限，因此它常常被黑客所利用。黑客通过 Webshell 执行 cmd.exe 程序或创建用户并提升权限，给网站服务器带来极大安全隐患，因此必须将 Webshell 相对应的组件全部删除，最简单的删除办法是直接卸载下列组件再删除相应的程序文件。例如可以将下面的代码保存为一个 .BAT 文件。

```
regsvr32/u   C:\WINDOWS\system32\wshom.ocx
del    C:\WINDOWs\System32\wshom.ocx
regsvr32/u    C:\WINDOWS\system32\shell32.dll
del    C:\WINDOWS\WINDOWS\shell32.dll
```

然后执行一下该批处理文件，WScript.shell、shell.application、WScript.Network 就会被卸载，这样黑客就无法利用 Webshell 进行攻击。

6. 安全管理 Web 服务器

从管理上看，安全管理 Web 服务器，可以从以下几方面采取一些预防措施。

（1）对于在 Web 服务器上所开设的账户，应在口令长度及修改期限上做出具体要求，防止被盗用。同时应该限制在 Web 服务器上开账户，定期进行用户检查和清理。

（2）尽量在不同的服务器上运行不同的服务（如 Mail 服务和 Web 服务等）程序。尽量使 FTP、E-mail 等服务器与 Web 服务器分开，去掉 FTP、sendmail、tftp、NIS、NFs、finger、netstat 等一些无关的应用。这样在一个系统被攻破后，不会影响到其他的服务和主机。

（3）关闭 Web 服务器上不必需的特性服务，否则，有可能遭到该特性所导致的安全威胁。在 Web 服务器上去掉一些绝对不用的 shell 等解释器。

（4）定期查看服务器中的日志（logs）文件，定期地记录 Web 服务器的活动，分析一切可疑事件。其中，最重要的是监视那些试图访问服务器上文档的用户。查看 IIS 日志记录的方法是：在 IIS 下某个网站的"属性"对话框中，选择 Web 站点标签页，确保"启用日志记录"一项是被选中的。单击下面的属性按钮，将弹出如图 7-41 所示的日志记录属性对话框，在日志文件目录和文件名中可看到日志文件所在的路径。默认是在 %WinDir%\System32\LogFiles 文件夹中的。

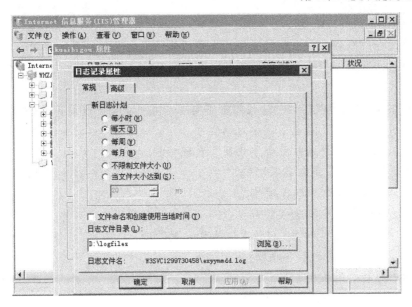

图 7-41　网站日志文件的保存路径

本章小结

本章主要介绍了网站管理的主要内容和常用网站的管理操作流程。网站管理的目标是保证网站安全、平稳运行。网站的日常管理是网站管理员最主要的工作，通过对网站的日志、数据库进行管理，及时了解网站的运行状态，维护网站的安全。

习题

一、思考题

1. 网站面临的安全性威胁有哪些？

2. 维护网站安全对策有哪些？

3. 什么是防火墙？怎样选购防火墙？

二、实训题

1. 根据所在单位人员进入网站(计算机网络系统)的权限，参照 Windows 2003 Server 安全及共享，设置相应的账号和对指定区域（文件夹）访问控制，并对进入系统的账号、拥有时间、使用计算机、密码策略进行设置。

2. 根据所在单位的数据计划，提交一份数据（程序）备份方案。方案包括备份形式、备份方法、备份手段的选择流程。

3. 网站安全管理实训，请完成下列实训内容。

① 在本机配置 IIS，使其可以运行动态网站程序。

② 运行 X-Scan 软件，设置好扫描规则后开始扫描目标计算机。扫描完成后查看扫描报

告，了解目标计算机存在哪些安全漏洞。

③ 安装运行"服务器安全狗"软件，查看该软件发现了哪些系统漏洞和安全隐患。然后在开启"服务器安全狗"软件的情况下再次运行 X-Scan 软件进行扫描，看看扫描结果是否有所变化。

4. 小型 B2C 网站管理实训。请按照以下要求，熟悉小型电子商务网站的管理工作。

① 下载并安装一套开源电子商务网站程序。

② 安装好程序后熟悉网站后台各栏目及管理功能。

a. 熟悉后台"常规设置"各项功能

a）修改"网站设置"中的各项信息。

b）在"广告设置"中修改或发布广告。

c）了解"送货方式"和"支付方式"中的设置管理。

b. 熟悉后台"商品管理"各项功能

a）增加一个新的商品大类及其下属小类。

b）在新增商品类别下添加新的商品。

c）了解"订单管理"中各项功能。

d）了解"评论管理"中各项功能。

c. 熟悉后台"信息管理"各项功能

a）了解添加、删除新闻的操作。

b）修改网站公告内容。

c）熟悉网站"留言管理"的功能。

d. 熟悉后台"用户管理"各项功能

第8章 电子商务网站推广

【学习目标】
- 理解网站推广的目的
- 了解传统媒体推广方式
- 掌握使用搜索引擎、BBS、电子邮件、网络广告等网络推广方式
- 了解推广效果的测试与评估

【引入】网站建立之后，下一步就要提高访问量。为了提高访问量，使企业获得更多的商业机会，有效的推广非常重要。除了在企业的 VI 系统和宣传广告中印上公司的网址外，登录著名的搜索引擎如百度、Google 等是主要的手段，并尽量使其排名靠前。根据企业需要，还可采取电子邮件推广、BBS 推广、SNS 推广等宣传手段。

网站推广的目的在于为企业经营服务。许多企业创建网站后，就不用心管理了，以为一切完事大吉；有些企业创建网站后，进行了网站的推广，浏览量上来了，但企业创建网站的目的并没有达到，浏览量根本没有带来期望的交易对象。网站的推广要解决两个问题：一方面是如何提高网站的知名度，扩大用户的访问量；另一方面是，如何在已经浏览过企业网站的用户中有选择地保留住企业网站的潜在用户。这两个问题解决好了，企业网站的推广就成功了，企业的网站就有了存在的价值。

常见的网站推广方式大致可以分成两类：一类是传统推广方式，另一类就是网络推广方式。每种推广方式都有各自的特点，在不同时期不同环境拥有各自的优势，选取哪种推广方式需要根据实际情况综合考虑，制订合适的推广方案。

8.1 传统推广方式

在互联网应用越来越普及的今天，利用网络进行推广是未来的发展趋势，但是对于一些传统的推广方式也不应该放弃。特别是在一些网络不是很普及的地区，采用传统的推广方式会更有效果。

8.1.1 传统媒体广告

（1）报纸

作为传统的媒体，报纸具有传播范围广泛、便于收藏、发行量大等特点，长期以来一直作为企业广告的主要媒体。企业的电子商务网站可以用这种方式进行网站的推广工作。

（2）电视

作为传统媒体，电视具有收视人群广泛、传播信息生动、可一次制作反复使用等特点，长期以来受到各类企业的欢迎。企业在推广电子商务网站时，可借助这种方式。

（3）电台

作为最早的媒体，电台具有广泛的听众，它具有收听人群广泛、收听条件简单、一次制作反复使用等特点。企业的电子商务网站的推广可以通过电台广播开展。

（4）杂志

作为传统媒体，杂志一般具有面向对象针对性强、发行范围广泛、利于保存等特点，在杂志上刊登广告，一般情况下等于企业选择了目标用户，在推广电子商务网站时，这种有目的性的选择十分重要。

（5）户外广告

户外广告包括灯箱广告、路牌广告、横幅广告、巨型广告牌等多种形式。由于是在户外，特别是陈列在繁华地带、高速路两侧、建筑物顶层等位置，特别吸引人。有些在晚上还可以为路人提供照明便利，往往会给行人留下深刻的印象。企业也可以通过这种形式推广网站。

（6）DM

简单来说 DM 就是用户直投广告。此类广告针对性强，可以是企业网站的概略内容，也可以是企业的商品信息。信息更新速度快，有些企业每月或每旬均制作 DM，更新产品、更新价格、更新服务。成本较低，以 50000 份 16 开广告为例，所需制作费和投递费在 7000 元左右。如果将企业网站的相关内容制作成 DM，投递到准用户家中，推广效果会比较明显。

（7）口头传播

口头传播就是平时所讲的"听说"的传播过程。有传媒研究机构分析，平均每个人在得到一条信息后，会将消息传播给 7 个听众。如果此分析成立的话，企业网站的口头宣传就有以一当十的可能。根据 CNNIC 的调查，在得知新网址的途径中，经朋友、同学、同事介绍的占 56.8%，经网友介绍的占 28.6%。可以说"道听途说"对网站的推广意义重大。

8.1.2 VI 系统推广

（1）VI 系统的概念

企业形象全称为企业形象识别系统（Corporate Identity System，CIS），包括理念识别（Mind Identity，MI）、视觉识别（Visual Identity，VI）、行为识别（Behavior Identity，BI）和听觉识别（Hear Identity，HI）4 个部分。其中 VI 是 CIS 的中心部分，所以普遍意义上的 CIS 指的就是视觉识别（VI）。视觉识别包括基本设计要素和应用设计要素两大部分。设计要素包括标志、标志制图法、标志的使用规范、象征图案、中文标准字、中文指定印刷体、英文标准字、英文指定印刷体、标志与标准字组合、企业标准色、企业辅助色、标志与标准色彩使用规范等。应用设计要素包括办公用品类、广告使用类、车辆使用类、服装类及其他使用延伸。

（2）VI 系统的具体应用

① 信用品类　如名片、信纸、便笺、信封、传真纸首页。

② 办公用品类　如档案袋、文件夹、员工手册封面、合同书封面、记事本封面、员工胸牌、来宾出入证、贵宾卡、会议桌签、桌牌、办公用笔、请柬及封套、纸杯设计、一次性标签贴、幻灯片模板。

③ 账册表单类　如请假单、派车单、会议单、通知书。

④ 内部环境类　如室内指示系统、形象墙、宣传栏、公共标识系统。

⑤ 外部环境类　如建筑物涂装设计、围墙护栏、大门形象、户外灯箱系统、户外指示系统。

⑥ 广告传播类　如公司旗帜、桌旗、挂幅规范、户外广告宣传。

⑦ 交通工具类　如商务车辆、客载车辆、货载车辆、装载车辆。

⑧ 服饰及配件类　如管理人员制服、T 恤、文化衫、胸徽。

⑨ 包装设计　如产品系列包装设计。

⑩ 礼品及其他类　如雨伞、皮包类、皮带、手提袋、台历、礼品表、钥匙牌、授权书。

如果企业拥有良好的 VI 系统，可以借助上述形式推广企业的网站。好的标志能给人留下深刻的印象，醒目的标志让人过目不忘。在 VI 系统中加入网站的推广信息，如介绍网址、展示企业 E-mail 等。

8.2 网络推广方式

长期以来网站推广一直是网络营销的重点。作为电子商务企业，网站创建了，是否还需花大气力利用网络来进行网站的推广呢？从电子商务发展的趋势，从电子商务交易对象的特点，从网站的经营特色来看，网络推广十分必要。

据中国互联网络中心（CNNIC）《第 33 次中国互联网络发展状况统计报告》显示（图 8-1），中小企业利用即时聊天工具、搜索引擎、电子商务平台推广保持在使用率前三甲，其他网络营销方式中除论坛/BBS 使用率明显提高外均有所下降，包括电子邮件营销、网站展示广告、网络视频广告、网络联盟广告和团购。这说明目前中小企业更集中在销售导向明确的网络营销方式，而不再以展示类广告为重点，因此企业的网络推广应该着重考虑与此相关的推广方式。

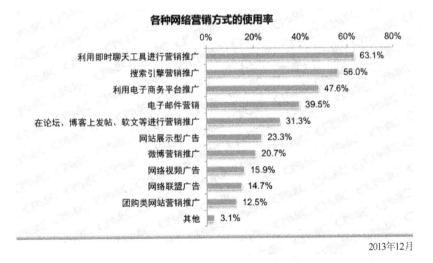

图 8-1　各种网络营销方式的使用率

（来源：CNNIC2013 年下半年中国企业互联网络应用状况调查）

根据 CNNIC《第 33 次中国互联网络发展状况统计报告》，2013 年在移动互联网的推动下，契合手机使用特性的网络应用进一步增长。即时通信作为第一大上网应用，其用户使用率继续上升。截至 2013 年 12 月，我国搜索引擎用户规模达 4.90 亿，与 2012 年年底相比增长 3856 万人，增长率为 8.5%，使用率为 79.3%（表 8-1）。由此可见，搜索引擎仍然是重要的网络营销工具之一。

表 8-1 2012～2013 年中国网民对各类网络应用的使用率

| 项   目 | 2013 年 | | 2012 年 | | 用户规模年增长率 |
应用	用户规模/万	网民使用率	用户规模/万	网民使用率	
即时通信	53215	86.2%	46775	82.9%	13.8%
网络新闻	49132	79.6%	46092	78.0%	6.6%
搜索引擎	48966	79.3%	45110	80.0%	8.5%
网络音乐	45312	73.4%	43586	77.3%	4.0%
博客/个人空间	43658	70.7%	37299	66.1%	17.0%
网络视频	42820	69.3%	37183	65.9%	15.2%
网络游戏	33803	54.7%	33569	59.5%	0.7%
网络购物	30189	48.9%	24202	42.9%	24.7%
微博	28078	45.5%	30861	54.7%	−9.0%
社交网站	27769	45.0%	27505	48.8%	1.0%
网络文学	27441	44.4%	23344	41.4%	17.6%
网上支付	26020	42.1%	22065	39.1%	17.9%
电子邮件	25921	42.0%	25080	44.5%	3.4%
网上银行	25006	40.5%	22148	39.3%	12.9%
旅行预订	18077	29.3%	11167	19.8%	61.9%
团购	14067	22.8%	8327	14.8%	68.9%
论坛/BBS	12046	19.5%	14925	26.5%	−19.3%

8.2.1 搜索引擎推广

搜索引擎推广是指利用搜索引擎、分类目录等具有在线检索信息功能的网络工具进行网站推广的方法。由于搜索引擎的基本形式可以分为网络蜘蛛形搜索引擎（简称搜索引擎）和基于人工分类目录的搜索引擎（简称分类目录）。因此，搜索引擎推广的形式也相应地有基于搜索引擎的方法和基于分类目录的方法，前者包括搜索引擎优化、关键词广告、竞价排名、固定排名、基于内容定位的广告等多种形式，而后者则主要是在分类目录合适的类目中进行网站登录。随着搜索引擎形式的进一步发展变化，也出现了其他一些形式的搜索引擎，不过大都以这两种形式为基础。

搜索引擎推广的方法可以分为多种不同的形式，常见的有登录免费分类目录、登录付费分类目录、搜索引擎优化、关键词广告、关键词竞价排名、网页内容定位广告等。常用的搜索引擎的网站推广地址如下：

百度推广 http://e.baidu.com

Google 推广 https://adwords.google.cn

网易有道 http://a.youdao.com

sogou 推广 http://www.sogou.com/fuwu/

搜索引擎（Search Engine）是可以搜索网上任何信息的工具，在搜索引擎上，几乎可以查找到任何想要查的东西，回答任何问题。形象地说，搜索引擎是网络的超级黄页、超级百科全书。用户总能在搜索引擎中找到他们需要的信息，从而使他们对搜索引擎产生强烈的信任感，这反过来又促使他们更频繁地使用搜索引擎。搜索引擎巨大的营销价值就蕴含在用户对搜索结果信任的基础上。如果商家的网站能在相关的搜索结果中出现，那么就为目标客户走进商家的网站提供了渠道。因为，通过搜索结果访问网站的用户极有可能就是网站产品或服务的潜在客户。

例如，某个用户在搜索引擎中搜索“3G 手机”，则该用户可能是想购买这种手机或想了解这种手机的相关信息，如果某家提供这种手机的商家出现在搜索结果中并且位置比较靠前，那么它就有很大机会向目标客户推销他们的产品了。

（1）登录搜索引擎的重要性

登录搜索引擎的重要性体现在以下几个方面。

① 搜索引擎上的信息针对性都很强　用搜索引擎查找资料的人都是对某一特定领域感兴趣的群体，所以是愿意花费精力找到企业网站的人，往往很有可能就是企业渴望已久的交易对象。而且不用强迫别人接受企业的信息，相反，如果用户确实有某方面的需求，就会主动找上门来。

② 发现潜在用户　一个潜在的用户也许以前从没听说过某个企业，但是，通过搜索引擎找寻服务时，就能非常容易地找到能提供服务的企业网站，进而与该公司联系。

③ 登录搜索引擎的最大优势是具有极高的性价比　多数搜索引擎都免费接受网站注册，即使现在有些搜索引擎开始对商业网站收取费用（如百度最低 5000 元预付金+600 元服务费），但相对其宣传效果来说，这点成本简直是微不足道。国内知名搜索引擎收费标准参考图 8-2。

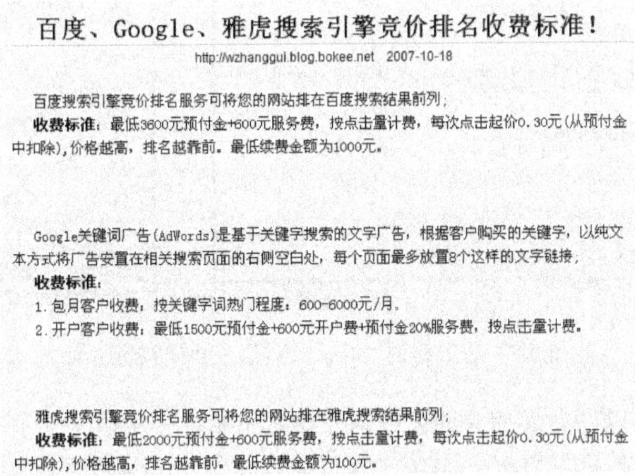

百度、Google、雅虎搜索引擎竞价排名收费标准！

http://wzhanggui.blog.bokee.net　2007-10-18

百度搜索引擎竞价排名服务可将您的网站排在百度搜索结果前列；

收费标准：最低3600元预付金+600元服务费，按点击量计费，每次点击起价0.30元(从预付金中扣除)，价格越高，排名越靠前。最低续费金额为1000元。

Google关键词广告(AdWords)是基于关键字搜索的文字广告，根据客户购买的关键字，以纯文本方式将广告安置在相关搜索页面的右侧空白处，每个页面最多放置8个这样的文字链接；

收费标准：

1. 包月客户收费：按关键字词热门程度：600-6000元/月。
2. 开户客户收费：最低1500元预付金+600元开户费+预付金20%服务费，按点击量计费。

雅虎搜索引擎竞价排名服务可将您的网站排在雅虎搜索结果前列；

收费标准：最低2000元预付金+600元服务费，按点击量计费，每次点击起价0.30元(从预付金中扣除)，价格越高，排名越靠前。最低续费金额为100元。

图 8-2　国内知名搜索引擎收费标准

（2）登录搜索引擎的方法

现在，不少企业认识到了在搜索引擎上注册的重要性，把网站进行登记。但是效果仍然不佳，因为做好网络营销并不是这么轻而易举的。要对搜索引擎进行研究，特别是对寻求服务的信息搜索者的行为习惯进行分析，才能真正地做好营销的每一步。登录搜索引擎要考虑的问题如下。

① 选取人气最旺的搜索引擎　国内外的搜索引擎非常多，但主要的、影响力最大的不过十多个，国外（英文）的主要包括 Google、Yahoo、Excite、AOL 等；国内（中文）的主要包括百度、新浪、中文谷歌等。

② 选取最恰当的关键词（Key Words） 网上的查找像图书文献查找一样，需要确定最恰当的关键词。只有选取了正确的关键词，才能让查找者方便地找到。比如说，一个生产食品机械的公司，选取关键词为"食品""机械"，就会造成很多寻找食品或其他机械的人来到网站，从而宣传的有效性不佳。如把"食品机械"作关键词，针对性与实用性就强得多。在选取上，应该从产品名称、特点、学术界的标准、访问者的习惯等几方面考虑。特别要注意的是英文关键词，由于翻译的水平，往往与国外行为习惯有偏差，确定时要特别细心。

③ 确保排名（Rank）靠前 当信息查找者在搜索引擎上使用关键词查找信息时，查找结果是一个相关企业网站的列表，这个列表包括了全部已经登记注册的相关公司网站。按关键词"礼品公司"进行搜索的结果如图 8-3 所示，一般来说这个列表的网站数目都有几百个、几万个以上。据调查，几乎所有的查找者都只看排在前 10 或前 20 位的企业网站，而且这些排在前面的网站占了 90％以上的访问量。

图 8-3 按关键词"礼品公司"进行搜索的结果

可以说，当用户以产品最相关的关键词在搜索引擎上搜索时，企业的网站是否排在众多的竞争者的前列，是搜索引擎推广成功与否的直接标准。正因如此，搜索引擎的排名之争成了公司网络营销的焦点，任何企业都想排在前面，抢占商机。

通常，在推广企业网站时会将同一站点加注两次，第一个网站推广用来封锁客户可能检索的词，说是描述，事实上是反复研究核心的关键词，分析用户在各个网站的检索量、相关的可能的关键词以及检索量。之后，网站描述，就是用这些词组合起来的第二个网站的描述。为什么这里要重复再进行一次搜索加注？企业要尽最可能的、用最好听的、可以让用户振奋的话去描述企业的网站，这个描述说白了就是起广告作用。这样交叉起来，企业营销网站可以在搜索时被直接找到，并且至少在搜索引擎的两个静态目录下出现。同时交叉的还有相关关键词，如搜索"可口可乐"时同时出现"百事可乐"的网站。这样就可以从源头上封锁机会——"被找到的机会"。别怕花钱，可能反而会将钱分散地花在许多徒劳无功的反复摸索中。如果关键词不突出，必须改造。

（3）搜索引擎的评估标准

由于提供同类产品的网站众多，有的在先、有的在后是必然的，而谁在前？谁在后？怎样决定？对于这些问题，提供查找服务的搜索引擎自有一套评估方法，并有评分细则。越符合其规则的网站，就会越排在前面。而且，这个规则是不公开的。大多数的搜索引擎的排名规则都包括下面几点。

① 网站内容与关键词的相关程度。

② 网站是否完善，网站结构是否完整，是否无错误（链接、文字、显示……）。

③ 网站的流行与普及程度。

④ 网站的管理与维护情况。

搜索引擎的任务就是向查找者提供最准确的资料。各个不同的搜索引擎，也有各自的喜好，排名评分的细则也有所不同。只要针对这种规则进行认真研究，就可得到种种排名靠前的技巧。只有熟悉这种游戏规则，才能做好搜索引擎的推广工作。如果说要以营销的角度建设企业网站，其中一大部分就是要在设计网站时遵循这些规则。

（4）竞价排名

竞价排名是指以竞价的方式拍卖搜索结果排名的行为。不管网站的内容是否真实、优劣与否，只要支付足够的费用给搜索引擎提供商，就可以在选定的关键词上取得非常靠前的排名。竞价排名是百度（Baidu）独有的盈利模式，由于它往往不严格审核网站内容是否真伪，因此它在为合法公司提供营销方式的同时，也为部分网站欺诈网民提供了便利。

例如在图 8-3 中，在"礼品公司"关键字的百度搜索结果中，排名前五位的网站都是通过竞价排名的方式排上来的。因为用户一般都更愿意点击排名靠前的网站，所以能够为这些网站带来可观的访问量。

（5）关键字广告

对于目前各种主流的搜索引擎来说，在搜索结果页面中，搜索引擎除了向用户提供与其查询相关的普通信息外，还会在相应的位置上附加与查询结果相关的广告信息。然后，搜索引擎提供商通过统计点击广告的次数来收取商家相应的广告费。在搜索结果页的广告中，广告客户支付的费用越高就越能占据靠前的位置。这种通过竞价拍卖搜索页面广告位的方式，就叫关键字广告。如图 8-3 所示，百度页面右侧区域就提供了关键字广告。

竞价排名或关键字广告的缺点是需要向搜索引擎服务商支付费用，这导致公司很容易受到搜索引擎服务商的牵制，特别是有些热门关键词由于参与竞价排名的公司很多，公司需要支付给搜索引擎的费用相当高,且这两种方式都只能使网站在单一的搜索引擎上排名靠前(除非网站分别向每家搜索引擎支付竞价排名的费用)。另外，它们还具有以下缺点。

① 以竞价排名方式开展的搜索引擎营销，效果具有时间限制，仅存在于付费推广期间，一旦公司停止支付费用，则马上会被搜索引擎从前几位中删除。

② 随着参与某一热门关键字竞价的网站增多，每一次点击所需支付的费用也会变得越来越高。例如，在百度推广中，有些热门关键字的每一次点击甚至需要企业向百度支付几十元。

③ 不能避免作弊点击　作弊点击在业内已经是公开的秘密，目前，除了 Google 能进行一定的监控外，其他搜索引擎都没有很好的应对方法。这导致有些搜索引擎甚至人为地操纵点击数据，获取不义之财。

④ 存在竞争对手的恶意点击　对于监控无效点击行为（如同一个 IP 在短时间内的多次

点击）较差的搜索引擎来说，竞争对手的恶意点击所产生的费用是相当高的。

⑤ 广告与自然搜索结果混淆而产生的无效点击　所谓自然搜索结果，是指搜索引擎根据其排序算法自动产生的搜索结果。每个搜索引擎都把竞价排名与自然结果进行区分，例如在 Google 中就把竞价排名的网站标明为"广告"。但是在有些搜索引擎中，如百度，用户看不到这种明显的区分，这就导致广告容易与自然搜索结果相混淆。

（6）搜索引擎优化（SEO）

通过竞价排名或关键字广告，很多企业都感受到了搜索引擎营销带来的好处，但是其所需的费用及负面影响又让很多企业望而却步。因此，更多的企业迫切需要一种成本更低，但回报率更高的方式来开展搜索引擎营销。这就是搜索引擎优化。

例如，在百度或 Google 上搜索"苹果"。结果中排在第一名的就是苹果公司的网站，而不是其他介绍苹果的网站，这就是苹果公司采用了搜索引擎优化使得其排名结果居首位的原因。

① SEO 的基本概念　SEO 是英文 Search Engine Optimization 的缩写，中文译为搜索引擎优化，是近年来最常用的一种网络营销方式，其主要作用是通过一系列技术手段，使搜索某些关键词时网站能排列到搜索引擎结果页的前列，以增加网站的点击率和曝光度。

SEO 的主要工作是通过了解各类搜索引擎如何抓取互联网上页面、如何进行索引以及如何确定其对某一特定关键词搜索结果进行排名等技术，来对网页进行相关的优化，使其搜索引擎排名靠前，从而提高网站访问量，最终提升网站的销售能力或宣传能力。

SEO 有时又被称为网站优化，但实际上这两个概念既存在着联系，又有本质的区别。

a. 网站优化是指在对网站进行调整（代码调整和目录调整）时，以提高网站的用户体验、完善网站功能为根本出发点，但网站优化后一般也能提高对搜索引擎的友好性。

b. 搜索引擎优化的目标则是以提高网站对搜索引擎的友好性为根本出发点，虽然在大多数情况下提高搜索引擎的友好性与提高网站的用户体验是不矛盾的，但在某些特殊情况下，提高搜索引擎的友好性可能会破坏网站的用户体验。

c. SEO 在很多时候需要通过网站优化来实现，大多数两者是殊途同归，但侧重点是不同的。

如果把互联网比作一个图书馆，那么搜索引擎就是图书管理员，而用户就是阅览者。一个站的内容就相当于一本书。这时，网站的搜索引擎优化者就相当于是图书的责任编辑，他在图书出版前对图书的结构和内容进行优化，提高图书的可读性。

一本图书只有在图书管理员或读者认为它有价值时，才会被图书馆收藏。同样，一个网站要想被搜索引擎收录，那么它也必须被搜索引擎认为具有一定的价值或者得到一部分用户的肯定。

图书管理员对图书的管理通常遵循如下步骤：首先，他会根据图书的名称等信息确定图书的类别；然后，根据图书的简介、目录、内容等判断图书的内在价值；最后，综合出版社、作者知名度等因素决定图书的摆放位置。管理员会把他认为最重要的图书放到书架中最显眼的位置。这样，该图书得到阅览的机会就会大大增加。

与之类似，图书的名称就相当于网站的名称，前言或简介就相当于首页的描述，而出版社或者作者的知名度就相当于外部网站对该网站的认可程度。如果一个网站主题明确、结构清晰合理、内容丰富，并得到大量外部权威网站的链接，就可以得到搜索引擎排名靠前的机会。

搜索引擎优化者的工作就像图书责任编辑的工作一样，对网站进行综合调整后，使得网站对于用户及搜索引擎都更加友好，从而提高网站在搜索引擎中的表现。

② SEO 技术的优缺点　SEO 作为重要的搜索引擎推广方式，具有以下独特优势。

a. 成本较低。从某种角度看，SEO 是一种近似免费的搜索引擎营销方式。对于网站站长而言，只要掌握一定的搜索引擎优化技术就可以对网站实施 SEO。而对于企业而言，SEO 的成本主要体现在从事搜索引擎优化员工的薪酬或雇佣专业搜索引擎优化公司所花费的费用。

b. 持久性。通常来说，采用正规 SEO 方法优化的网站，排名结果会比较稳定，除非搜索引擎算法发生重大的改变或其他竞争对手后来居上，否则排名不会有太大的变化。

c. 不需要承担"无效点击"的风险。

尽管搜索引擎优化具有上述这么多的优点，但它毕竟是依附在搜索引擎上而生存的，因此也存在一些不可克服的缺点，主要表现如下。

a. 见效时间长。从开始对网站进行优化到实现关键字的排名靠前，一般需要 2~6 个月。对于竞争十分激烈的关键字，还可能需要 1 年或更长时间，这个时间主要取决于所选择的关键字的竞争程度、操作者的水平及搜索引擎自身的一些因素。

b. 具有不确定性。搜索引擎优化人员并不是搜索引擎的开发者，与搜索引擎也没有什么密切的联系。所以，并不能向任何人保证在指定的时间内，一定能实现指定的排名。

c. 被动性。搜索引擎会不定期地改进算法，这就要求搜索引擎优化人员要经常对网站进行及时调整以迎合新算法，这样才能长久地保持住排名靠前的优势。

③ SEO 的应用领域

a. 企业门户网站。企业网站通过搜索引擎优化后，大大增加了向目标客户展示产品或者服务的机会，从而增强了企业的影响力，提升了品牌的知名度。例如某个生产汽车的企业，如果用户在搜索"汽车"时，该企业的网站出现在前几位，则可以得到更多用户的点击，而这些用户可能是潜在客户、相关信息的需求者或竞争对手。

b. 电子商务网站。电子商务网站通过优化后，可以通过搜索引擎向更多的潜在客户推销自己的商品，从而节省大量的广告费用，提高各种商品的销量。

c. 专题内容网站。专题内容类网站经过优化后，可以大大提高网站的流量，从而扩大其在行业内的影响，成为行业的领先者。如果是博客类网站，还能提高博客主人的知名度。

④ SEO 的主要工作　SEO 的主要工作包括内部优化和外部优化两方面。内部优化是对网站自身进行修改，包括对网站结构、页面结构、关键字分布进行适当调整。如果经过调整后，网站在搜索引擎中的表现达到了预期的效果，则内部优化工作基本完成。否则，需要找出问题所在，对网站进行反复调整，直到达到预期效果为止。

外部优化主要是指增加网站的外部链接关系，常用的增加网站外部链接的方法包括交换友情链接、登录分类目录、发布链接诱饵等。

⑤ SEO 的基本原则　SEO 工作应该以用户为中心，围绕提高用户体验、完善网站功能来进行，以"内容为王、外链为皇"为准则，不能为了优化而优化。对网站进行优化时应以满足用户需求为根本出发点，不做任何欺骗搜索引擎的行为，这样才有机会长期保持搜索引擎的排名靠前。

8.2.2　BBS 推广

据中华人民共和国信息产业部《互联网电子公告服务管理规定》指出，BBS（电子公告服务）是指在互联网上以电子布告牌、电子白板、电子论坛、网络聊天室、留言板等交互形式为上网用户提供信息发布条件的行为。

以往BBS主要依靠综合网站生存，其论坛内容多数与所存在网站的功能有关。目前BBS有了自己的网站，有些BBS网站固定发帖量达到10万，注册用户超过百万，平均每天发帖量在10万左右，在互联网用户中有良好的口碑。有些BBS网站拥有较为庞大、商业价值较高的商务主题论坛，为社会上某些企业、集团、协会、商会及其他方面的发展起到积极推动作用。面对这样的情况，企业在进行网络推广时一定要充分考虑BBS的影响。

（1）BBS的主要功能

① 发帖功能　用户根据自己的喜好，在BBS网站提供的论坛中高谈阔论，与各路网友切磋交流。如BBS秀网站提供了一个关于贴图技巧的论题，发帖者展示自己的才华，参与者或谦虚请教或隔岸观火，参与者众多。

② 浏览帖文　有些用户出于学习的目的在BBS上进行浏览，通过研究其他用户的帖文，找到自己需要的知识。

③ 删帖功能　有些BBS网站的帖子一经发出，就确定一个保存时间，到时可以删除；有的帖子由于不符合网站的相关规定，由网站管理人员进行查询后删除。这样做的好处是帖子常常更新，用户得到的信息量大，同时又保证了帖子内容的合法性。

④ 代号管理功能　每个登录BBS的用户都要有一个用户代号，一般是在首次登录时由用户注册的。该代号用于识别用户进入BBS的身份。一旦有些用户违反了登录时自愿遵守的BBS规则，该用户代号的使用将受到限制。另一方面，用户在参加BBS组织的活动时，代号可以成为晋级的标志。

⑤ 提供多种版式　BBS有多种版式，有的像表格，有的像独立网页，有的像一句话，五花八门。

⑥ 打包及备份数据　这是由BBS网站提供的人性化服务。用户可以将自己有兴趣的信息通过打包或备份数据的功能，保存在恰当的位置。

⑦ 增加文字和图片广告　在BBS上除了以往传统的文字信息外，多媒体信息开始渗入该领域，这无疑扩大了BBS的服务范围，增强了BBS的功能。谈天说地、发表文章、讨论问题，充分体现了网络的互动性，论坛的宣传、推广、发展、壮大主要靠网友的口碑及传播。

（2）BBS的分类

目前国内的BBS已经十分普遍，可以说是不计其数，其中BBS大致可以分为5类。

① 校园BBS　像清华大学、北京大学等都建立了自己的BBS系统，清华大学的水木清华很受学生和网民们的喜爱。大多数BBS是由各校的网络中心建立的，也有私人性质的BBS。

② 商业BBS站　主要是企业用于商业宣传、产品推荐等。目前电脑的商业BBS站、房地产的商业BBS站比比皆是。

③ 专业BBS站　这里所说的专业BBS是指部委和公司的BBS，它主要用于建立地域性的文件传输和信息发布系统。

④ 情感BBS　主要用于交流情感，是许多娱乐网站、门户网站的首选。

⑤ 个人BBS　有些个人主页的制作者们在自己的个人主页上建设了BBS，用于接受别人的想法，更有利于与好友进行沟通交流。

（3）BBS推广技巧

据中国互联网络中心2014年发布的报告显示，用户经常使用的网络服务中，网络社区中的论坛/BBS 访问率为 19.5%，用户规模达到 12046 万人。企业的电子商务网站开辟 BBS 专栏，或借助已有的 BBS 网站推广企业的电子商务网站，效果可想而知。在使用 BBS 推广时，可从以下几方面入手。

① 开办主题论坛 结合企业的经营特点、产品特点开办由企业引导的主题论坛。

② 开办用户俱乐部 开办由用户组织的俱乐部，交流用户心得，传播产品信息。

③ 专家讲座 举办行业内权威人士主持的讲座，宣传企业，宣传产品，普及使用常识。

④ 参与 BBS 网站的论坛活动 尽可能多地参与各种相关 BBS 网站的论坛活动，广泛发布企业网站信息。

8.2.3 电子邮件推广

以电子邮件为主的网站推广手段，常用的方法包括电子刊物、会员通信、专业服务商的电子邮件广告等。第 33 次 CNNIC 调查结果显示，截止 2013 年，国内电子邮件的用户规模达 25921 万人，网民使用率 42%。如果说登录搜索引擎推广是一种被动式的网络营销，那么电子邮件群发推广则是一种主动性的推广，是类似于根据企业名录发征订单的一种宣传推广方式。

基于用户许可的 E-mail 营销与滥发邮件不同，许可营销比传统的推广方式或未经许可的 E-mail 营销具有明显的优势。例如，可以减少广告对用户的滋扰、增加潜在客定位的准确度、增强与客户的关系、提高品牌忠诚度等。根据许可 E-mail 营销所应用的用户电子邮件地址资源的所有形式，可以分为内部列表 E-mail 营销和外部列表 E-mail 营销，或简称内部列表和外部列表。内部列表也就是通常所说的邮件列表，是利用网站的注册用户资料开展的 E-mail 营销方式，常见的形式如新闻邮件、会员通信、电子刊物等。外部列表 E-mail 营销则是利用专业服务商的用户电子邮件地址开展 E-mail 营销，也就是以电子邮件广告的形式向服务商的用户发送信息。针对公司现有的网站，每当会员注册的时候，都会留下 E-mail。所以，电子邮件推广方法具有一定的可信性，可以针对注册会员和未注册会员进行。

（1）群件发送的优势

电子邮件群件发送是利用邮件地址列表（用户名录），将信息通过 E-mail 发送到对方邮箱，以期达到宣传推广的目的。电子邮件是目前使用最广泛的互联网应用。它方便快捷，成本低廉，不失为一种有效的联络工具。电子邮件群件发送类似传统的直销方式发布，属于主动信息发布，带有一定的强制性。通过表 8-1 可以看出，电子邮件是广大用户使用较多的网络服务项目之一，如果借助它来进行电子商务网站的推广，势必带来比较明显的宣传效果。

（2）群件发送应注意的问题

通过电子邮件推广产品，必须要谨慎，要尊重用户。如果不顾用户的感受，滥发邮件，容易造成用户反感，反而造成负面的影响。现在国内外都有法律条文禁止电子邮件的滥发。

通过对垃圾邮件的分析发现，垃圾邮件也并非都是盲目的，而是"有明显的针对性"。对于较少使用的邮箱，收到的垃圾邮件通常也比较少，而对于活跃的邮箱，尤其是公布在网上的 E-mail 地址，更加容易受到垃圾邮件的青睐。这种状况与一些收集邮件地址的所谓"网络营销"软件密不可分。这些非法搜索用户 E-mail 地址的软件，打着"网络营销"的旗号，利用了部分用户急功近利、贪图便宜的心理来牟取私利，对网络营销环境造成了很大破坏。国内现已经成立了反垃圾邮件组织，遏制垃圾邮件的泛滥。

正是因为电子邮件是互联网使用最广泛的功能，同时它又容易给用户带来负面影响，在采用电子邮件群件发送推广时要注意以下几点。

① 发送的对象必须是有兴趣（行业相关）的个人消费者或单位消费者。

② 把握发送的频率。

③ 认真仔细编写邮件的内容，要简短有说服力。

④ 必须将宣传对象引到网站上来，因为网站才能提供详尽的信息，才更有说服力。

（3）借助电子邮箱的功能进行推广

推广的方法主要包括以下几种。

① 借助互联网，直接向企业的潜在用户群分发邮件　E-mail 可以通过企业的活动、网站的用户注册等手段进行收集。使用此方法一定要从用户的角度进行推广工作。要考虑的问题包括发件周期、发件格式、回复周期等。如果发件周期过于频繁，会使用户产生反感。发件格式一定要人性化，使浏览者轻松完成浏览过程。回复周期应该较短，使用户快速得到反馈信息。

② 借助无线通信网络，直接向更大范围的潜在用户群分发邮件　据英国的无线营销公司 Enpocket 发表的调查称，23%的手机用户会将收到的短信营销信息保存起来以后阅读，20%的用户会将这些信息给自己的朋友看。平均来说，有 8%的手机用户会回复短信营销信息，6%的手机用户会访问相关网站，4%的用户会购买通过短消息发布信息的产品。

（4）电子邮件推广的评价

评价 E-mail 营销的有效性有以下几个指标。

① 到达率。

② 打开率　打开率对于所有邮件营销人员来说是一个非常重要的跟踪指标。因为它可以直接评价有多少客户对你的邮件内容感兴趣以及想了解更多关于你的品牌。

③ 转化率　指的是客户浏览邮件后还下载了邮件附件或者打开了链接进一步浏览。

④ 软/硬退率　邮件退订率是指邮件发送之后有一定比例的退订，不能送达客户的收件箱。软退是指由于网络或者邮件服务器的原因，客户的邮箱暂时没能收到邮件。硬退是指发送的邮箱地址是无效的，或是客户主动退订，因此邮件被退回。

⑤ 数据增长率　邮件营销用户数量的增长情况。

⑥ 电子邮件共享/转发率　指客户收到邮件后转发或者分享给他人。企业应当鼓励用户分享和转发营销电子邮件给他的朋友和同事，这说明他们感觉邮件包含了有价值的内容。

⑦ 整体投资回报率。

8.2.4　网络广告与交换链接推广

（1）旗帜广告

旗帜广告即通常所说的"Banner Advertising"。 Internet 广告最早起源于位于网站顶部或底部的长方形的旗帜广告。它利用互联网的链接特点，浏览者如果对广告感兴趣，只要用鼠标点击，就能进入相应站点查看详细信息。通常，使用静态或动画 gif 图形。如图 8-4 所示，即为一个典型的旗帜广告。

图 8-4　某网站的旗帜广告

虽然现在有许多广告业内人士主张，网站广告要超越"旗帜广告"的形式，但是，由于现在人们在旗帜广告这种形式上已经投入了大量资金，并且能够吸引众多的观众，因此，旗帜广告这种互联网广告的基本形式在短时间内不可能被其他形式的广告取代。

（2）旗帜广告的特点

虽然目前旗帜广告（可以说整个在线广告）还处在发展阶段，其广告收入还远远不及传统的广告，但由于在线广告易于跟踪定向等特点，其增长幅度在近几年是非常惊人的。下面是旗帜广告的几个突出特点。

① 可定向性　旗帜广告（包括其他所有的在线广告形式）都具有完全的可定向特点。所谓定向实际上是对用户的筛选，即广告的显示是根据访问者来决定的，先进的广告管理系统能够提供多种多样的定向方式。比如按访问者的地理区域选择不同的广告出现，根据一天或一周中不同的时间出现不同性质厂商的广告，根据用户所使用的操作系统或浏览器版本选择不同 Banner 格式等。比如，如果某用户对旅游感兴趣，那么，每当他开启浏览器时或进入某特定站点，广告商就可以向他展示有关旅游广告。现在，虽然它还不能按照性别或其他人类特征进行定向，但在不久的将来，相信它能够按照使用者的所有特征进行定向。

② 可跟踪性　市场经营者可以了解用户对其品牌的看法，可以了解用户对哪些产品更加感兴趣。通过发布不同的旗帜广告及其他在线广告，观察观众对广告的回复率，能够准确测量观众对产品兴趣的来源。

③ 方便灵活的可操作性　可以每天 24h、每周 7 天、每年 365 天操作旗帜广告，使其无时无刻不在迎接全世界的观众。并且，可以随时发布、更新或者取消任何旗帜广告。所有广告人能够在广告分布的头一个星期以最短的时间了解广告的效果，并决定不同的广告策略。在其他传统的广告形式中，不可能有这样直观并且高效率的操作性。

④ 交互性　每个广告人的目标是让观众真正参与到其产品或服务中来，让客户真正体验其产品或服务。旗帜广告（在线广告）可以做到这一点，它可以引导观众来到产品或服务的介绍网站，观看产品或服务的演示实例，对于软件产品，观众可以立即下载有关的演示操作版，体验到真实的产品或服务。这在其他传统的广告形式中是根本无法实现的。

（3）旗帜广告的评估

在传统的广告宣传测量中，最重要的测量方法是 CPM（每千次费用，cost per thousand），一般都基于印刷品的发行量或电视播出的预计观众数量。这些统计量只是一个经验数据，并不能代表真实的观众数量。

但是，在基于 Web 的旗帜广告测量中，很容易记录观众访问次数及点击旗帜广告的次数。尽管如此，目前的旗帜广告测量还不能说非常完善，诸如访问者个人信息，用现有的测量手段和工具还不能完成。然而，没有理由怀疑在今后不能完成这些现在还不可能完成的测量工作。下面是进行旗帜广告测量时的基本要素。

① 广告浏览量（Ad Views）　指旗帜广告被用户下载、显示的次数，一般以一段时间内的次数来衡量。

② 服务器响应量（Hit）　指从一个网页提取信息点的数量。网页上的每一个图标、链接点都产生 Hit，所以一篇网页的一次被访问由于所含图标数量、浏览器设置的不同，可以产生多次 Hits。因此，用一段时间内有多少 Hits 来比较网站访问人数是不准确的。

③ 访问量（Visit）　访问量是指一个用户在特定时间段中的连续调用，在这里，特定用户以一个有效的 IP 地址来确定。这个时间段 15min 到 2h 有所不同，但平均为 30 min。

④ IP 地址　每个访问 Web 页的计算机都有其特定的 IP 地址。一个有效的 IP 地址可以反映出访问网站的计算机，但因为一个计算机可能会使用几个独立 IP 地址，所以，IP 地址并不能反映出实际的用户数量。

⑤ 有效用户量（Unique User）　指访问网站的独立客户。通常是通过网站上的登记表格或其他身份验明系统得到具体的统计。

⑥ 域名（Domain Name）　域名是为了让人们更加容易识别以数字代号命名（IP）的计算机而规定的文字代表符号。主要的顶级域名有.com、.net、.edu 等，并用圆点 "." 分割。

⑦ 次数　曝光率（Gross Exposures）、印刷量（Impressions）及广告浏览量（Ad Views）。这些为广告基本术语，描述广告被看到的次数。

⑧ 点击（Click Through）　点击是指访问者使用其鼠标点击旗帜广告，并自动链接到目标网站地址的过程。

⑨ 点击率（Click Through Rate）　点击率即用户使用鼠标点击旗帜广告的次数与旗帜广告显示次数的比率。根据 I/Pro 提供的统计资料，旗帜广告平均的点阅率为 2.6 %（尽管有些目标范围准确的旗帜广告的点阅率可以达到30%）。

一般提供旗帜广告空间的出版商能够提供适于旗帜广告投放网站的访问测量情况，如上面的主要测量要素。可以要求出版商提供上面的基本信息或相关信息。再结合企业的目标用户情况，制定出最佳的旗帜厂告策略。

（4）旗帜广告的设计

对旗帜广告而言，其有效性的标志就是用户的点击次数。为了以一个小图像来吸引用户的注意，提高广告的点击率，必须掌握旗帜广告的创作技巧。

① 在广告的创意上　必须对 Banner 所链接的目标站点内容有全面的了解，找出目标站点最吸引访问者的地方，转换为 Banner 设计时的卖点，不要夸大目标网页，否则上过一次当的访客是很难有勇气再次点击这个 Banner。

② 可能客户目标网站同时提供很多内容的服务或产品，但可以选择一个最具有吸引性的内容，作为 Banner 创作的主题。可能目标站点是个销售性的站点，在直销折扣率中可以选择折扣最大的商品作为主要的宣传对象，切勿泛泛而谈打折。

③ 在卖点的设计上，应该站在访问者的角度。注意与广告站点内容的相关性，使得点击率能够提高。比如，一家网球俱乐部的 Banner，如果出现在体育站点，则应该强调网球是健身娱乐的理想运动项目，而如果出现在金融信息站点时，则应该强调网球俱乐部是身份与地位的象征。

④ 语言中有许多具有冲击力的词汇。

⑤ Banner 的文字不能太多　一般都要能用一句话来表达，配合的图形也无须太繁杂，文字尽量使用黑体等粗壮的字体，否则在视觉上很容易被网页其他内容淹没。图形尽量选择颜色数少、能够说明问题的事物。如果选择颜色很复杂的物体，要考虑一下在低颜色数情况下，是否会有明显的色斑。

（5）旗帜广告交换链接

简单来说，旗帜广告交换链接就是如果甲企业的网页上免费发布乙企业的旗帜广告，那么，乙企业的网页也可以免费发布甲企业的广告。这是一种典型的互惠互利行为，双方都不需要花费任何费用，就可共享对方的访客资源。对于一些初创站点而言，旗帜广告交换链接是迅速扩大知名度的有效方式。特别是在双方业务高度相关的情形下。比如，一方是旅行社的站点，另一方是一家旅店的站点，访问旅行社的顾客可能同时访问旅店的站点，反之亦然。

目前旗帜广告推广有两种方式。

① 通过广告联盟组织 通过亿起发（http://www.yiqifa.com）、成果网（http://www.chanet.com.cn/）等作为广告中介，由这些广告联盟帮企业把广告投放到数十万个网站上去。这种方式推广的面比较广，但定向性差，很难控制显示广告的网页的类型。比如，企业可能做的是香水广告，但它却可能在一个"电脑俱乐部"的网页上显示，不一定能起到应有的效果。

如果是通过广告联盟投放旗帜广告，只要进入其网站，根据要求填写相应申请后，把旗帜广告图像传给该中介就行了。随后，只要企业投放的广告被用户浏览了，就会按照相应的标准计算广告费。

② 愿意交换旗帜广告的双方直接进行交换 这种方式直接、方便，定向性强，但交换的面比较窄，对于一些小有知名度的站点采用该方式较多。如果是双方直接进行交换就更简单了，只要彼此同意，把广告图传给对方，再放在网页上就行了。网站之间互相交换链接和旗帜广告有助于增加双方的访问量，但这是对个人主页或非商业性的以提供信息为主的网站而言。企业网站如借鉴这种方式则可能适得其反。

企业在链接竞争者的网站之前，一定要慎重权衡其利弊。然而，如果网站提供的是某种服务，而其他网站的内容刚好形成互补，这时不妨考虑与其建立链接或交换广告。一来增加了双方的访问量，二来可以给客户提供更加周全的服务，同时也避免了直接的竞争。此外，还可考虑与门户或专业站点建立链接，不过这项工作负担很重。首先要逐一确定链接对象的影响力，其次要征得对方的同意。现实情况往往是，小网站迫切希望做链接，而大网站却常常不太情愿，除非在经济上或信息内容上确实能带来好处。

旗帜广告交换目的是免费扩大站点的影响力，如果站点的知名度已经建立，访问率相对稳定时，这时候就要考虑旗帜交换广告是否必要了。因为如果网页的访问率较高，旗帜广告可能轻易将访问者带到交换对象站点，而交换对象站点却可能很难带来访问者，这时候就进行评估分析。一般说来，知名站点在访问者稳定后，一般都不参与旗帜广告交换，这时候它是要卖旗帜广告位了。

（6）旗帜广告媒体选择

① 旗帜广告媒体选择首先要考虑广告费用 目前广告费用计算一般是根据 CPM×访问量。CPM 就是每千人访问价格，国内与国外定价基本类似。但是需要注意的是千人访问量计算标准有许多种，不同方法差异性很大，比如有点击（Click Through）、页阅读量（Page View）、IP 地址访问量（IP）等方法。

② 考虑广告的收益 比如广告发布后增加访问量，是否增加了销售收入等。

③ 考虑广告的效率 广告的效率即广告接受者是否是企业想接触到的。

8.2.5 SNS 推广

SNS（Social Networking Services，即社会性网络服务），专指旨在帮助人们建立社会性网络的互联网应用服务。SNS 营销就是利用 SNS 网站的分享和共享功能进行推广的一种营销手段，主要通过病毒式传播的手段，让产品被更多的人知道。例如 QQ 空间、豆瓣、人人、蘑菇街等网站都可以开展 SNS 推广。

（1）SNS 推广的主要形式：

SNS 推广的主要形式有分享、转发、评论、私信、加粉丝。

（2）SNS 推广的优势

① SNS 推广可以满足企业不同的营销策略　作为一个不断创新和发展的营销模式，越来越多的企业尝试着在 SNS 网站上施展拳脚，无论是开展各种各样的线上的活动（例如：悦活品牌的种植大赛、伊利舒化奶的开心牧场等）、产品植入（例如：地产项目的房子植入、手机作为送礼品的植入等）还是市场调研（在目标用户集中的城市开展调查了解用户对产品和服务的意见），以及病毒营销等（植入了企业元素的视频或内容可以在用户中像病毒传播一样迅速地被分享和转帖），所有这些都可以实现。因为 SNS 最大的特点就是可以充分展示人与人之间的互动，而这恰恰是一切营销的基础所在。

② SNS推广可以有效降低企业的营销成本　SNS 社交网络的"多对多"信息传递模式具有更强的互动性，受到更多人的关注。随着网民网络行为的日益成熟，用户更乐意主动获取信息和分享信息，社区用户显示出高度的参与性、分享性与互动性。SNS 社交网络营销传播的主要媒介是用户，主要方式是"众口相传"，因此与传统广告形式相比，无须大量的广告投入，相反因为用户的参与性、分享性与互动性的特点很容易加深对一个品牌和产品的认知，容易形成深刻的印象，从媒体价值来分析形成好的传播效果。

③ 可以实现目标用户的精准营销　SNS 社交网络中的用户通常都是认识的朋友，用户注册的数据相对来说都是较真实的，企业在开展网络营销的时候可以很容易对目标受众按照地域、收入状况等进行用户的筛选，来选择哪些是自己的用户，从而有针对性地与这些用户进行宣传和互动。如果企业营销的经费不多，但又希望能够获得一个比较好的效果的时候，可以只针对部分区域开展营销，例如只针对北京、上海、广州的用户开展线上活动，从而实现目标用户的精准营销。

④ SNS 推广是真正符合网络用户需求的营销方式　SNS社交网络营销模式的迅速发展恰恰是符合了网络用户的真实需求，参与、分享和互动，它代表了网络用户的特点，也是符合网络营销发展的新趋势，没有任何一个媒体能够把人与人之间的关系拉得如此紧密。无论是朋友的一篇日记、推荐的一个视频、参与的一个活动还是朋友新结识的朋友都会让人们在第一时间及时地了解和关注到身边朋友们的动态，并与他们分享感受。只有符合网络用户需求的营销模式才能在网络营销中帮助企业发挥更大的作用。

除了前面介绍的几种常用网站推广方法之外，还有博客推广、微博推广、即时通信工具推广、电子书推广、无线网络推广等方法也比较常用，具体的方法可以参考网络营销相关的资料。另外，还有许多专用性、临时性的网站推广方法，也可以尝试，如有奖竞猜、在线优惠券、有奖调查、针对在线购物网站推广的比较购物和购物搜索引擎等。

8.2.6　网络推广注意事项

网站推广过程中应注意以下几点。

① 网站域名要与网站主题相符　域名是网站的名片，应具有一定意义，且与网站的主体信息有一定的相关性，如行业网站域名应使用与行业相关的英文单词或汉语拼音缩写，这样不仅可以便于网站访问者记忆，还可以在最大程度上提高百度、谷歌等主流搜索引擎对该网站的搜索排名。

② 最大限度地利用搜索引擎　据统计中小型网站大多数流量都来自搜索引擎，有的网站流量的80%以上来自搜索。网站建设完后需要登录各大搜索引擎，这样才方便广大的客户搜索企业的网站。因此，要想提高网站的访问率，必须积极利用搜索引擎提供的各种服务，如百度推广等。

③ 网站设计时，应对网站的结构进行科学规划，以提高网站被搜索引擎收录的概率，要注意以下几点。

a. 首页不要包含大量图像。网站首页包含了网站的重要基本信息，是搜索引擎收录的主要依据，任何一个搜索引擎都喜欢明显的结构，而不喜欢把网站做成一张皮，让搜索引擎分不清重点所在。

b. 首页尽量不要完全使用 Flash 制作。搜索引擎对 Flash 动画的识别能力很差，首页做成 Flash，不仅不利于搜索引擎排名，而且减慢了进入主页的速度，在一定程度上为客户尽快找到网站设置了障碍。

c. 尽量少用图片做导航链接。因为搜索引擎是一个很大的数据库，而不是一个图片库，搜索引擎首先搜索到的是网页标题，接着才通过导航系统搜索到网站的其他页面。所以，如果网站导航是文字链接，搜索引擎就很容易搜索到其他页面，如果是图片导航链接则不能达到这个效果。

④ 网站推广时不要过于依赖免费资源　有些企业在推广时为了省钱，把大量的精力放在免费推广资源上，如大量加友情链接、发大量垃圾邮件等。可友情链接多并不一定就会提高网站的流量。至于垃圾邮件，绝大多数用户都很讨厌垃圾邮件，因为它已经给人们的工作带来了很多负面影响，用户阅读垃圾邮件的概率不到千分之一，用户更不会考虑邮件中的服务和产品，垃圾邮件甚至还会影响企业的形象。

⑤ 很多站点的页面中都会有广告，但要注意广告不要占据页面过多的篇幅。而且广告的选色和搭配一定要和站点相配合，不要影响站点的总体风格。让人看着舒服的页面和广告，也会带来很高的点击率。

网站推广是个系统工程，而不仅仅是各种网站推广方法的简单应用。在网站推广总体策略指导下，不同的网站会根据其特点选用相应的方法，在此基础上进一步采用各种网站推广方法的有效组合，以及更高级的网站推广手段。

8.3 对推广效果进行监测

企业根据自己网站的特点和实力，选择网站推广的措施后，还应该针对网站访问情况的变化，对推广效果进行监测，以考核网站的吸引力。

企业网站经过多种方式的营销推广，所取得的宣传效果通常表现在以下几个方面。

① 浏览量大幅度提升　表示认知的用户增多。

② E-mail 反馈信息量增大　表示用户开始使用邮件与企业进行沟通，准用户增多。

③ 电话咨询频繁　表示认知的用户增多，并且利用传统方式了解企业。

④ 商品销量明显增加　表明更多用户知道企业并购买了企业产品。

这些都是很有价值的信息，能主动来询问产品情况的人往往都是未来的用户。至于哪些是网络营销推广带来的，可以在接触中进行了解。在做到一定程度时，可利用访问统计系统等工具进行监测，对各种网络营销推广的做法进行评估，并改善不足之处。

网络推广需要时间的积累，而对于如何能监测出推广的真正效果，也已经成为各网站关心的话题。对于网络推广来说，仅以来访电话、咨询数量、订单数量去衡量是不够全面的，企业还可以使用以下几种方式更好地监测推广的效果。

① 将网站联系方式按照推广的平台分门别类地设置好，做好电话来访记录。例如，百度用一种联系方式，Google 用另一种联系方式，不同的推广平台用不同的联系方式。

② 给网站安装营销分析系统　这不仅可以监测到网站访问者的来路，而且可以帮助分析各种来路的流量统计报告，可以知道每天网站有多少 IP 是从搜索引擎来的，有多少是国内的，是南方多还是北方多等，同时可为市场整体营销提供一个有利的调查报告。例如，百度就提供一款专业网站流量分析工具——百度统计（图 8-5），它能够记录访客是如何找到并浏览企业的网站，以及如何改善访客在网站上的使用体验，帮助企业让更多的访客成为客户。百度统计提供了几十种图形化报告，全程跟踪访客的行为路径，并且帮助监控各种网络媒介推广效果（图 8-6）。同时，百度统计集成百度推广数据，可以让企业及时了解百度推广效果并优化推广方案。除了百度统计之外，谷歌也提供了名为"Google Analytics"的网站统计分析工具。

图 8-5　百度统计网站流量概况

图 8-6　百度统计网站访问来源

③ 目前许多营销分析系统都是在网站建设完毕后安装的，和网站管理是分隔开的，这种方式管理起来不是太方便。因此企业网站系统可以将多款营销软件绑定在网站后台中，不仅监测的数据准确，同时查阅也很方便。

④ 做好网络投入产出比例的分析表，此项工作要由专人负责和关注。网络媒介是目前成本最低、投资回报率最高的媒体广告。监测好营销的效果，不仅要有硬件设施，更需要让客服管理提升到一个水平。

对于一个正式运作的企业网站，任何形式的推广都是有成本支出的，企业每年都会有推广的资金预算，企业可根据自身情况和推广目标特点选择效果最好的推广方式。对于个人网站，因为资金有限，所以一般采用不付费推广方式。可以登录一些免费的知名搜索引擎进行网站推广。例如，百度免费登录 http://www.baidu.com/search/url_submit.htm；Google 免费登录 http://www.google.cn/intl/zh-CN/add_url.html，如图 8-7 所示。

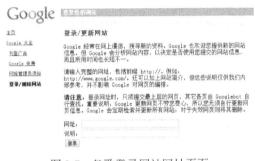

图 8-7　谷歌登录网站网址页面

【实战案例】

现以某企业网站登录百度搜索引擎推广过程为例，介绍搜索引擎推广的步骤。

百度在全国范围设立了百度推广服务机构，需要推广服务的企业可以与当地服务机构直接联系申请，专业的百度网络营销咨询顾问会提供帮助，也可以在线自助开通百度推广，具体操作流程如下。

（1）登录百度推广管理系统，注册百度推广账户，如图 8-8 所示。登录百度推广管理系统，提交相关资质证明，签订服务合同，缴纳推广费用，如图 8-9 所示。

图 8-8　百度推广管理系统页面

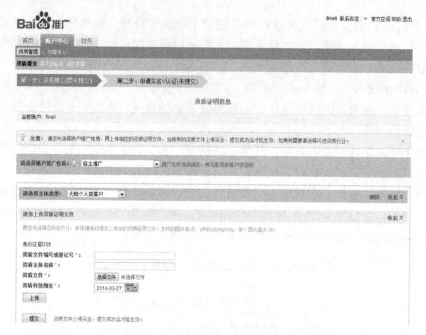

图 8-9　百度推广资质提交页面

（2）添加关键词　在百度推广用户管理系统中新建推广计划和推广单元，添加关键词，撰写网页标题及描述等信息，如图 8-10 所示。

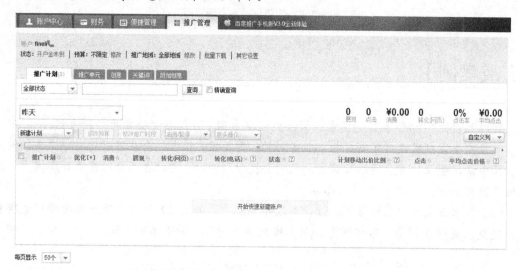

图 8-10　百度推广管理系统推广计划管理界面

（3）百度在收到合同、资质证明和相关款项并确认公司账户内已添加关键词后，两个工作日内将审核通过公司注册的信息。百度审核通过后即可开通公司账户，提供推广服务。百度推广对于首次开户的客户，需要一次性预存推广费用 5000 元+服务费（预存推广费和服务费根据地区情况可能有所变动，具体费用由客户和服务提供方另行约定）。开通服务后，客户自助选择关键词设计投放计划，当搜索用户点击客户的推广信息查看详细信息时，会从预存推广费中收取一次点击的费用，每次点击的价格由客户根据自己的实际推广需求自主决定，客户可以通过调整投放预算的方式自主控制推广花费。当账户中预存推广费用完后，客户可以根据情况进行续费。点击价格取决于和其他客户的排名、出价和质量度，最高不会超过为关键词所设定的出价。

一般情况下，每次点击价格的计算公式为：

每次点击价格=下一名出价×下一名关键词质量度+0.01 元

百度推广具体相关操作可以查看百度网站的相关帮助文件，或直接咨询百度推广营销专业顾问。企业应根据自身的实际状况，选择合适的推广形式。搜索引擎优化、关键词广告、关键词竞价排名和内容网络定位，是最直接、最有效的推广方式。

本章小结

本章比较详尽地介绍了常用的电子商务网站推广方法。在企业策划网站推广工作时，可以充分考虑各种推广方式的优劣，结合自己企业的情况，确定网站推广使用的手段。本章的学习为学生实际参与电子商务网站的推广工作打下理论与实际操作基础。

习题

一、思考题

1. 电子商务网站传统推广方式有哪些？
2. 什么是 VI 系统推广？VI 系统推广包括哪些内容？
3. 登录搜索引擎的重要性体现在哪些方面？
4. 说说登录搜索引擎的方法。
5. BBS 的推广方法有哪些？
6. 旗帜广告有什么特点？

二．实训题

1. 登录的 http://bbs.163.com/网站,浏览该专业 BBS 网站的分类情况,并注册一个身份,发布"我是新手"的帖子。

2. 请你访问网站 http://www.focussend.com/，了解许可邮件营销的相关产品、服务、价格，并申请试用。

3. 请你浏览"新浪互动营销"（http://emarketing.sina.com.cn/），了解新浪网可以为企业提供哪些营销手段，并了解相关推广费用的价格。

4. 假设校内购物网站"校网商城"计划投入 500 元推广费，希望能让校内更多的同学知道校网商城、购买校网商城的商品，请你为该网站设计一个网络推广计划。

注：推广范围限于校内，包括校园网上、网下的各种资源都可以利用（如宣传栏、校内各网站栏目），但侧重网上推广。

5. 网站优化及运营基本工具的使用

（1）请你打开http://seo.chinaz.com或者 http://www.aizhan.com，然后对表格中的 3 个企业网站进行以下比较。

① 网站被百度、谷歌搜索引擎收录的网页数量是多少？

② 在搜索引擎中排名情况（自己选择合适的关键词进行搜索）如何？

提示：也可以在搜索引擎搜索框中输入"site:网址"，例如 site:www.dangdang.com，就可以知道当当网有多少网页被搜索引擎收录。

网站域名	收录网页数量		搜索关键词	搜索引擎排名情况	
	百度	谷歌		百度	谷歌
www.chinazqjx.com					
www.epoint.com.cn					
www.bjsdkj.com					

（2）网站的 PR 值是多少？如果首页 PR 值低于 3，你认为是什么原因造成的？

提示：如果你不明白什么是 PR 值，请你先搜索一下。

网站名称	PR 值	如果 PR 值低于 3，你认为原因是
www.chinazqjx.com		
www.epoint.com.cn		
www.bjsdkj.com		

（3）网站访问量的增长状况如何？网站访问量是否很低？

提示：可以打开网站 http://cn.alexa.com/，输入要查询的网址，便可看到网站访问量状况。如果看不到你想查看的信息，还可以到 http://www.aizhan.com/ 查看。

网站名称	网站最近 1 个月的平均访问量	网站在中国的流量排名	反向链接数
www.chinazqjx.com			
www.epoint.com.cn			
www.bjsdkj.com			

参 考 文 献

[1] 朱国麟,谢垂民. 电子商务师职业技能鉴定考试指南. 广州:广东经济出版社,2006.

[2] 韩海雯,宋永欣,黎晓华. 北电子商务网站规划与建设. 北京:北京交通大学出版社,2007.

[3] 王宇川. 电子商务网站规划与建设. 北京:机械工业出版社,2007.

[4] 薛万欣. 电子商务网站建设. 北京:清华大学出版社,2007.

[5] 陈学平. 电子商务网站建设与全程实例. 北京:科学出版社,2005.

[6] 赵祖荫,张瑜,赵卓群,孙浚隆. 电子商务网站建设教程. 第 2 版. 北京:清华大学出版社,2008.

[7] 沈凤池. 电子商务网站设计与管理. 北京:北京大学出版社,2006.

[8] 林萍. 电子商务案例分析. 北京:化学工业出版社,2007.

[9] 宋文官. 电子商务概论. 北京:清华大学出版社,2006.

[10] 张宝明,文燕平,陈梅梅. 电子商务技术基础. 第 2 版. 北京:清华大学出版社,2008.

[11] 濮小金. 电子商务理论与实践. 北京:机械工业出版社,2008.

[12] 张李义. 电子商务系统设计理论与实例分析. 北京:科学出版社,2007.

[13] 商玮. 电子商务网站设计与建设. 北京:人民邮电出版社,2011.

[14] 徐洪祥,刘书红. 网站建设与管理案例教程. 北京:北京大学出版社,2013.

[15] 唐四薪,谭晓兰,屈瑜君. 电子商务网站开发与管理. 北京:人民邮电出版社,2012.